教育家书院丛书·研究系列
顾明远／主编

凌距离 三人行

——追循儿童的幸福成长

刘凌　霍力岩　孙蕾蕾◎著

U1007669

教育科学出版社
·北京·

丛书序

为教育家的成长搭台

教育家书院成立的宗旨，就是想为那些热爱教育事业，长期从事教育工作，做出了优异的成绩，有自己的教育思想和先进理念，希望进一步对教育有所研究，并且形成自己的教育风格的优秀教师、校长成长为教育家，搭建一个平台。

教育家不是随着教龄的增长而自然成长的，学习和提升是教育家成长的必由之路。只有不断学习钻研，不断反思自己的教育行为，总结提高，上升为理性认识，才能有成熟的经验和理论，才能有自己的教育风格。优秀教师要提高，不能只围绕着中小学的教材转，也不能只是学习教育理论，更重要的是要提高整体素养，养成教育家的气质。教育既是科学，又是艺术，艺术需要有点悟性，教育也需要有点悟性。悟性从哪里来？就是从整体素养中来。

掌握教育规律是一名教育家成长的必由之路。教育家书院就是要帮助一批优秀校长和教师在繁忙的教育教学工作之余，能够静下心来，读一点书，听一些各领域专家的讲演，考察一些国内外的学校，以扩大他们的视野，提升业务水平。通过考察、讨论、研究使他们对教育现象的感性认识上升到知性认识，再提高到理性认识。仅有教育经验不能成为教育家，只是一名教书匠。教育家必须有对教育规律的理性认识，并在教育实践中不断实践，不断提升，悟出教育的真谛。

在教育家书院这个学习园地里，兼职研究员不是单向地学习，而是互相学习，互相切磋，共同提高。在北京师范大学（以下简称“北师大”），每年有几千名新教师要走出校门奔向全国各地的中小学校，还有几百名在职攻读教育硕士学位的教师。他们不仅需要学习教育理论，提升学科知识水平，而且要理论联系实际、学与思结合、知与行结合。教育家书院的兼职研究员也给北师大进行教育学习和研究的师生带来了鲜活的经验，有利于改造他们的学习。

为了给兼职研究员创造更多学习、交流和提升的机会，教育家书院的主要活动包括以下几方面——

一是高端学术讲座和研讨。邀请来自教育学、心理学、哲学、经济学、社会学、文学、历史学、自然科学等各个领域的专家为兼职研究员开设讲座或与他们进行座谈。

二是名师名校长讲席。请兼职研究员向北师大的师生介绍他们的教育思想、办学理念和教育教学经验。

三是学校诊断与改进系列活动。组织专家对兼职研究员所在学校及地区的教育教学情况进行全面的考察和诊断，形成诊断和改进报告反馈给学校。在此基础上，收集大量不同地区、不同类型、不同年段的学校诊断案例，形成学校改进的理论模型。

四是国际教育考察。组织兼职研究员到有教育特色的国家进行实地考察，通过观摩课堂教学、与师生及教育行政机构的人员进行座谈等活动，体会不同的文化和教育理念。

五是兼职研究员和北师大的合作教授共同进行课题研究。这些研究立足于研究员本人、本校的教育实践，既能提升其理论素养，又有助于解决实际问题。

通过这些丰富的活动，不仅兼职研究员有了许多收获，觉得教育观念有了变化、教育思想有了提升，而且教育家书院也积累了大量的、丰富的教育资源。为了使这些教育资源不至于流失，教育家书院决定编辑出版《教育家书院丛书》。丛书包括以下几个系列。

聆听系列：收集各领域的专家在书院所做的报告；

研究系列：收集兼职研究员在书院开展课题研究的成果；

游学系列：收集兼职研究员进行国际考察的报告、感想、体会等；

讲习系列：收集整理兼职研究员在书院“名师名校长讲席”中所做的讲演；

对话系列：收集整理兼职研究员与书院讲座教授对话实录；

行动系列：收集兼职研究员在进行“学校诊断与改进”考察活动后的考察报告和实践收获；

成长系列：收集兼职研究员个人成长历史资料等。

教育家书院成立两年来，兼职研究员通过各种活动，有了许多收获，不能说都已经成为教育家，至少向教育家迈出了一步。因此，两年的时间虽短，内容却很丰富，有必要把这些资源收集整理；长期积累起来，它们就会变成教育研究极为宝贵的财富。在教育家书院的首批研究成果即将出版之际，写以上几句，是为序。

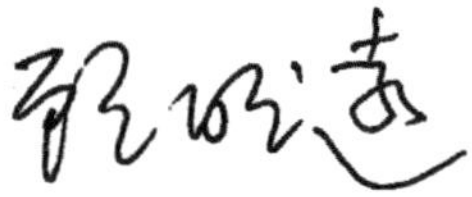

2012 年 3 月 4 日于求是书屋

序

拉手实践者，共寻教育家之路

霍力岩

刘凌，深圳实验幼儿园、深圳市彩田幼儿园园长，北京师范大学教育家书院首批兼职研究员之一。她在幼儿教育一线奋斗了30多年，饱含热情经营着自己的教育事业。她有着独特的幼儿教育观，她带领的深圳实验幼儿园一直被看作深圳幼教领域改革开放的前沿符号。而我，作为教育家书院的合作研究员，感觉自己有义务让更多的人了解这样一位优秀的教育实践者，分享她内在的经验宝库，为推动中国幼教事业的发展添砖加瓦。

《凌距离　三人行》是对刘凌30多年教育实践的汇总提炼，系统地概括了刘凌的儿童观、课程观、教师观、管理艺术以及她的社会使命感。书名体现了本书的主题：无限地贴近孩子与教师，人本的管理风格与情怀。读完这本书，相信你不仅可以领略这样一位优秀实践者的风采，感受她追寻幼教事业的热情，也会体验到中国的教育工作者正在探寻的教育家之路。

教育家意味着什么

顾明远先生主编的《教育大辞典》认为，"教育家（educator）是在教育思想、理论或实践上有创见、有贡献、有影响的杰出人物"[1]。

[1] 顾明远．教育大辞典[M]．上海：上海教育出版社，1998：82．

要形象地感受教育家意味着什么，我们可以从公认的两位儿童教育家身上探寻教育家的某些特质。第一位是意大利伟大的儿童教育家玛利亚·蒙台梭利，她开创蒙台梭利教育法，倡导开发儿童个体潜能。我之所以认为蒙台梭利是教育家，理由是：她具有强烈的责任感和创新精神，不断探索、勇于创造。她通过自己的不断探索，成功开展了“感观教育先行于智力教育”的教育计划。当这套特殊教育的理论原则和方法获得人们的赞美与学习时，她又开始了新的探索，在罗马创办“儿童之家”，并在实践研究基础上创立了“蒙台梭利教育法”……她将一生奉献于儿童教育事业，并实现了对儿童发展的促进，为世界和平与社会进步也带来了巨大的影响力，曾连续三年被提名为诺贝尔奖候选人，成为教育事业中获此殊荣的第一人，赢得了世界各国人民的爱戴。

第二位是我国的陈鹤琴先生。他是中国现代儿童教育的开创者之一。他的奉献精神、道德情操与对儿童教育研究的科学态度，诠释了教育家精神的内涵。心理学家潘菽是这样评价陈鹤琴的：“他确实是一个很真诚的人，一个很淳朴的人，一个热情洋溢的人。只有这样一个人才能真正热爱儿童，儿童才能喜欢他。”[1] 俞子夷先生将他描述为“永远微笑的儿童教育家”，他写道：“他圆圆的脸孔，健美的脸色，再加上一副永远不分离的微笑，使得和他接触的人，个个发生好感和愉快。即使在研究很严重的问题时，他发言仍夹些微笑。他的语言虽不像音乐，但是这一个微笑却很容易使听者乐意接受。”[2] 20 世纪 40 年代时，人们称陈鹤琴为“儿童教育圣人”，陶行知先生说他是“谦谦君子”。[3] 除了热爱儿童，他还潜心于儿童教育研究，并创立了“活教育”理论体系。[4] 从陈鹤琴身上我总结出作为教育家的四点特质：第一，热爱儿童；第二，

[1] 潘菽．终生不失赤子之心 [M]// 陈鹤琴．陈鹤琴全集：第一卷．南京：江苏教育出版社，2008：1.
[2] 俞子夷．永远微笑的儿童教育家 [M]// 陈鹤琴．陈鹤琴全集：第六卷． 南京：江苏教育出版社，2008：468.
[3] 陈秀云．陈鹤琴与教育家精神 [J]．南京晓庄学院学报，2011（2）：1.
[4] 陈鹤琴．活教育的教学原则 [M]// 陈鹤琴．陈鹤琴全集：第五卷． 南京：江苏教育出版社，2008：100 .

专心研究；第三，做本土化课程；第四，追求创造。

不管是蒙台梭利还是陈鹤琴，都只是历史上众多教育家中的一员。像福禄贝尔、杜威、苏霍姆林斯基等，都是公认的教育家。他们有着共同的特质：通过不断钻研教育理论与实践研究，提出了自己独特的教育思想与实践体系，对传统的教育理念提出了挑战，对教育改革与发展产生了巨大的影响。此外，他们对教育事业的热爱与他们献身教育事业的热情，是他们在教育领域有所成就的内在动力。因此，教育家不仅在行为上对人们有一定影响，同时他们精神上的伟大也激励着我们。

认识刘凌

与刘凌相识是偶然也是必然，说偶然是因为她总是那样的淡然，以至于轻易地淹没于人群之中，永远像一棵小草一样很难被发现；说必然是因为她真的很优秀，很努力，凭着坚毅的性格带领深圳实验幼儿园一直走在深圳乃至国家幼教领域的前沿，她所带领的深圳实验幼儿园已成为深圳改革开放的一个符号。就是这样的性格、这样骄人的成绩，让我很想去接近、去了解这样一个人。当北师大成立教育家书院后，她成为走进书院的首批兼职研究员之一，而我成为她的合作导师，就是这样的机缘让我们逐渐相互了解、熟识。

在一次次与她面对面的谈话中，我发现她的很多特质令我感动。她一直拥有淡然的、谦逊的、不张扬的像水一样的性格，然而却拥有大海般的心胸。用“虚怀若谷”来形容她一点也不为过。与其他研究员相比，她的荣誉称号少了一些，因为每次面对这样的机会她都会优先推荐幼儿园的其他老师去参评，可以说老师们的荣誉比她多。她常说：老师们的业务能力很强，很多地方都值得自己学习；老师们好了，自己才会更好。在她的带领下幼儿园人才辈出，建园至今有十几位园长从她的幼儿园走出去，到其他幼儿园任职。她经常说：“不管老师们走到哪里都是在为幼儿教育做贡献，所以不一定要留在我的幼儿园；我希望有更多优秀人才从这里走出去。”

令我感动的还包括：在这样一种淡然的性格下，居然有一股似火的热情。对荣誉的不争与努力上进形成了鲜明的对比。为了能把事情做好，她经常加班熬夜，很少有属于自己的休闲时间，因为她将工作之余的时间与精力都用在了学习和研究上，然而她很享受自己的忙碌。她常说：因为自己很弱小，有很不足的地方，所以需要经常学习充电，来强大自己的内心。她感觉自己肩上的责任很重：要带领一批优秀的老师不断地向前走，要让自己的老师“活得更体面”，要让幼儿园的每一个孩子，甚至每一个家庭都幸福……这是她奋斗的目标，也是她挑战自己的理由。她说，从一个普通的老师到园长一路走过来不容易，她一直都是诚惶诚恐的；自己不算聪明，所以一定要加倍努力，才能对得起别人对自己的信任。“无欲则刚”是她在人生路上的座右铭。如果人生的欲望太多，就容易被欲望所累，走起路来就会更加困难；如果人生的诱惑太多，就容易被诱惑所迷，走在路上就容易失去方向。正是这种无欲无求的心态，才能让她坦然地面对荣誉，正是一种对责任与使命的不推卸行为，让她不断奋斗，不断强大。

了解刘凌很容易，因为她一直很真诚；了解刘凌很难，因为谦虚淡定的外表下却有着让人难以预想的坚韧与执着。在她身上，我发现了未来教育家的潜质。

“走出象牙塔，到实践中去，向实践者学习”，是顾明远先生给我们这些在高校中搞理论研究的人的忠告。我也一直坚信在实践者身上有着许许多多值得我们学习的地方。虽然我们研究了许多理论知识，但是理论如果不能用来指导实践，它的价值又在何处？毛主席曾说过：“没有调查就没有发言权。”他老人家一直都坚信真理源自理论与实践的碰撞。毛主席还说过：“要做人民的先生，先做人民的学生。”要想用理论指导实践，真正解决实践中的问题，首先要虚心地向实践大师们学习。那么要向实践者学什么？从刘凌身上我们找到了答案。

她能够把深圳实验幼儿园管理得井井有条，她能够为“288 个小天使”创设无比幸福的家园，说明她有着自己的实践宝库。为了开发这个宝库，我几次走访深圳实验幼儿园，并与刘凌就幼儿教育问题进行深入对话，力求将这个宝库提炼出来，呈献给每一位幼教同人。这就是撰写《凌距离　三人行》一书的初衷。

刘凌对幼儿教育有着独到的见解。她曾用自己精心培育兰花的经历，形象地描述自己对幼儿教育的理解。她说自己养了两盆兰花，有一株需要每天浇水，有一株只需要隔几天喷洒一点儿水。需要水少的兰花，每天浇水就淹死了；需要水多的兰花，隔几天喷洒一点儿水就会干枯而死。兰花尚且不同，何况我们的孩子。所以我们的教育一定要建立在了解孩子的基础上，因材施教。而单单了解也不行，你不喷水，兰花照样活不成。所以我们成人一定要发挥自己的教育价值，要实施相应的教育行为。她对幼儿教育的理解与“发展适宜性学前教育实践”的理念不谋而合。她没有去研究理论，再将理论应用于实践，而是不断地在实践中反思，不断地在实践中尝试最有效的教育方式。她的理解可能更加符合中国的国情，更加有利于一线的教育工作者学习。类似这样的见解，我们精心记录，尽可能完整地呈现于本书中，以供更多从事幼儿教育的工作者们学习。

在深圳实验幼儿园实地考察期间，我们经常会看到来自全国各地的幼教工作者到此参观学习。我想他们一定有很多收获。但是这样的参观学习多是比较感性的，刘凌以及深圳实验幼儿园多年的积淀很难在一两次参观中被同行学去。如果这些感性认识再加上一些理性的思考与提炼，可能他们的学习会更加高效，于是我更加确定本书的价值了。

初见“三人行”

“三人行”理念是我对深圳实验幼儿园课程的理性思考与提炼，是我与刘凌这位实践者对话交流后，对深圳实验幼儿园课程实践富含中国特色的提炼和概括，未来还要与刘凌园长共同探索。

对一所有办学思想的幼儿园来说，园本课程的建设尤为重要。如何建构一套既接轨世界，又与中国本土相系的课程话语体系，是深圳实验幼儿园需要面临的重要挑战。我认为“三人行”的课程理念是适合刘凌的，因为她具有国际视野和中国范儿相容的品格与特质；“三人行”课程是适合深圳实验幼儿园的，因为深圳实验幼儿园作为幼教改革开放的符号，是追求接轨世界且与中国本土相系课程模式的典范；同时“三人行”也寄托了我作为学前教育工作者对建构中华民族特色的课程话语体系，对于走中国特色课程模式之路的美好愿景。

“办好学前教育”是党的十八大报告对新的历史时期学前教育发展的新要求。随着学前教育改革和发展的不断深入，与“办好学前教育”直接关联的幼儿园课程改革，特别是幼儿园教育教学方法的改革，已引起人们的广泛关注，“快乐生活、健康成长”的“发展适宜性学前教育实践”正在成为当今中国学前教育走出“小学化”误区的价值导引和实践追求。作为课程要素的课程实施是将课程目标付诸实践的过程，是幼儿园课程目标实现的路径，是决定幼儿园课程的关键。于是我尝试从课程要素之一的教学方法角度，提出了深圳实验幼儿园“三人行”幼儿园课程理论模型与实践模型，它重视学前儿童的活动学习、合作学习、过程学习。深圳实验幼儿园强调“三人（要）行”的学习方式，即儿童自主与环境相互作用以促进儿童的自我建构；重视“三人（同）行”的学习形态，即成人引导所有儿童并与所有儿童共同活动以促进儿童的社会建构；以“三人（才）行”为主要学习方式，即强调教师与儿童、儿童与儿童、幼儿园与家庭等的合作学习；关注“三人（在）行”的持续追求，即重视儿童的过程学习与学习过程，促进儿童的可持续发展，并且始终保持着“三人行，必有我师”的与时俱进和因地制宜的可持续发展的开放课程胸怀。

“三人行”立足于深圳实验幼儿园课程实践，是其课程建设的核心理念，也是其未来课程实践发展的指南针。通过《凌距离　三人行》这本书，我希望将刘凌园长领导下的优质教育经验介绍给全国的幼教同行，作为引领我国学前教育课程改革方向的一个媒介。

走向教育家

在感动于刘凌的真诚、踏实与奉献的同时，在收获刘凌宝贵实践经验的同时，我想跳出刘凌本身来谈谈刘凌。在中国改革开放的浪潮中，在中国教育改革不断推进的历程中，一定有很多像刘凌一样的杰出的实践者。他们将自己的热情、真诚与毕生的心血奉献在自己的事业上。他们热爱自己的事业，一生都在追求自己的事业，为了自己的事业不断挑战自我，解决了一个又一个难题。刘凌就是这样一批人的代表。我们发现，在他们身上已经具备了成为教育家的潜质：他们热爱儿童、专心研究、用适合中国本土的课程教育着孩子，同时他们追求创造，在中国传统的教育模式中脱颖而出。

走向教育家的路有多远？远在天边而又近在眼前。当你沾沾自喜之时，当你将追求“教育家”作为自己的奋斗目标时，它离你很远了；当你淡然处之，一直在自己的教育事业上奋斗时，当你脚踏实地潜心研究自己的事业时，你正在成为人们心目中的教育家。因为实践的反思、理论的思考、追求创造的精神终将汇集成属于你的独特教育智慧；你的淡然、你的热情都将与你的教育思想一同影响他人，引领更多人向传统教育模式提出挑战。

正如温总理所说，教育家不仅要爱教育、懂教育，还要终身站在教育第一线，所以战斗在一线教育阵地上的你也许正在向教育家迈进。今日社会经济正在飞速发展，我们的民族迫切需要精神食粮的补给，而教育家对于提升整个民族的精神文明水平意义重大。我们的国家需要千千万万的教育家，可以说当今社会是一个呼唤教育家的时代。希望我们的国家、我们的社会为更多教育家的出现搭建平台。

目录

前言

霍力岩　孙蔷蔷

《凌距离　三人行》一书的撰写处于深圳实验幼儿园课程发展的“高原期”，面对世界范围内各种学前课程思想的相互激荡，园本课程的建设和发展尤为重要，如何建构一套既接轨世界，又与中国本土相系的课程话语体系，是深圳实验幼儿园需要面临的重要挑战。我们基于对深圳实验幼儿园课程全面且深入的了解而提出的“三人行”，反映出的是新时期有中国特色的一种课程理念和实践方式，是对以儿童为本，全面、协调、可持续发展的学前课程的一套理论话语与实践话语、课程内涵与课程形式、教师引导与儿童发展等的一种有意义的诠释。

“三人行”课程立足于深圳实验幼儿园课程实践，是其课程建设的核心要素和未来课程发展的指南针。同时“三人行”课程作为具有中华民族特色的话语体系，体现了理论者和实践者在汲取外来优秀成果的基础上，对于走中国特色课程模式之路的不懈努力和美好愿景。《凌距离　三人行》一书，体现了“三人行”课程在理论指导下的实践探索，以及在实践体验中的理论反思，我们希望将“三人行”课程理论话语和实践经验介绍给全国的幼教同行，以期成为引领我国学前教育课程改革方向的一个媒介。在领略刘凌所领导的深圳实验幼儿园“三人行”课程的风采之前，我们希望首先对“三人行”课程理论及相关思考进行阐述，同时简要介绍课程实施的架构，从而使阅读本书的幼教同人对《凌距离　三人行》一书的核心有完整而深入的理解。

一、"三人行"课程的理论诠释

与许多课程不同的是，深圳实验幼儿园园本课程不是以培养方向来命名，而是把课程实施的方法"三人行"作为课程的名称，这也体现出本课程过程导向的意图。"三人行"课程强调的是在逐渐延展的时、空、人三维度构成的社会实验场中，幼儿、教师、家长通过内容丰富、形式多样的互动，来实现教育和发展的任务。

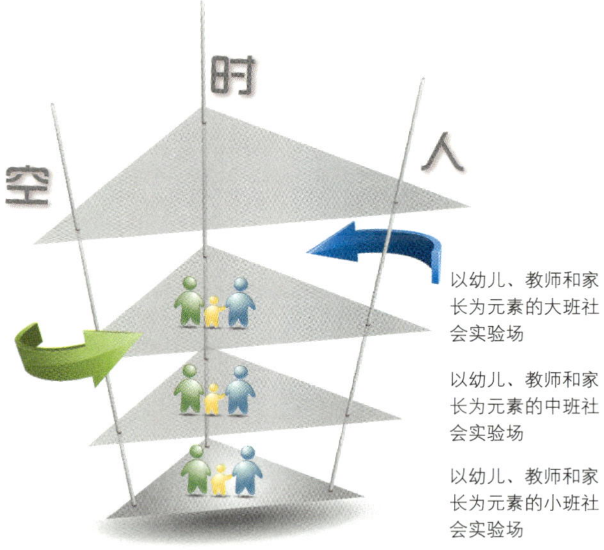

"三人行"课程实施示意图

"三人行"一语出自《论语·述而》篇："子曰：三人行，必有我师焉。"常被用来说明应该多向别人学习，体现了我们对待学前课程应秉持可持续发展的开放心态和与时俱进的虚心胸怀。同时"三人行"这一概念又具有丰富的内涵，它体现了课程实施的主体即"三人同行"、课程实施的方法即"三人要行"和"三人才行"以及课程实施的过程"三人在行"。我们就"三人行"这一课程话语体系进行了深入的思考和理论上的诠释，希望这一话语体系是对当今我国幼儿园课程理论话语和实践话语的一种建构。

（一）“三人行”的灵魂——“三人（要）行”与“知行合一”

1.“行动”是学前儿童学习与发展的基本路径

“三人行”的“行”强调的是幼儿主动的行动、探究和学习，幼儿的思维是以直接行动思维为主，只有通过身体力行，幼儿才能获得最直接的经历与经验，从而获得对事物的认知。孩子的学习是听过就忘记，看过就记住，做过就理解。钟启泉强调知识不是游离于认识主体之外的纯粹客观的东西，学习过程也不是打开“知识百宝箱”向学生移植信息那么简单机械。学习乃是学生建构他们自身对于客体的理解，亦即知识是由学习者主动建构的。倘若没有学生积极地参与他们自身的知识表达，学习就不存在。从知识社会学的观点看，知识是由认知主体与外在世界进行社会互动，即个体与社会文化价值互动的结果。[1]

幼儿不是被动的信息接受者，儿童的活动产生于自身的兴趣和意向，儿童自己选择材料，并运用所有的感官主动探究，通过转换和组合各种材料发现事物间的关系，通过智力活动去建构知识。[2] 因此，为幼儿创设直接感知、亲身体验、动手操作的机会，是帮助幼儿获得知识的最佳途径。联合国教科文组织国际教育发展委员会的《学会生存——教育世界的今天和明天》中所指出的教育现代化的因果链是：科技的高速发展—学会生存—终身学习—自我教育—学会学习。我国幼儿教育界亟需进一步树立起让幼儿主动学习的观念并致力于将它转变成切切实实的教育行为，落实到每日的教育活动中去。

作为一种与接受学习相对的学习方法，无论是东方还是西方，“在行动中学习”的思想渊源都可以追溯到很久之前。孔子主张“先行其言而后从之”；墨子主张人的知识来源于自己的感官所能感觉到的实

[1] 钟启泉．概念重建与我国课程创新：与《认真对待“轻视知识”的教育思潮》作者商榷 [J]．北京大学教育评论，2005（1）：48—57.

[2] Hohmann M,Weikart D P. Educating Young Children：Active Learning Practices for Preschool and Child Care Programs[M]. Ypsilanti：High/Scope Press，1995：17，24—25.

际，《墨子·明鬼下》记载：“天下之所以察知有与无之道？必以众之耳目之实。”荀子认为人的思想、知识主要有两个来源：一是“见之”，二是“闻之”，强调：“不闻不若闻之，闻之不若见之，见之不若知之，知之不若行之，学而不行止也。”《礼记·中庸》认为知识的学习应该“博学之，审问之，慎思之，明辨之，笃行之”，将行作为学习过程中的重要环节。南宋末年，颜元强调“实行”和“习动贵行”，《颜习斋先生言行录》提到：“读书无他道，只需在行字着力”，强调在实际行动中来巩固知识。陶行知提出生活教育的观点，他认为：教的方法根据学的方法，学的方法根据做的方法。怎么样做便怎样学，怎样做便怎样教，教与学都是以“做”为中心，“做”是在劳力上劳心。陈鹤琴说：“儿童的世界，是儿童自己去探讨，去发现的。他自己所求来的知识，才是真知识，他自己所发现的世界，才是他的真世界。”[1] 他重视“做”在儿童教育过程中的作用，提出了“做中学，做中教，做中求进步”[2] 的方法。陈鹤琴认为“做”是教学的基本原则，一切的学习，不论是肌肉的，不论是感觉的，不论是经验的，都要靠“做”的。但这种“做”不是儿童随意无意识的“做”，而是在教师指导下的“做”，是与理论相结合的“做”。与陈鹤琴并称“南陈北张”的另一位幼儿教育学家张雪门推行幼儿园行为课程，对于什么是行为课程，他说：“生活就是教育，五六岁的孩子在幼稚园生活的实践，就是行为课程。”[3] 他强调幼儿从生活中的行为中获得经验，主张“知而即行，行以求知”，“从行动中所得的知识，才是真正的知识；从行动中所发生的困难，才是真正的问题；从行动中所获得的胜利，才是真实的制驭环境的能力”。他认为课程就是活动，儿童要在行动中获得知能。[4]

[1] 北京市教育科学研究所．陈鹤琴教育文集：下卷 [M]．北京：北京出版社，1985：685.
[2] 北京市教育科学研究所．陈鹤琴教育文集：下卷 [M]．北京：北京出版社，1985：654.
[3] 张雪门．增订幼稚园行为课程 [M]．台北：台湾书店，1966：1.
[4] 何晓夏．简明中国学前教育史 [M]．北京：北京师范大学出版社，1990：252.

西方“从做中学”的教育思想可以追溯到柏拉图的“儿童游戏场”，他强调通过给儿童讲故事、做游戏等活动方式进行道德教育。捷克教育家夸美纽斯在《大教学论》中提出直观性教学原则，他强调：知识的开端永远来自感官，科学的真实性依靠感官的证明多于其他的一切，感官是记忆的可靠仆人，通过感官得到的知识可以永远地记住。[1] 所以他主张：“在可能的范围中，一切事物都应该尽可能地放在感官跟前。”[2] 法国教育家卢梭提出“教育应该是行动多于口训”，主张学生从实践中学习；瑞士教育家裴斯泰洛奇先后创办了“新庄”、“儿童之家”等教育机构，让每个儿童在劳动和生活中获得实际知识，他相信智慧和真理是从实际经验中发展而来。[3] 德国教育家福禄贝尔提出教育应遵循儿童的天性，应以儿童的自我行动为基础，促进儿童在活动中自然地成长，并且他还设计了一套“恩物”，作为儿童游戏中的主要用具；20 世纪初，欧洲“新教育运动”兴起，意大利的蒙台梭利、比利时的德可乐利、德国的利茨、英国的尼尔和罗素等人相继建立新学校，采用游戏、园艺、手工和体操等活动形式，发展儿童的能力和个性。其中蒙台梭利成就尤为卓著，她重视儿童的自发活动，精心设计一整套器材、教具，对幼儿的各种感官进行训练。在欧洲新教育运动发展的同时，美国出现了“进步主义教育运动”，其中杜威和克伯屈的影响最大。杜威的经验学习理论强调教学必须从学生的经验出发，重视学生的主动性，由学生自主建构和内化的学习结果比教师灌输的更有效且更有意义。他认为，经验学习必须筑基于学生现有或既有的经验之上，因此他提出了举世闻名的“从做中学”，提倡通过实作取向的教学深化学生的生活经验。他在《明日之学校》一书中，提出：“从做中学要比从听中学更是一种较好的方法。”[4] 他强调最好

[1] 戴本博．外国教育史：中卷 [M]．北京：人民教育出版社，1990：39.

[2] 夸美纽斯．大教学论 [M]．傅任敢，译．北京：人民教育出版社，1991：86.

[3] 裴斯泰洛奇．裴斯泰洛奇教育论著选 [M]．夏之莲，译．北京：人民教育出版社，1992：327.

[4] 杜威．学校与社会·明日之学校 [M]．赵祥麟，等，译．北京：人民教育出版社，2005：286.

的教学方法应让儿童在自由自主的活动中接触事实，获得智慧和道德的生长。克伯屈发展了杜威的“做中学”思想，创立了“设计教学法”，以单元活动为基本形式组织学生进行学习活动。美国心理学家布鲁纳主张运用“发现学习法”来进行教学，强调儿童的学习应该是主动发现的过程，而不是被动地接受知识，让儿童先动手进行探究活动，利用直觉思维进行动作表征，接着凭借着头脑中已形成的表征来进行运用。儿童探究、发现在前，教师的启发、诱导在后，最大限度地发挥儿童思维的主动性，提高学习效率。皮亚杰的发生认识论主张，认识的起点和基础是主客体相互作用、双向建构。他认为儿童是主动的，他们正是在先天遗传结构和图式的基础上，经过不断的同化、顺应和平衡而获得经验，不断形成新的认知结构，从而获得智力的发展。

许多国外优秀的课程模式也提倡儿童在行动中学习，主张行动是儿童学习和发展的基本途径。如蒙台梭利课程模式主张儿童在“工作”中以及与“有准备的环境”的互动中实现发展，教师在适当时机向幼儿展示各种“工作材料”。高宽教育方案的一日活动三环节“计划—做—回顾”，是课程组织与实施的关键，体现了“幼儿在课程活动中的主体性”[1]，教师通过营造一个主动学习的环境，让儿童通过一日活动实现发展。光谱方案的教学法主要是创建一个真实的环境，然后教师引导儿童在学习活动区中进行自主探究的活动，在活动中实现强项和弱项的共同发展。瑞吉欧的课程与教学主要是以“项目工作”或“项目活动”的方式展开，儿童在教师的帮助、引导下，围绕某个大家感兴趣的生活中的主题或认识中的问题进行研究、探讨，在共同的研究探讨中主动发现知识、理解意义、建构知识。[2]“发展适宜性实践”主张儿童是积极的学习者，他们利用直接的身体和社会经验，也利用经过文化改造的知识来

[1] Weikart D P，Schweinhart L. The High/Scope Cognitively Oriented Curriculum in Early Education[M]// Roopnarine J L, Johnson J E. Approaches to Early Childhood Education. 2ed. New Jersey: Merrill/Macmillian, 1987:260.
[2] 冯晓霞．幼儿园课程 [M]．北京：北京师范大学出版社，2000：196.

建构自己对于周围世界的理解。因此幼儿教育工作者不论采取何种课程模式，都必须对幼儿是发展的主体给予足够的认识，根据幼儿身心发展的特点，为幼儿提供材料、创设环境，并促进幼儿与外部客体的交互作用，使幼儿能积极地、主动地作用于客观世界，从而促进他们主体性的发展。

在“行动”中学习不仅是学前教育历代以来的价值诉求，更是学前教育在今日形势下的发展要求。近年来违背幼儿身心发展特点和教育规律的“小学化”倾向正成为一种愈演愈烈的痼疾，危害到幼儿的“快乐生活和健康成长”,《幼儿园工作规程》明确指出：“注重幼儿的实践活动，有助于幼儿的全面发展。”《3—6 岁儿童学习与发展指南》也强调幼儿的学习是以直接经验为基础，在游戏和日常生活中进行的。应珍视游戏和生活的独特价值，创设丰富的教育环境，合理安排一日生活，最大限度地支持和满足幼儿通过直接感知、实际操作和亲身体验获取经验的需要，严禁揠苗助长式的超前教育和强化训练。所以说坚持“三人行”的“行”是学前教育的必由之路，“行知合一”是学前教育的必经之道。

2. 自主探究是学前儿童行动学习的主要途径

建构主义一方面强调个体知识是个人经由主体经验来建构外在世界的知识而形成的，知识只是个体对其经验的理解与意义化；另一方面，强调社会文化是人类心智发展建构的主要动力，强调社会文化的内化与语言符号的影响对建构能力的重要性。知识乃是经由个体与社会的互动以及个人通过适应与发展而逐渐建构起来的。[1]

知识是个体对其经验的理解与意义化，强调了幼儿在自主探究中“主动建构”的过程。所谓建构，是学习者通过新、旧知识经验之间反复

[1] 钟启泉．概念重建与我国课程创新：与《认真对待“轻视知识”的教育思潮》作者商榷 [J]．北京大学教育评论，2005（1）：48-57.

的、双向的相互作用，来形成和调整自己的经验结构。学习不仅是新的知识的获得，同时还意味着既有知识经验的改造。在这个过程中，幼儿根据自己的兴趣、已有的知识经验选择活动的内容，通过观察、假设、实验、推论和解释等过程，用自己的感官去感受世界，主动与环境互动，按照自己的活动方式，通过活动和操作解决问题，从而建构起对世界的认识。教师必须发挥幼儿的主动性，真正把幼儿当作主动参与知识获得过程的主体，不仅关注儿童的世界，更要关注儿童感兴趣的世界，让儿童充分展现其对世界的好奇心和探究的欲望，让幼儿在活动中表现积极性、主动性和创造性。

早期建构主义学者布鲁纳认为，让儿童自主地通过建构知识结构来学习新知识，可以提高儿童学习的灵活性，促进知识记忆的持久性，同时增强学习动机。幼儿通过自己的智力活动来达到对知识的深层理解。奥苏贝尔认为有意义的学习是理解的学习，是可以同化的学习，也是真正引起发展的学习。因此，探究性学习中应该让幼儿多种感官参与，在保证幼儿安全的前提下，让幼儿在探究活动中不仅能听、看、嗅、尝，而且能动手操作，同时还动脑思考，进行高水平的思维活动，从而加深幼儿对知识的理解，促进幼儿进行深入的探究。幼儿的探究性学习也是解决问题的过程。教师应为幼儿创设适宜的环境，提供足够的时间，让幼儿充分探究，独立思考，大胆尝试，自主找到解决问题的方法。当幼儿思维受阻时，教师不要急于为幼儿提供解决问题的具体方法，而要鼓励幼儿继续探索。只有在幼儿确实不能解决问题时，教师才提供适当的“支架”支持，当幼儿能自主活动后，就应撤去“支架”，使探究性学习真正成为幼儿主动参与建构的过程，真正发挥幼儿的主动性。

3. 合作探究是学前儿童行动学习的重要方法

社会文化是人类心智发展建构的主要动力，强调的是“共同建构”（Communal Constructivism）的概念：社会建构论认为学习是学生在团体、社区等集体中通过文化和语言互动合作过程产生的。[1]学习被看作一种社会合作活动，而不是被教师教。这种思想来源于维果斯基，他认为孩子们不仅自主建构知识并且也深受他们所在的社会和文化环境影响。[2]在社会建构主义看来，人是在社会文化情境中接受其影响，通过直接地跟他人交互作用，来建构自己的见解和知识的。

联合国教科文组织的报告《教育——财富蕴藏其中》指出：学会合作是面向21世纪四大教育支柱之一。社会互动合作能够促进学习，这是建构主义尤其是社会建构主义的重要观点。美国学者斯莱文（R. Slavin）说过："成功有赖于每个学习者在集体中参与学习的程度。"维果斯基认为知识是在社会互动中建构起来的，然后变成非常个别化的经验，这是一种"协作式的具体化"，即学习者通过集体的相互作用，使信息连接起来而不是单个存在，然后形成自己的理解。互动式课堂为学生提供了多种与外界沟通的方式，通过合作、协商、分享和反思，学生以多种视角理解知识，建构自己的内部知识框架。

皮亚杰认为在同伴情境中儿童才有机会考虑冲突的观点和解释、谈判、讨论多种观点，决定是接受还是拒绝同伴的意见，这类同伴交往的经验能给儿童带来积极的适应性的发展后果，如理解他人的思想、情绪和意向的能力。在合作探究学习中，幼儿会面对同伴不同的观察方式和观点、不同的解决问题的方法、不同的问题答案等，这与幼儿原有的经验会产生认知冲突，而这种认知冲突是观点的交流、智慧的碰撞，是一种切磋，也是一种合作。在冲突中，幼儿既可以反思自己的观点，又学习理解和接受别人的观点，协调自己与他人的认识。而幼儿与同伴、教师之间的交流、争议、意见综合等有助于激发幼儿的深入思考和批判性反思，帮助他们建

[1] 钟启泉．知识建构与教学创新：社会建构主义知识论及其启示 [J]．全球教育展望，2006（8）．

[2]Tangney B,et al. Communal Constructivism: Students Constructing Learning for as well as with others[C]//Price J, et al. Proceedings of Society for Information Technology & Teacher Education International Conference 2001. Chesapeake, VA: AACE, 2001 : 3114–3119.

构新的、更深层次的理解，从而推动探究的深入发展。

杜威认为“problematic”（问题的）是促进幼儿学习、组织建构知识的主要因素；幼儿在与他人的对话、交流过程中，使得他们的想法、解决问题的思路都被明确化和外显化了，他们可以更好地对自己的理解和思维过程进行监控。教师应该引导幼儿进行对话和交流，并作为一个参与者，“以一种倾听的态度、一种开放的态度，以及留意那些意料之外答案的态度”[1]，让幼儿通过对话和交流，更加明确自己的观点和思路，并提供证据进行解释，从而提高探究性学习的质量。

在合作学习中，幼儿分享彼此的经验，转变不正确的看法，促进知识的共同建构；通过与他人的认知冲突和整合，进行深入思考和批判性反思，建构对知识的新的、更深层次的理解；通过对话和交流使他们的想法、解决问题的思路更加明确化和外显化，更好地对自己的理解和思维过程进行反思、监控，从而提高在行动中学习的质量。

（二）“三人行”的重点——“三人（同）行”与“尊重差异”

1. 三人成众：不让一个儿童掉队

《国语》：“三人为众，数成与三也。”“三”这个数字在人类的童年时期，就是代表多的大数，或是一定数量物体的总数。康德早就指出：“每一类中所有范畴之数常同为三数之一事，实堪注意。”笛尔斯（Diels）得出结论说，三的神秘性质起源于人类社会在计数中不超过三的那个时代。那时，三必定表示一个最后的数，一个绝对的总数，因而它在一个极长的时期中必定占有较发达社会中的“无限大”所占有的那种地位。[2] 在中国，古代文明相当发达的时期，“三”担当着多数或全数的角色，《老子》说：“道生一，一生二，二生三，三生万物。”这蕴含着古人对世界的认知方

[1] Chittenden E, Jones J. Science Assessment in Early Childhood Programs: Dialogue on early childhood science, mathmatics, and techonlogy education[C]. Washington, DC: Project 2061, American Association for the Advancement of Science, 1999: 109.

[2] 布律尔．原始思维 [M]．丁由，译．北京：商务印书馆，1981：202–203.

式和心理定式，在指称多数的时候，二犹不及，四则过之，唯有三最宜于做多数的代词。清代学者汪中的文集《述学》中有一内篇即《释三九》，论述了三的概念：三指多，虚数也。《周易》中有“近利市三倍”，《诗经》中有“如贾三倍”，《论语》中有“季文子三思而后行”和“焉往而不三黜”，《孟子》中有“陈仲子食力三咽”，管仲“三仕三见逐于君”，范蠡“三致千金”，所以说，三是虚数，代表着多的意思。

“三人同行”代表着众多幼儿一起合作学习，与维果斯基对社会性交往的重视以及“最近发展区”的思想是一致的，维果斯基认为促进发展的教学是以合作为基本形式的，学生在与比自己水平稍高的成员的交往中将潜在的发展区转化为现实的发展，并创造更大的发展的可能。社会建构主义运用维果斯基思想，重视学习的社会性，强调知识存在于社会情境之中，重视合作学习、共同发展以及教师应通过与学生的共同建构来传递知识，这些思想反映在课堂教学和学生学习中，就形成了所谓的合作学习模式。日本学者佐藤学认为合作对话的学习实践能够“重建世界、重建自身与重建伙伴”[1]。在探究过程中让幼儿和他人进行对话、交流，可以使幼儿头脑中那些“由于直觉思维而自然出现的一些没有根据的观念结构在谈话中受到挑战”。“当儿童倾听和理解他人的观点并且扩展他们原有概念以找到共同的基础时，当儿童同他人合作、辩论、考虑新的可能并改正他们的观点以便进行交流或说服他人时，他们就在参与的过程中发展了自己的观点。”[2] 皮亚杰认为当目前的经验不能被大脑中已存在的图示同化时，则会出现顺应，体验认知冲突是学习必不可少的一部分。[3]

2. 三人同行：尊重差异

“三人同行”并不意味着千篇一律的幼儿教育。多元智能理论认为幼

[1] 佐藤学．学习的快乐：走向对话 [M]．钟启泉，译．北京：教育科学出版社，2004：38.

[2] 普来瑞．幼儿园科学探究教学：科学、数学与技术的融合 [M]．霍力岩，等，译．北京：教育科学出版社，2009：53.

[3] Posner G J, et al. Accommodation of a Scientific Conception: Toward a Theory of Conceptual Change[J]. Science Education, 1982,66（2）: 211–227.

儿的智能结构整体表现出很大差异，不同智能在人的身上的不同组合给出了人与人之间不同的最佳理由。幼儿的智能并不是在每个领域平均分布，每名幼儿都有着相对的智能强项或弱项。儿童存在的个体差异也反映了发展的个别需要，在一定程度上决定了课程内容的多样性、复杂性和针对性。

中国古代教育家孔子首倡因材施教，他主张教育的前提条件是了解学生间的个体差异和特点，在了解学生的基础上，有针对性地施以教育；中国古代的道家思想也反映了个性教育的重要性，强调尊重人的个性，张扬人的个性，发挥个体主观能动性，拒斥个体千人一面，提倡顺其自然而进行教育；唐代学者韩愈认为："夫大木为宲，细木为桷，欂栌侏儒，椳闑扂楔，各得其宜，施以成室者，匠氏之工也。"[1] 他认为人的才能和树木材质各不相同一样，教师应因人而教，学生才能各尽其才。宋代胡瑗根据学生的不同兴趣和才能进行分斋教学，学生可以在"经义"和"治事"两斋中任选一种。明代的王守仁提出要考虑儿童整体差异与个体差异而因材施教，一方面要考虑儿童整体的年龄特征，同时还要看到个体差异，他认为只要方法得当，人都是可以成才的。

西方教育史上关于个性教育的论述也很有见地。柏拉图的个性教育强调环境、个人生活状况、政治地位、经济条件等对人的形成均有影响。亚里士多德根据他的观察看到了儿童群体差异的存在，提出了教育的年龄特征问题，他提出应根据儿童的生理发展划分年龄阶段，并依据年龄阶段确定不同阶段的教育任务；古罗马演说家昆体良也很关注儿童的个体差异，他认为人的禀赋不同，教育的方法也应随之而不同，必须遵循儿童的年龄特点，要了解并且确定儿童在不同年龄期的接受能力。近代以来，伴随着人文主义教育思潮以及现代西方的新教育思想，个性教育

[1] 该句出自韩愈《进学解》，意思是：知道大的木材做屋梁，小的本材做瓦椽，做斗拱、梁上短柱、门枢、门撅、门闩、门两旁木柱的木头，都量材使用，各适其宜而建成房屋，这是工匠的技巧啊。

的理念日趋成熟。卢梭批评封建主义不顾儿童天性发展的经院教育，把儿童看成“小大人”，抹杀了儿童与成人的区别。他指出：“每个人的心灵有它自己的形式，必须按它的形式去指导他；必须通过它这种形式而不能通过其他的形式去教育，才能使你对花费的苦心取得成效。”[1] 第斯多惠在《德国教师教育指南》一书中，谈到了对于学生个性的尊重问题。他把学生看作教学的主体，认为学生的身心发展条件是制定教学原则的主要依据。他提出适应自然，遵循年龄和个性特征与其发展阶段，教授真正需要的知识。[2]

现代以来，个性教育思想日益凸显在各种教育思想和教学法中。如19世纪90年代产生于英国的“新教育”思想，强调教育应尊重儿童的个性，而只有通过让儿童内在的精神力量自由，才能发展儿童的个性。蒙台梭利教学法强调教师要观察儿童，了解儿童的共同需求与独特的需求，强调关注儿童群体差异性，根据儿童的心理特点布置相应的设施。杜威的实用主义思想中也存在着对个性关注的思想，杜威强调的是“个性的变化与可塑性”，他的“做中学”实际上强调的是主体性的发挥。20世纪60年代以来兴起的人本主义教育思潮一开始就与人本主义心理学联系紧密，在教育上主张培养整体的、自我实现和创造型的人。在课程上，人本主义者认为，“课程的功能是要为每一个学习者提供有助于个人自由发展的、有内在奖励的经验”[3]。我国现代著名的儿童教育专家——陈鹤琴先生提出的个性教育思想，是基于幼儿期是个性形成的最初基础而提出的。[4] 在课程与个性的关系上，陈鹤琴先生提到了“富有弹性的课程”，即课程适应儿童的个性可以通过两种途径：课程的整体结构的多样以及课程内容多层次。[5]

[1] 卢梭．爱弥尔：上 [M]．李平沤，译．北京：商务印书馆，1978：97.
[2] 王天一，等．外国教育史：上 [M]．北京：北京师范大学出版社，1984：339.
[3] 麦克尼尔．课程导论 [M]．施良方，等，译．沈阳：辽宁教育出版社，1990：4.
[4] 北京市教育科学研究所．陈鹤琴全集：第二卷 [M]．南京：江苏教育出版社，1989：662.
[5] 北京市教育科学研究所．陈鹤琴全集：第二卷 [M]．南京：江苏教育出版社，1989：19.

国外很多优秀的课程模式都体现了尊重幼儿差异的课程理念。如光谱方案提出了个别化教育，它是建立在了解每一个学生智力特点的基础上的，强调在可能的范围内发展不同的教学方式，使具有不同智力的学生都受到同样好的教育。瑞吉欧的方案教学强调对儿童兴趣的尊重，他们的小组工作、深入研究、记录、图像语言从不同的角度指向儿童的差异性与主体性。“发展适宜性实践”强调儿童“年龄的适宜性”和“个体的适宜性”。《3—6岁儿童学习与发展指南》强调幼儿的发展是一个持续、渐进的过程，同时也表现出一定的阶段性特征。每个幼儿在沿着相似进程发展的过程中，各自的发展速度和到达某一水平的时间不完全相同。要充分理解和尊重幼儿发展进程中的个别差异，支持和引导他们从原有水平向更高水平发展，按照自身的速度和方式到达该指南中所呈现的发展“阶梯”，切忌用一把“尺子”衡量所有幼儿。儿童是有差异的，昆体良认为善于精细地观察学生能力的差异，弄清每个学生天性的特殊倾向，这是优秀教师的标志之一。需要注意的是，虽然教育的结果之一表现为差异，但差异不是个性化课程追求的最终目标，教育的最终目的在于促进儿童富有智慧地发展，让儿童成为一个具有主体性智慧的儿童。

（三）“三人行”的取向：“三人（才）行”与“和儿童一起学习”

正所谓“三人成众”，“三”表示众多。“众”的甲骨文字形是“”，表示许多人在烈日下劳作，相互配合协调，共同采取行动，从而形成合作的力量。深圳实验幼儿园尤其重视合作的力量，强调幼儿与教师之间的合作、幼儿之间的合作、教师与教师之间的合作、教师与家长之间的合作。

“合作”一词源于拉丁文，其原意是指成员之间的共同行动或协作行动。《当代汉语词典》对其解释是：为了共同的目的一起工作或共同完成某项任务。“三人行”代表一种合作的精神，在哲学社会学发展史中，合作是其思维方式之一。马克思说：“我们知道个人是微弱的，但是我们也知道整体就是力量。”“只有在集体中，个人才能全面发展其才能，才可能有个人自由。”2001 年 9 月 5—8 日，联合国教科文组织第 46 届国际教育大会在日内瓦召开，将“学会共处”确定为主要议题。

佐藤学主张“学校应当作为文化体验——在日常生活中不能经验到的文化洗礼——的神圣场所加以重建；学校应当通过这种‘象征性经验’，构筑文化与社会的新关系，成为领悟、改造深深地制约着日常生活的文化的据点。所谓‘文化洗礼’就是教师、学生和家长进入‘相互学习的关系’，通过这种‘象征性经验’为终身参与校外广泛的知性共同体的创造作好准备”[1]。他还主张“基于‘共同体’原理的改革，把学校构想为社区文化与教育的中心，作为儿童相互学习的共同体、教师们作为专家来共同培育的共同体、社区人士相互交流遗址文化的共同体”[2]。“作为这种‘学习共同体’的学校的蓝图，在课堂教学里，以实现‘活动性、合作性表现性的学习’为课题；在教师集体中，以彼此观摩教学，建构作为专家一起成长的‘同事性’为课题；在家长中，以协助教师、参与教学，实践‘参与学习’作为课题。”[3]巴赫金指出：“生活就其本质说是对话的。生活意味着参与对话：提问、聆听、应答、赞同等等。”[4]巴赫金强调人与人之间是一种主体间性的对话交往关系，对话需要对话者之间的平等性。师生之间、生生之间、师师之间以及家园之间都应该敞开心扉对话，以平等者的姿态互相交流，从而形成真正意义上的“复调”与“狂欢”。

1. 师生合作：教师是引导者、合作者和支持者

苏格拉底的“助产术”是师生之间平等对话、有效合作的典范；孔子也主张师生平等，教学相长，一方面诲人不倦，另一方面善于向受教者学习，提出“起予者商也”；被誉为拉丁美洲“杜威”的保罗·弗莱雷认为

[1] 佐藤学. 课程与教师 [M]. 钟启泉，译. 北京：教育科学出版社，2003：83.
[2] 佐藤学. 学习的快乐：走向对话 [M]. 钟启泉，译. 北京：教育科学出版社，2004：102.
[3] 钟启泉. 苏醒吧，薄弱初中：日本佐藤学教授访谈 [J]. 全球教育展望，2005（4）：5.
[4] 巴赫金. 巴赫金全集：第 5 卷 [M]. 钱中文，等，译. 石家庄：河北教育出版社，1998：386.

传统教学是灌输式的非人性化的教学，在教学中不应该将学生当作客体，他主张解放学生，让学生与教师进行平等、民主的交流和对话；苏霍姆林斯基认为：师生之间是一种互相有好感、互相尊重的和谐的关系，这将有助于教育教学任务的完成；心理学家罗杰斯认为：良好的教学气氛是保证有效地进行教学的主要条件，在良好的人际关系中进行教学，师生间彼此真诚地接纳对方从而达到心理相容，那么，学生在学习中就会热情高涨，主体作用就能发挥出来，教学目的就能实现。后现代主义主张，真正的对话蕴含着一种伙伴关系和合作关系，应当倾听一切人的声音，哪怕是最卑微的小人物的声音。[1] 符号互动论强调通过人际交往及合作达成人生的符号意义，人际间的信息传递和交流即合作是人生命意义实现的方式，人不可能孤立地生存。建构主义认为学习不是由教师把知识简单地传递给学生，而是由学生自己建构知识的过程。

因此教师绝不是指挥者或裁决者，更不是机械的传授者或灌输者，教师和幼儿应是平等的合作关系，教师是积极师幼互动的组织者，是良好师幼互动环境的创设者。教师只有真诚地倾听幼儿的声音，尊重幼儿的主体地位，才能做到与幼儿平等地交流和沟通，建立良好的师生关系，让幼儿在集体活动中形成安全感和信赖感。

幼儿园课程实施通过教师与幼儿平等民主的参与式交流使幼儿获得积极体验。通过师幼之间的协商和对话，使教师在了解幼儿个体需要的基础上对幼儿进行个性化的指导，从而提升课程实施的质量。

2. 生生合作：同伴在相互合作中互教受益

我国古代《学记》中有言“独学而无友，则孤陋而寡闻”，《诗经》云：“如切如磋”，陶行知的“小先生制”等，都蕴含有同伴之间相互合作学习的思想。1 世纪时，古罗马昆体良学派就认为，学生可以从互教中受益。捷克教育家夸美纽斯也认为，学生不仅可以从教师的教学中获

[1] 格里芬. 后现代精神 [M]. 王成兵，译. 北京：中央编译出版社，1998: 7–8.

取知识，而且还可以通过别的学生的教学来获取知识。18 世纪英国的兰卡斯特（J. Lancaster）和贝尔（A. Bell）倡导的“导生制”，19 世纪美国帕克（C. F. Parker）对合作学习的强调运用，20 世纪杜威提倡运用合作学习小组，之后，诸如梅依（M. May）、莫瑞诺（J. L. Moreno）、道奇（M. Deutsch）和汉林（R. L. Hamhn）等人的思想中均有学生小组合作学习的思想。

现代以来，合作教育受到了教育理论和实践各界的高度重视。皮亚杰学派的研究者强调了在学校中开展合作学习的重要性，儿童在学习任务之间的相互作用可以使他们的认知水平迅速提高，儿童可以通过讨论学习内容，解决认知冲突，阐明、补充充分的推理从而最终达到对知识的理解。美国中小学盛行 PBI 方法（Problem-Based Instruction, 以问题为基础的教学）、组合阅读法、小组成绩分享法等。中国《幼儿园教育指导纲要（试行）》中规定了幼儿园的教育目标：“愿意与同伴共同探究，能用适应的方式表达各自的发现，并相互交流”；“乐于与同伴一起娱乐、表演、创作”；“鼓励幼儿之间的合作，并积极参与幼儿的探索活动”。

儿童同伴间的合作能促进儿童认知能力的发展，培养儿童正确的自我认识、人际交往与沟通能力、理解他人的意识与规则意识，幼儿园的教师应为幼儿创造与同伴游戏和学习的机会，让幼儿在实践中学会合作。如合作游戏是幼儿所喜爱的教学活动，如角色游戏、结构游戏、小组表演等都需要幼儿通过合作才能真正从游戏中体会到乐趣。教师也可以根据本班幼儿的年龄特点、兴趣爱好开展不同形式、不同内容的合作性游戏活动，让幼儿在玩中自然体验规则与游戏的关系，懂得只有和同伴友好共处、相互合作才能取胜的道理，幼儿在相互说明、讨论、协商、争执、调解等过程中，人际交往能力也得到很好的锻炼。

3. 师师合作：教师在交流合作中提升专业内涵

社会建构主义强调：学习就是知识的社会协商。美国学者李特尔

（Little）研究发现，当教师时常谈论彼此的教学，观察彼此的教学，一起设计和准备课程，这种学校中学生一般会具有较高的学业成绩，同时教师也显示出较好的专业成长特性。因此，教师通过与同事的合作与互动，从他人那里获取有价值的信息来提升自己的专业内涵，这是新时期教师专业发展的重要理念和途径。[1]

就教师个体而言，在教师的合作学习共同体中，不同教师之间的思维方式、知识结构、认知风格等方面存在着差异，教师之间在对话和交流中可以取长补短，共同进步。就学前课程而言，在课程结构方面，综合课程的实施和校本课程的开发给幼儿教师带来了巨大的挑战；在课程标准方面，没有具体的可操作的教学大纲使教师束手无策；在课程评价方面，多元化的评价体系让教师没有统一的评价标准可以遵循。对于这些“困惑”，幼儿园应为教师们营造平等、民主和开放的环境，为课程实施提供物力和智力上的支持，教师经常相互交流，观察彼此教学，并反思自身的教学行为，在交流和合作中共同建构所需的教学知识，提高课程实施的能力，在课程实施中成长。幼儿园还应通过组织教师形成课程改革小组的形式，构建一种合作的教师文化，促成幼儿园内部教师之间围绕着专业问题进行有效的交流，确保教师在新课程中成长。“环境造就人”，对于幼儿园来说，教师个体的发展并不是最终的理想与目标，形成教师集体的专业力量，追求群体的共同发展才是最终的目标。

4. 家园合作：家长是幼儿教育的参与者和支持者

1997 年，美国幼儿教育协会颁布了新的《0—8 岁儿童适宜性发展教育方案》，将“教师同儿童家庭建立合作互惠的关系”作为贯彻实施适宜性发展教育的一项基本原则；我国教育部在 2001 年颁布的《幼儿园教育指导纲要（试行）》中指出：“家庭是幼儿园重要的合作伙伴。幼儿教师应本着尊重、平等、合作的原则，争取家长的理解、支持和主动参与，并

[1] 陈永发．合作取向的教师专业成长 [J]．人文及社会学科教学通讯，2001，12（4）：178-194.

积极支持，帮助家长提高教育能力。”2012 年颁布的《3—6 岁儿童学习与发展指南》指出：“指导幼儿园与家庭实施科学的保育与教育，促进幼儿身心全面和谐的发展。”

美国学者隆巴那（J. H. Lombana）认为：“广义上的家长参与学校教育指家长从事的一切直接或间接影响其孩子（学生）的教育活动。”辛（N. E. Hin）等人认为家校合作的内涵应该包括以下几个方面：父母在学校担任志愿者、与学校教师与其他人员交流、家庭配合儿童学习、参加学校活动、成为家长委员会成员以及参加家长教师会议等。家校合作构建学习共同体的过程，是一个家校双方相互受益的过程，是教师和家长相互共同提高的过程。

幼儿园的课程设置需要满足家长的需求，课程的目标、内容、实施以及评价都需要家长的认可与支持，幼儿教师的专业发展需要向家长学习，了解幼儿与家长的实际需要，挖掘有利于幼儿发展的家长资源。幼儿园可以定期举行家长会，向家长介绍幼儿园的办园理念和发展前景、园本课程的理念和课程的设置，密切与家长合作，让家长参与到课程开发的具体活动中。

（四）“三人行”的深远意蕴：“三人（在）行”与“可持续发展”

“行”的意思就是在路上。存在主义哲学家海德格尔认为人生存的印记就是“在路上”，在对待曾在、现在、将在的关系上，他更重视将在。“行”还意味着“在过程中”，幼儿的发展、教师的发展、课程的发展等都在过程中，这也体现了可持续发展与科学发展的观念。“三人行”主要体现了幼儿的发展、教师的发展以及课程的发展是可持续的，是不断发展的。

1. 幼儿的发展在路上

当下的幼儿课程充斥着功利化和小学化的色彩，这些是有悖教育理念和幼儿发展规律的，是不利于幼儿可持续发展的。早在 18 世纪，卢梭就提出，儿童教育是自然教育，应该顺应自然规律；杜威认为，传统教育只是拿成人所积累的知识，把一些和成长不一定相干的东西强加给儿童，教育应该了解儿童的需要，以儿童需要为出发点，而不是把老师的东西生硬地教给儿童；皮亚杰通过对幼儿的实验和观察指出，如果教育活动超过了幼儿的需要，则会阻碍幼儿的正常发展；格赛尔也通过孪生子爬梯实验表明，幼儿的身心发育是个自然成熟的过程，在身心成熟达到一定程度时，教育才能使发展有所加快。

以往有关理论和研究都表明，幼儿教育要以儿童身心发展规律为出发点，摒弃世俗化、功利化的教育误区，这样才能有利于真正体现教育的意义，才能是真正意义上人的发展。2001 年 9 月 1 日，教育部开始实施《幼儿园教育指导纲要（试行）》，规定了要尊重幼儿身心发展的规律和学习特点，也明确指出："幼儿园教育是我国学校教育和终身教育的基础阶段，它要为幼儿一生的发展打好基础"；强调教育活动要"既符合幼儿的现实需要，又有利于其长远发展"。[1] 发展适宜性实践认为，对儿童的发展特点、个体差异，以及对儿童所生活的社会文化背景应高度重视，这一理念的提出在全世界教育界特别是幼儿教育界引起了广泛关注。

"三人行"课程理念强调幼儿的发展应是可持续的，超前的、填鸭式的幼儿课程对幼儿未来的发展极为不利，幼教工作者应寻找相应的对策，来纠正幼儿教育中的不良倾向。深圳实验幼儿园的课程重视幼儿的可持续发展，坚持科学保教，真正在引导幼儿走向"快乐生活、健康成长"。

2. 教师的发展在路上

深圳实验幼儿园走的是课程发展和教师发展一体化的道路，正是有了教师的发展，才有了课程的发展。

课程变革与教师专业发展是统一的。英国著名的课程论专家斯腾豪斯（L. Stenhouse）提出，"课程发展即教师发展"，"课程改革不仅仅可以改进教学，并且可以促进教师不断更新专业知识和能力结构，提高教师的教

[1] 教育部基础教育司.《幼儿园教育指导纲要（试行）》解读 [M]. 南京：江苏教育出版社，2002:47–48.

学水平”。[1]康奈利（F. M. Connelly）等一方面阐述了教师对课程改革的重要性，教师是“课程设计者”，是课程实践事件的“自主代理人”；另一方面也强调了教师参与课程改革能促进自身的不断发展。[2]在课程改革背景下，教师的持续发展主要表现在以下两个方面。

一方面，课程改革需要持续的教师发展。当前的学前课程改革进入了一个新的时代，国家课程、地方课程和园本课程相容并包，在这样的课程改革框架下，教师作为活跃在教育实践第一线的人，不仅是课程的实施者，同时也是研究者，是课程改革的主力军。教师是课程能否发挥效能的直接因素，教师的课程理念直接影响着新课程的具体实施，牵系着课程改革能否顺利进行。新时期的幼儿园课程改革强调以幼儿为中心、强调幼儿自主性发挥，这些对教师而言也是极大的挑战，所以教师必须从观念、角色和方法等各个方面做出战略性调适，丰富自身的专业知识，提高实践反思能力，优化自身专业素质结构，保持与新课程的同步成长。

另一方面，课程改革促进教师的发展。“课程发展工作能提供一个独特的机会让教师聚在一起，互相学习，发展新知，促进彼此的专业成长。”[3]根据建构主义学习理论，幼儿教师的专业发展是在已有经验的基础上通过与环境的相互作用而自主建构知识经验的过程。教师参与课程改革后，会面临新的教学观念、新的教学材料以及新的教学策略，教师以研究者的身份关注自己的教学实践，以批判反思的眼光进行课堂研究，有助于教师形成对教学、对课程和对自身的理解，促进教师的知识建构，从而促进教师的不断发展。

课程改革是一个系统的工程，教师发展是其重要组成部分，幼儿教师

[1] Stenhouse L. A Introduction to Curriculum Research and Development[M]. London: Heineman, 1975: 79.

[2] Connelly F M, Ben-Peretz M. Teacher's Roles in the Using and Doing of Research and Curriculun Development[J]. Journal of Curriculum Studies, 1980,12（2）: 106.

[3] Miller L. Curriculun Work as Staff Development[M]//Pink W T, Hyde A A. Effective Staff Development for School Change. Norwood,NJ: Publishing Corporation, 1992: 101.

的专业素养是制约园本课程成败的关键因素。然而，幼儿教师专业发展不是立竿见影、一劳永逸的，会随着课程改革的进行而不断变化发展，是持续的、动态的发展过程。

3. 课程的发展在路上

中国学前课程的百年发展历程证明学前课程受到政治、经济、文化等因素的影响，具有历史性、时代性、民族性。学前课程的变革不是简单的自身变革，不只是依赖于幼教界、教育界的学术研究和观念变革，它还依赖着社会大系统的整体演变。

在一个开放、宽松、民主的社会背景中，学前课程承担起培育民族幼小的心灵，强健整个民族根基的历史责任。中国学前课程前进的路上需要更开放、更民主、更富强的社会大系统的支持，同时社会大系统应当进一步尊重学前课程的特点、规律等内部规定性。中国学前课程应当发展得更快，中国学前课程的明天应当更光明。

（五）“三人行”的精髓——“三人行，必有我师”和与时俱进、因地制宜的开放胸怀

《论语・述而》道：“三人行，必有我师焉。择其善者而从之，其不善者而改之。”“三人行”代表的是一种谦逊的学习态度和优秀的学习品质。

1. 向儿童学习

在雅斯贝尔斯、马丁・布伯和哈贝马斯看来，教育者与被教育者之间应该是平等和互相信任、互相尊重的关系，要显示平等、亲密的情谊，主张彼此之间的“我与你”（I-You）的关系即主体间性。[1] 双方的主体间性关系是在相互理解、支持和接纳、包容的基础上建立起来的，通过对话、学习的方式，双方达到彼此间心灵的沟通和交流。互动论认为，在幼儿的社会化历程中，交往活动非常重要，交往的模式主要有三种：①前喻文

[1] 胡金木．“我”与“你”相遇在学校：马丁・布伯视野中的师生关系［J］．教育学术月刊，2010（7）：14-16.

化：幼儿向教师、父母等年长者学习，是交往的主要形式；②并喻文化：幼儿和成人向各自同辈人学习，这是交往的重要形式；③后喻文化，又称反向文化：教师、父母等年长者向幼儿学习，这是不可忽视的一种交往形式。笃信这一理论的教师特别注重在幼教实践中，与幼儿进行广泛、深入的相互作用。例如，教师在活动区活动中，家长在日常生活中，注意观察儿童，并根据儿童的具体情况，适时变换增减活动材料，给予幼儿指导。

幼儿、教师和家长作为课程实施的三个重要的主体，应认识到“三人行，必有我师”，教师和家长应秉持着向儿童学习、和儿童一起学习的观念来实施课程，从中发现儿童的优势和能力，并将之作为实施课程的着眼点，与幼儿相知相伴，一同前行。

2. 儿童之间相互学习

维果斯基认为，最近发展区就是实际发展水平（独立解决问题）和潜在发展水平（成人引导或与其他能力较强的同学合力解决问题）之间的距离。所以，教学创造着最近发展区不仅体现在教师的教学之中，同样也体现在与较强同伴的合作之中。“通过小组内部的争论、磋商、讨论、协调等方式，小组达成某个问题的共同意见与解决办法，这是心理发展的社会关系的渊源。”在维果斯基看来，儿童间的合作活动之所以能够促进成长，是因为年龄相近的儿童可能在彼此的最近发展区内操作，表现出较单独活动时更高级的行为，因此他认为合作活动可以促进儿童认知水平的发展。

3. 向其他课程学习

我国幼儿课程改革的理论者和实践者应认识到“三人行，必有我师”。我国学前教育课程自产生之日起，就是以积极借鉴国外、引进世界先进的学前教育理论和实践模式为前提和基础的。我国幼儿园课程的发展与改革，是与整个世界教育的发展联系在一起的，与世界学前课程发展脉络息息相关。改革开放后，中国学前教育事业在开放的背景下得到恢复和发展。在主动面向世界之时，引进了皮亚杰的儿童认知发展理论、蒙台梭利教学法（属重新引进）、瑞吉欧幼儿教学法、高宽幼儿课程体系等。在引进、移植、改造的过程中，中国的学前教育重新焕发活力。与此同时中国传统文化中的价值观也面临着严峻的挑战。在文化多元化背景之下，如何“择其善者而从之，其不善者而改之”，是中国学前课程发展必须解决的问题。必须经受现代意识的洗礼，必须充分吸纳全人类优秀文化的积极养分，既能够维护本民族的权益又能充分体现人类社会发展的前进方向，在汲取外来优秀成果的基础上，开发中国特色的课程模式，走中国特色之路，建中华民族特色的课程体系。

二、深圳实验幼儿园里“三人行”

（一）“三人行”课程理念在深圳实验幼儿园

2012 年 12 月我们对深圳实验幼儿园的课程进行了细致的了解，发现其课程目标体系、课程内容设置、课程方法的采用以及课程评价体系的构建各方面都做得很优秀，实验幼儿园有一支愿意为幼教事业献身、爱岗敬业的优秀教师队伍，有一个愿意陪孩子一同成长、富有大爱精神的家长团队，更有一种追寻梦想、大胆尝试、执行力强的深圳精神……在实验幼儿园里，我们总是感觉到处都是熠熠夺目的珍珠，但缺乏一条完整的主线将它们串成一条美丽的项链，那么这条主线到底在哪里？深圳实验幼儿园课程的灵魂在哪里？或者说深圳实验幼儿园课程的园本特色在哪里？我们提出用“三人行”课程来概括深圳实验幼儿园课程的主线和灵魂。

1.“三人行”的出发点——方法

通常分析课程，会从目标、内容、方法和评价四方面来阐述。诚然，一个完整的课程框架确实包含了这四个要素，但如果从目标和内容的角度来定位课程，很难说清楚深圳实验幼儿园的特色到底在哪里。就课程目标而言，很多幼儿园对课程目标的表述是基本一致的，都提倡让儿童获得全面的发展，让儿童幸福、快乐；就课程内容而言，深圳实验幼儿园以前就追求“完整”，新出台的《3—6 岁儿童学习与发展指南》更进一步对内容的设置指明了方向，很多幼儿园都提倡科学特色、语言特色、社会特色……可以说，建立独树一帜的目标、内容是非常困难的。因此，要让其他人了解和走进深圳实验幼儿园，要将深圳实验幼儿园的优质经验迅速分享、广泛传播，最重要的是提炼“方法”，这既是对过去优秀成果的总结，同时也是将课程传承、发展的关键。

从这个意义上来说，“三人行”不是教育目标，也不是教育内容，而是教育方法，是教师教的方法和儿童学习的方法。“三人行”指的是教师引导着幼儿，并和幼儿一起学习，是深圳实验幼儿园引导儿童学习的方法。因此，深圳实验幼儿园在梳理自己园本课程的过程中，一定要有所侧重，抓住自己的核心定位，找到一个可以让大家快速认识自己的特质，找到自己和别人不一样的地方，找到最能代表自己的方面。虽然我们并不需要盲目地追求特色教育，但是每个人每样事物的存在都有其特质，都有其个体差异，找到自己的优势和特长，才能让自己走得更加自信、更加精彩。正如党的十八大报告所说的“方向自信、道路自信”，首先要清楚自己的道路和方向。

2.“三人行”的核心——行

“三人行”的核心在于“行”，“行”是指行动，是幼儿在行动。课程实施是教师促进幼儿个体精神生命成长的过程，只有当幼儿积极投入到学习活动中，发挥个体的主动性，课程目标才能真正实现。在深圳实验幼儿园，孩子们每天都有 1 个小时的区域学习时间，孩子们通过自主选择区域、自主选择材料，通过操作获得感知和经验，并尝试用自己的语言表达，而教师的作用是准备环境、提供材料，在适宜的时间介入，用语言帮助其提升新经验。陶行知先生曾说“行是知之始”，“行”强调的是幼儿主动的行动、探究和学习，通过身体力行，幼儿获得最直接的经历与经验，从而获得对事物的认知。高宽课程提倡幼儿的主动学习，“行”实际上就是主动学习在中国的表达方式，是接轨国际的话语。在课程实施过程中，幼儿不是被动的信息接受者，儿童的活动产生于自身的兴趣和意向，儿童自己选择材料，并运用所有的感官主动探究，通过转换和组合各种材料发现事物间的关系，通过智力活动去建构知识。

此外，可以在“三人行”的“行”中提炼出接轨国际又立足中国的“社会建构”，这是深圳实验幼儿园区别于西方的一个特点。深圳实验幼儿园因地制宜的混班区域学习活动、多样的特色体验活动以及家园一体活动，都是让幼儿在交往中获得发展。高宽课程更多的是提倡和引导幼儿进行自主建构，即幼儿与材料互动过程中的自主建构，而深圳实验幼儿园除了引导幼儿与环境材料互动，也就是进行自主建构外，还引导幼儿进行社会建构，让幼儿在交往中完成社会化（比如中班不同班级的幼儿与其他班级的教师、幼儿打破班级界限开展区域活动）。所以说，深圳实验幼儿园在“行”中所做的探索、创新，不仅是与世界接轨的，更是立足中国文化的。

3.“三人行”的重点——合作

正所谓“三人成众”，“三人”代表着团队，“三人行”代表一种合作的精神，深圳实验幼儿园尤其重视合作的力量，强调幼儿与教师之间的合作、幼儿之间的合作、教师与教师之间的合作、教师与家长之间的合作；“三人行”也代表一种尊重与平等的关系，是每个孩子之间的尊重与平等，也是教师与孩子、教师与家长、家长与家长之间的尊重与平等。幼儿、教师和家长三者学会共处，合作同行是课程实施得以顺利进行的重要保证。

（1）师生合作

教师是儿童发展中的重要他人，在推动儿童发展中有着关键性意义。幼儿教师肩负着儿童启蒙教育的重任，直接影响到学前教育的质量以及新生一代的成长和发展。深圳实验幼儿园有着非常优秀的教师队伍，正是专业化的教师在引导、促进幼儿的发展。深圳实验幼儿园走的是课程发展和教师发展一体化的道路，正是有了教师的发展，才有课程的发展。

此外，幼儿和教师是平等的合作关系，都是具有独立人格的个体。教师绝不是指挥者或裁决者，更不是机械的传授者或灌输者，教师是积极师幼互动的组织者，是良好师幼互动环境的创设者。在这里，“关系大于一切”，教师真诚地倾听幼儿的声音，尊重幼儿的主体地位，让幼儿在集体活动中形成安全感和信赖感。深圳实验幼儿园的课程实施通过教师与幼儿平等民主的参与式交流，使幼儿获得积极体验，通过师幼之间的协商、对话，使教师在了解幼儿个体需要的基础上对幼儿进行个性化的指导，从而提升课程实施的质量。

（2）生生合作

儿童的同伴合作、交往对儿童的发展具有重大价值，同伴间的合作能促进儿童认知能力的发展，培养儿童正确的自我认识、人际交往与沟通能力、理解他人的意识与规则意识。深圳实验幼儿园的教师为幼儿创造与同伴游戏和学习的机会，让幼儿在实践中学会合作。如合作游戏是幼儿所喜爱的教学活动，角色游戏、结构游戏、小组表演等都需要幼儿通过合作才能真正从游戏中体会到乐趣。教师也根据本班幼儿的年龄特点、兴趣爱好开展不同形式、不同内容的合作性游戏活动，让幼儿在玩中自然体验规则与游戏的关系，懂得只有和同伴友好共处、相互合作才能取胜的道理。幼儿在相互说明、讨论、协商、争执、调解等过程中，人际交往能力能得到很好的锻炼。

（3）师师合作

教师通过与同事的合作与互动，从他人那里获取有价值的信息来提升自己的专业内涵，这是新时期教师专业发展的重要理念和途径。就深圳实验幼儿园而言，在课程改革的过程中，幼儿园为老师们营造平等、民主和开放的环境，为课程实施提供物力和智力上的支持，老师们经常相互交流，观察彼此的教学，并反思自身的教学行为，在交流和合作中共同建构所需的教学知识，提高课程实施的能力，在课程实施中一起成长。

（4）家园合作

深圳实验幼儿园一直秉承“家园共育，一车两轮”的家园共育理念，落实“用专业引领家长，用敬业感动家长”的工作方针，在历届家委会和老师的共同努力下，家园共育达到“深参与、深交融、共专业、共成长”的特点。家长是课程的主体之一，家长的参与成为课程的重要组成部分。如幼儿园设有园级、年级、班级各级家委会，负责桥梁、沟通、协作课程实施；设有课程督查小组、安全督查小组、伙食督查小组，负责幼儿园工作监督和促进；家长自发组织了故事妈妈团、家长护卫队、爸爸合唱团、宝宝健康顾问团等各种家长义工团队，协助幼儿园的保教工作及品牌文化建设。还以日常家长助教的形式，将终身学习和自我提升的理念传递给家长，让家长更多地了解育儿知识，在家庭中给幼儿创造良好的氛围。家长的参与，不仅丰富了教学方法和策略，还带来了课程内容的丰富，使内容更加呈现多元文化的特征。这是深圳实验幼儿园课程实施中最具特色的途径之一。

(二)“三人行”课程的实践

1. 课程框架

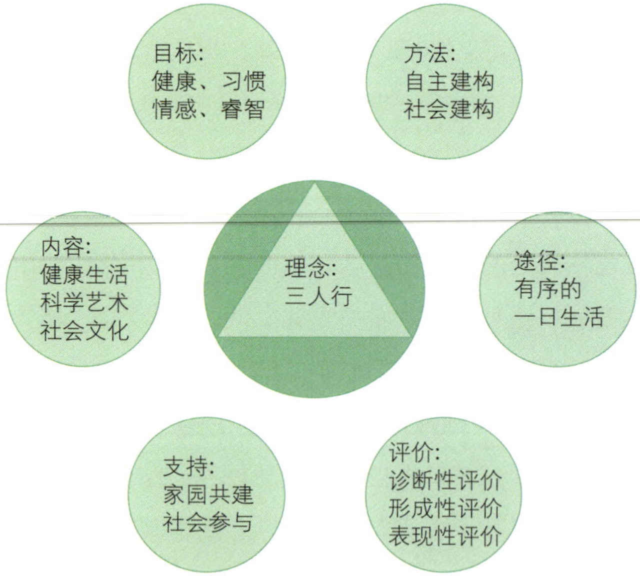

“三人行”课程框架示意图

“三人行”课程旨在促进幼儿的自主发展与合作发展，是教师与家长通过创设适宜的环境、提供丰富的材料、安排合理有序的一日流程以及提供及时有效的成人支持，从而实现幼儿的自主建构式与社会建构式学习的一种过程。

课程内容由“健康生活、科学艺术、社会文化”三个方面构成，在有序有价值的一日生活中，春风化雨般地滋养孩子的成长。积极高效的家园共同体和社会力量的参与，为幼儿园的课程提供了坚实的支撑。可以说，“三人行”课程是最大限度整合幼儿园、家庭和社会资源，为幼儿提供丰富的参与体验、交往互动、合作学习、表现创造及开阔视野的机会，体现成人的价值，让儿童在实践中获得成长经验的活动性课程。

2. 关于两种学习方式的思考

自主建构和社会建构这两种学习方式贯穿在深圳实验幼儿园每日活动之中，深圳实验幼儿园在课程实践探索中提炼出了开展自主建构和社会建构的优质经验，对进一步深入开展课程研究有现实的指导价值。

（1）自主建构式学习

自主建构意指通过主体操作实物或与人、观点和事件间的相互作用，帮助主体获得直接经验，建构起有关现实世界及各类要素的认识和理解。

我们理解的自主建构式学习由以下五项基本要素构成。

①材料：提供充足、多样、适宜的操作材料，能吸引幼儿多感官参与，而且是开放性的，幼儿可以用多种方式操作，有助于扩展幼儿的经验，激发其思考。

②操作：幼儿摆弄、探究、组合和转化材料并形成自己的想法，并根据他们的兴趣和需要计划活动。

③选择：幼儿选择材料、玩伴，改变或形成自己的想法，并根据他们的兴趣和需要计划活动。

④儿童语言和思维：幼儿描述他们所做的和所理解的，当他们思考其

活动并修正想法，打算进行新的学习时，他们用语言或非语言的形式进行交流。

⑤成人的支持（“鹰架”或“支架”）：成人支持幼儿当前的思维水平，并挑战他们，使其进入新的发展阶段。成人帮助幼儿获取知识，发展创造性地解决问题的技能。

（2）社会建构式学习

社会建构式学习强调的是在一定文化背景下，个体通过与他人互动、交流、磋商，为达成一致目标而不断调整已有经验，而建构新的认知经验的过程。这一概念不仅是在理论理解的基础上提出的，更是在实践探索中提炼的。

社会建构式学习包括以下五大要素。

①团队目标：有团队成员共同的目标。

②环境与材料：提供充足、多样、适宜的材料，能吸引幼儿多感官参与；环境中有明显的主题性特征。

③成人与孩子共同参与：活动离不开成人与幼儿的共同参与，成人可能是组织者、引导者，也可能是支持者、合作者，幼儿以小组合作学习为主。

④幼儿享有主动权、选择权：幼儿可选择材料、伙伴，改变或形成自己的想法。

⑤社会属性：活动内容受社会文化、传统习俗的影响，活动过程重在锻炼和发展幼儿的交往技能和社会适应能力。

深圳实验幼儿园课程建设之路，是一条不断探索、不断提高专业水平之路。“三人行”学前课程实施的理念重构，是学前教育工作者在理论转化实践中的最新探索，同时也进入了构建新时期学前教育适应性发展理念的深水区。在此过程中需要不断丰富学前课程的内涵，逐步形成幼儿、家长与学前教育工作者良好互动的局面。作为学前教育工作者，党的十八大报告中“办好学前教育”为我们提出了更高的要求，面对新形势、新需求，发展中国特色课程模式，我们应更加注重顶层设计，推进“三人行”课程实施理念在基层的创新实践，提升教育实践水平，全面促进儿童可持续发展，对话世界学前教育话语体系，为中国学前教育做出新的更大的贡献。

第一章

儿童有“100种语言”，我们有“288个世界”

童年有多美好？童年是生命赋予一个人最精彩的时光，是孩子回报给父母最珍贵的礼物，是儿童对成人世界最大的贡献！同时，每个孩子贡献的礼物都是独一无二的，因为每个孩子都是一个精彩纷呈的世界！

一、珍视童年：走进幸福的“288个世界”

儿童精彩表演现场

【霍力岩，以下简称“霍”】幼儿存在与生俱来的“内在生命力”，或者称为“内在潜力”，这种生命力是一种积极的、活动的、发展着的存在，它具有无穷的力量。教育的任务就是激发和促进儿童“内在潜力”的发展。

【刘凌，以下简称“刘”】的确如此。著名的瑞吉欧教育曾提及“儿童有100种语言”，以此来表达他们对儿童的理解；我和我的团队也用“288个世界”来表达我们对儿童世界的认识。我们认为“每一个孩子都是一个流光溢彩的世界”，我们园里曾经全园有288个孩子，因此“288个世界”便成为深圳实验幼儿园所有孩子的代名词。“288个世界”不仅表示我们对儿童概念的理解，也是我们对幼儿教育的期待，那就是创设孩子们的幸福童年。

☆ 童年不仅需要快乐，更需要幸福

孩子的世界是天真的世界

霍 从一个教育者的角度来说，我们希望童年不仅是快乐的、无忧无虑的，而且是幸福的，是为未来幸福生活打基础的。

【孙蔷蔷，以下简称“孙”】 说起童年，我不由地想起一首老歌《童年》——“池塘边的榕树上，知了在声声叫着夏天；操场边的秋千上，只有蝴蝶停在上边……”从这首歌里我们感受到的是童年的快乐、童年的无忧无虑。而这首歌对童年的认识仅仅停留于感性的层面，我们无法用清晰的语言说清楚童年是什么，童年需要什么。

刘 事实上，我们总会不由自主地担心无忧无虑、单纯快乐的童年如何能够应对未来社会复杂的挑战。这不仅是我们的担心，也是大多数家长的担心。于是这种担心让他们在当下的快乐与未来的幸福之间做出了选择。如果童年只是无忧无虑的快乐，那么它就很容易在社会的期待下消失。如果我们明白了幸福的真意，也许就不必为了未来的幸福而牺牲当下的快乐了。幸福是一种能力，我们以幸福作为幼儿园的教育宗旨，曾组织全员教职工展开“幸福大讨论”。

链接 1—1

你是幸福的，我是快乐的[1]

——记深圳实验幼儿园“幸福大讨论”教工会议

2011 年 10 月 12 日下午，深圳实验幼儿园全体教工在愉快幸福的氛围中举行了“幸福大讨论”会议。

“幸福在哪里，朋友我告诉你。它不在柳荫下，也不在睡梦里……”1984 年春晚殷秀梅的一首《幸福在哪里》，虽然隔着将近三十年的时空，画面有点模糊，但歌声还是那么优美，就如同“幸福”这个词一样，仍旧那么心醉，令人向往。优美醉人的歌声带动老师们轻轻哼唱，会议在歌声与欢笑声中拉开帷幕。带着对幸福的淡淡思考，大家一起观看了师生采访的视频。在镜头中，老师们畅所欲言，分享自己的幸福感悟，有家庭的幸福、工作的幸福，更多的是育人的幸福；孩子们也有自己幸福开心的事，玩游戏、玩玩具、玩分区，和小朋友、老师、爸爸妈妈一起玩……他们的幸福简单直接，真实而触动人心。

紧接着，围绕“如何让自己更幸福”、“如何让孩子更幸福”两个主题，全体教工分组展开了热烈的讨论，并由代表进行发言。老师们结合自身的生活实践和专业岗位，提出了家庭与工作平衡，自身修养与予人幸福兼备，“让孩子们吃好、穿好、睡好、心情好”，

[1] 本链接内容由深圳实验幼儿园宋彩琴老师提供。

聆听孩子、满足需求等幸福策略。随后，邓腊梅老师对老师们的发言进行了简评，赞扬了老师们的认真思考和精彩发言，也让大家了解了本次“幸福大讨论”会议的主要宗旨。

作为老师，最大的幸福就是孩子的幸福。给予孩子幸福，老师自己就更接近幸福！在今后的工作中，我们也将继续思索、探寻，让孩子生活得更幸福。

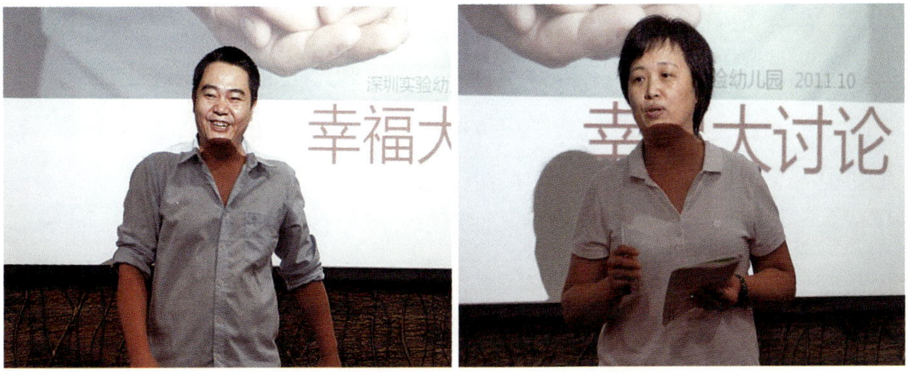

深圳实验幼儿园“幸福大讨论”现场

刘 经过这次全园的“幸福大讨论”，我和我的老师们最终得出结论：幸福需要快乐；幸福不仅是快乐。快乐是一种情绪，短暂而肤浅；幸福是一种情感，持久而深刻。

孙 儿童期正处于一种感官体验期，他们的成长就建立在各种体验基础上，情绪情感的发展也正处于比较初级的阶段。对于他们来说先要有快乐的体验，然后才能慢慢发展出幸福的体验。儿童的需要得到满足时他们是快乐的，而引导他们通过解决问题体验自我的成长时他们会是幸福的。

霍 对于儿童与童年的理解既是一个科学问题也是一个哲学问题。从古至今，人们对儿童概念的理解决定着他们对待儿童的态度与方式，人们对待儿童的行为也反映出他们对儿童的理解。比如中国有句俗语“棍棒底下出孝子”，就反映出那个时代人们的儿童观。他们认为儿童是有罪的，是邪恶的，必须用暴力才能赶走儿童的邪恶，导其向善。这样的方式让儿童变得顺从，也抹杀了儿童的活力与创造性。

刘 是的。旧中国的儿童观不仅将儿童看作小大人，还将其看作父母的隶属品，压制约束童年的思想。时至今日，还有很多家长依然深受旧中国儿童观的影响。在一次问卷调查中，有个妈妈提供了这样一个案例：为了教育儿子学会礼貌，她用尽了各种办法。有一次儿子不肯向保安叔叔问好，她就将两岁半的儿子关在门外。儿子在外面大哭，她也不允许保安开门，直到儿子屈从，向保安叔叔问好为止。看完这个案例，我的心无以言表。虽然我们已经进入了新时代，我们的生活水平获得了很大的提升，然而我们的观念却还处于旧社会的水平。我们做了父母，却对儿童了解甚少。这个妈妈不是特例，曾经很多次在跟一些父母聊天中发现他们对自己的孩子懂得很少，不知道怎样陪孩子说话，不理解孩子的游戏，强迫幼儿读书写字，等等。这些行为都表明我们不理解儿童。这种不理解不仅会剥夺孩子当下的快乐，很可能还会损害到孩子未来的幸福。

霍 童年的幸福不仅需要幼儿园老师的努力，更需要父母的努力。很多幼儿园为了扩大生源，在一些儿童教育问题上会屈从父母的观点。我认为这是对儿童的不负责任。希望老师们可以做到“用敬业感动家长，用专业引领家长”。每个接触儿童的成人都需要学习儿童的知识，理解儿童意味着什么，这样才能保证儿童享有幸福的童年。

孙 所以我们在匆忙地应对自己的生活时，在为幸福生活而奔波时，不妨停下脚步，回首一下我们的童年，关注一下我们的孩子，想一想他们的幸福需要我们做些什么。

☆ 给儿童一个机会，他们定还你一份惊喜

快乐创作

霍 儿童的幸福需要我们做些什么，其实很简单，那就是提供一个舞台。童年蕴含着巨大的能量，等着我们去开采。儿童的潜能是无限的，我们只需要给他们一个机会，他们定会还我们一份惊喜。

孙 儿童期是一个独立的有特殊价值的时期，儿童不同于成人。刘晓东研究员曾说：将儿童看作“小大人”的成人，自己本身就是一个“大儿童”。[1] 意思就是说我们对儿童的观点也反映了我们本身的心理发展水平。

刘 我常对自己的老师说：我们要做成熟的成人，不能做幼稚的成人。老师们不能将自己儿童化，因为只有成熟的人才能合理地对待儿童，才能引导儿童走向成熟。成熟的成人就是可以通过自己的学习不断地强大内心、通过充分地准备为幼儿提供丰富的学习环境与机会的人。因此我园

[1] 刘晓东．儿童教育新论 [M]．南京：江苏教育出版社，2008：22.

老师一直坚持实施“活动课程”，不断为儿童搭建丰富多彩的学习平台。

孙 在实验幼儿园，刘园长你是怎样为孩子们搭建丰富多彩的学习平台的呢？

刘 我们相信每个孩子都是一个独特的世界，我园在2012年前全园孩子总数为288名，我们的每次活动几乎都是全体288个孩子一起参加的，这样就让每一个孩子都有展示自己的机会。一些小的活动也是，比如从小班下学期开始一直到大班，我们在孩子午餐前都有餐前活动，这个活动就由幼儿轮流主持，每个孩子每周都会有一次展示自己的机会。有的是老师确定的主题，有的是孩子根据自己的特长在小朋友面前表演。每周的晨会活动也是这样，由各班轮流进行，小品、唱歌、舞蹈等各种形式，每个班自己确定主题，在表演的时候也是全班的孩子都要参加。我们举办的一些大型活动也是以我们“288个孩子”为主题的。我们将我们每一个孩子都比作一个流光溢彩的世界，“让每一个孩子获得成功的体验”就是我们举办活动的宗旨。所以这些大型活动都是一个孩子都不能少，给每个孩子一个可以发挥自己个性的空间。

霍 确实在你们园我看到了丰富多彩的儿童，看到了平等地对待每一位儿童的教育观，不过在实际活动中会不会存在有些幼儿不愿意参加活动呢？

刘 当然也有。孩子之间也会存在个体差异。我觉得教育不仅要体现平等、公平，同时也要尊重个体差异。比如以前在小班排过一个《厨房小精灵》的节目，有个小朋友实在不愿意参与，我们也想了很多办法，用心去了解孩子的兴趣爱好，有一天他终于说：“如果有一个大红辣椒，我就演。”为了他，我们就专门增设了大红辣椒的角色。其实他后来也只上台了1分钟，站在最边上，但我们还是让他登台了。这对他的影响比较深远，他后来还产生了参与这类活动的热情，参加了《皮皮鲁和鲁西西》的演出。

霍 发展适宜性实践强调教育应适应幼儿的年龄特征和个体发展的特征，孩子发展水平不一样，如果遇到个别孩子完成不了这项任务你们怎么做？

刘 登台表演并不是每个小朋友都会成为主角，每次活动都会有各种不同的角色，如有的孩子是主持人，有的演小品，有的跳舞，有的唱歌。这个过程中只要尊重孩子就好了，有时候要忽略大人的评判标准。有的可能讲话不那么流畅，但只要在孩子原有的基础上有进步了，就要给他鼓励。比如我们有一个大班的孩子，听力有些障碍，戴着助听器，发音也不太准，但在开学典礼上却是让他做的主持人。我想任何一个幼儿园都不敢在这么重大的活动中用这样的孩子，但他们班却是大胆让他上场。虽然讲得也不是很清楚，但大家都知道他的情况，看到他确实进步了，台下的家长都报以热烈的掌声。

霍 当前儿童教育中的功利性和教育观念的错误，使得儿童剧这一常见的幼儿园戏剧活动形式成为“以形式美为中心”的儿童剧，有研究者称之为“六一节模式的戏剧”。在这种模式的儿童剧中，老师选定了表演的故事、演员，利用课余时间排练，再手把手教授孩子，让他们记住自己的台词、动作、表情走位等。一般来说，这类活动的目标就是在短时间里拿出一台像样的戏，教师更注重的是演出的效果，因此孩子没有多少自主创造的机会，只是被当成知识的容器，是被动的接收者。虽然能达到“时间短，见效快，有秩序”的效果，但孩子的表演往往只是机械的模仿，缺乏自我体验与感受，缺乏灵性与活力。儿童剧被当成追求名利的工具，孩子的主体性、独立人格、孩子的成长往往被忽略。你们园会存在这种现象吗?

刘 与传统的“六一模式”不同，我园在尊重幼儿、以幼儿为本的理念引领下，以幼儿的发展为目标，以“288 个世界”为主题，成功举办多场大型童话剧，得到社会各界的高度评价。一部部题材独辟蹊径、形式新颖别致、表演天真活泼的优秀原创童话剧，一台台充满真正童真童趣、色彩斑斓的大型舞台剧，无论对戏剧艺术领域还是对幼儿素质教育领域，都有极大的启示作用。综观这些童话剧活动的组织与开展，其成功最根本的原因在于“尊重幼儿，以幼儿为本”理念的引领与贯彻。它不仅使幼儿提升能力，全面发展，陶冶性情，完善人格，同时也获得成功体验。这种大型童话剧的筹演过程，让经历其中的儿童、教师都获得了成长。

霍 如果将“288个世界”的精彩展示看作儿童成长“金字塔”的塔尖，是一种成就感与飞跃感，那么最关键的塔底，就是儿童在幼儿园一日活动中的成长。你和你的团队是如何为儿童创设学习与成长的环境的?

刘 这种环境创设在我看来包含两层含义：一是成长的物质环境，大到园所环境小到班级一角都为儿童成长精心设计；二是精神文化环境，师幼关系、亲子关系都是幼儿教育中的重要内容。除此之外还有一项关键内容就是实践层面上的计划，既考虑让孩子的活动丰富有序，又能让孩子有更多自主选择的机会，既尊重儿童又发挥了教师的价值。在为儿童策划幸福童年的过程中，我们发现幸福不只是儿童的，也是我们每一个人的，给儿童一个幸福的平台，儿童便带成人一同进入了幸福的世界。这也是我们贯彻“三人行”教育理念的一个落脚点。

二、理解儿童的成长：影响还是跟随?

幸福童年

霍 在儿童的成长中成人的作用是至关重要的。孩子在成长过程中，需要成人协助他们理解生活经验；需要成人发挥自己的权威作用；需要成人的榜样力量；需要成人的合理期望。作为园长，你是怎样认识作为成人的教师在儿童成长中的作用的？

刘 心理学上有一种现象称为皮格马利翁效应，后来人们发现这一效应也适应于对儿童的教育中，称为罗森塔尔效应，反映了教师的期待对儿童发展的积极影响，教师对儿童的影响不仅有直接的，还有间接隐性的。我认为，儿童自身就有成长的动力，具有巨大的发展潜力，作为教师，我们应该了解儿童的发展特点，尊重儿童自身的成长轨迹，跟随儿童的发展步伐，并适时地给予支持和引导。

☆ 懂得跟随的影响才更有效

自主学习中的孩子

霍 对理论的学习是实践幼儿教育不可缺少的一步，然而在实践中老师们往往会持有自己对教育的一些固有看法，同时这些看法会直接反映在教育教学行为中。受行为主义理论影响较深的教师会比较关注教学的整体成效，比如他们可能会为了当下的教育效果，而牺牲未来可能的幸福；也会为了集体的成长而忽视个体的成长。受人本主义影响较深的教师，由于盲目跟随个别儿童的兴趣，有可能损失教育的整体成效。

刘 是的。比如，行为主义者与建构主义者都很重视规则的建立，行为主义者认为规则的制定者是教师，一般使用行为强化法推进规则的执行，对规则的坚持者予以奖励，对规则的破坏者予以惩罚；持建构主义观念的教师会同儿童一同商量规则的制定，并想办法引导儿童体验到不遵守规则对自身造成的影响而选择坚持规则，他很少奖励儿童，也不惩罚他们。由于各项教育研究证据的支持，建构主义思想成为当前的主流思想，如皮亚杰、维果斯基等这些建构主义典型代表人物的理论观点成为我们熟悉并认同的教育依据。从他们的思想中我们感悟到这样一种观点："教师只有懂得跟随，影响才会更有效。"

我在我们园推进这样的教育观念时也遇到了一些困惑和不解，但我始终没有放弃，因为发现问题、解决问题本身就是一种成长。下面我们来看一个教育案例。

案例 1—1

让每一个孩子飞起来[1]

有一首歌这样唱道："每一个孩子都应该被宠爱。"在深圳实验幼儿园老师的心目中，确实是把"每一个孩子都应该得到爱，都应该得到发展与进步的机会"作为自己的教育准则。"不给孩子贴标签"这句口号，喊起来容易，做起来难。但是实验幼儿园的老师做到了，因为在实验幼儿园的空气中到处都飘散着平等与尊重。

明明是一个调皮的孩子，中班时他转到实验幼儿园。在之前的幼儿园，老师因为头疼他的顽皮而不愿意管他，将他划入特殊儿童的范围，因此他更加地游离于集体活动之外。刚来到实验幼儿园时，他也像以往一样，不跟这个班上的小朋友接触。班主任赖老师发现

[1] 本案例由深圳实验幼儿园赖方方老师提供。

他很聪明，总是找机会跟他聊天。几天后他依旧不参加集体活动，不过他已经不排斥班上的老师了。

早操前（明明从未做过早操）

赖老师偷偷跟他说：“明明，你跑得这么快，老师就让你当队长，带大家去做早操好不好？”

他不屑一顾，说：“我不当。”

“那好吧，你不当我就请嘟嘟当了。”

他想了想：“那还是我当吧。”

赖老师捏了一把汗，终于有办法让他去做操了。

音乐活动前（明明从来没参与过集体活动）

赖老师对明明说：“如果你陪我和其他小朋友一起参加十分钟的音乐活动，我会陪你去阳台上玩五分钟。”（他很喜欢阳台上的搭建游戏）

他想了想：“好吧。”

十分钟过去了……

明明对赖老师说：“我要去阳台上玩了。”

来到阳台上……

赖老师说：“明明，今天你在集体游戏中坚持了十分钟。老师觉得你真是个好孩子。”赖老师觉得他有进步了，应该得到表扬，没想到明明却哭起来。

明明一边哭一边说：“是的，我是好孩子。”

老师赶紧关心地问：“你怎么了？哭什么啊？”

“老师，我真的是好孩子吗？”边哭边怀疑地看着老师。

“你当然是好孩子啦。”老师这时也一阵心酸，难道没人表扬过他吗？

赖老师继续说：“你在阳台上玩五分钟就继续去参加集体活动，

好吗？”

“好！”明明同意了。

五分钟过去了……

明明果然从阳台上走出来坐在座位上与其他小朋友一起参与集体活动了。

虽然明明很调皮，有些让老师费心，但是老师觉得，每个孩子都会是好孩子，都有自己的优点，就看我们成人是不是有一双慧眼了。明明的哭泣，让老师更加懂得了他。他的心结也就此打开了，从此明明就和自己班上的小朋友一样，开心地参加集体活动，也交了很多好朋友。

孙 从这个案例可以看出，每个孩子心里都有被他人肯定和尊重的愿望，并愿意为之付出努力。当孩子出现退缩、抵触的情况时，往往是由于他的努力总是令他感到无效，从而使积极性受到打击。案例中，如果一味地使用强化的方法来推进规则的执行，是无法调动起明明的积极性的，只有理解他的心理，打开他的心结，才能解决根本的问题。

霍 这个教育案例让我们看到了深圳实验幼儿园的教育方法。老师对孩子采取了信任和跟随的态度，从而使孩子敞开了自己的心扉。对待孩子，老师永远都不要吝啬表扬，也不要吝啬给孩子机会。每一个孩子都应该得到尊重和平等的机会。

刘 是的，这是实验幼儿园的每一位老师奉行的职业准则，不仅需要从观念上认同，还需要老师们落实到自己的教育实践中。为此，我们站在实践的角度采取了一系列的措施：第一，组织调研与观摩，考察当前教师的教育行为，并分析其背后的教育观念；第二，分析讨论实施新的教育观念需要的条件，比如教师面对的幼儿人数、活动的组织方式、班级的环境因素等；第三，从一日活动环节入手调整教育方案；第四，尝试新的课程方案，并组织再次观摩与调研。这样几个轮回下来，老师们既发现了很多新的问题，也提出了很多解决方案。

霍 观念的问题落实到行为上最终体现为两个问题：第一个问题是如何跟随儿童。所谓跟随，其实就是理解儿童的行为、尊重儿童的个性特征与兴趣等。全美幼教协会（NAEYC）提出的“发展适宜性实践”指出，教育方案要适宜儿童的年龄特征与个性特征。年龄特征可以从园级层面来考虑，针对不同年龄研讨出不同的教育方案；个性特征就需要从班级层面来考虑了，就需要教师能够有机会去了解儿童的个性特征与兴趣。要重视教师有没有机会跟随，有没有掌握跟随儿童的策略等问题。能够有机会去了解儿童的个性特征与兴趣很重要，这是实现适宜性教育的基础。

刘 我们组织教师全面学习了《3—6岁儿童学习与发展指南》，对3—6岁幼儿的学习特点和具体表现有了系统的了解，加上我们平时的实践活动，老师们对孩子的个性和特征有了更加深入的认识和专业的指引。我们还调整活动组织的模式，比如给孩子大块的时间进行分区活动，给孩子创造计划、选择活动的机会，让孩子们实现自主学习，也让教师有机会观察儿童、跟随儿童。掌握跟随儿童的策略，就需要教师做有心人，也需要幼儿园提供学习观摩的机会。有一些经验丰富的老教师，他们在尝试中总会创造出很多巧妙的教育策略，总有很多好办法去深入了解每一个孩子。于是教研室经常会组织一些沙龙、培训学习活动，让老师们相互分享经验。

霍 第二个问题就是如何判断教师的影响是积极的还是消极的，或者是没有发生有效的影响。要想知道教师的影响是否有效且积极，不仅需要做一个敏感的观察者，时刻了解孩子的行为表现，还需要一些评估的指标。

刘 教师对孩子的言行都要做到积极的影响，是需要教师长期、用心的实践、反思与积累的。我们鼓励年轻教师在没有把握的情况下，对孩子做“试探性的影响”，即使无效也无妨，但是随着教师经验的丰富和专业水平的提高，相信积极的影响会越来越多。同时，我园教研室根据国家的《3—6岁儿童学习与发展指南》以及一些其他的资料设计出我们自己的《幼儿幸福成长评估表》，制定出一系列评量方案，考察教育的效果。其中不仅有对幼儿行为的评估，还有对教育环境的评估、对教师行为的评估等。总而言之，跟随幼儿并实施积极的影响就是我们的幸福策略。

☆ 儿童是主动的学习者

学习的孩子

霍 教师要转变自己想要塑造儿童行为的观念，就是因为：儿童是主动的学习者。蒙台梭利在其著作《吸收性心智》中提及儿童是主动学习者的说法，她认为儿童具有“有吸收力的智力”；丽莲·凯兹也将儿童称为“小小探索家”，认为儿童生来就有学习的强烈欲望。儿童随时随地都在研究探索着周围的事物，说明他们有着强烈的学习欲望，并且他们接受新事物的能力很强大。脑科学研究表明，学习就是一种刺激与连接。儿童将外界环境中的刺激纳入自己已有的认知图式，就是儿童学习的过程。很多时候我们认为儿童不愿意学习，可能是我们对学习的了解存在偏颇。我们将不适宜的学习方式认为是学习本身，同时强加于儿童。

在班级表演区的孩子

孙 比如3—6岁的幼儿处于具体形象思维阶段，他们更希望通过对周围环境的操作探索来学习。他们的学习兴趣在于认识他们周围与自身有关的人、事、物，对一些抽象概念不感兴趣。而成人偏偏从自身的需要与假设出发，认为儿童的学习就是学习算数和背诵唐诗宋词。这种认知上的偏差导致了成人对儿童学习能力的误读。

刘 确实如此，我们应读懂孩子的学习，下面我来讲一个亲身经历的例子。

案例1—2

喜欢拆东西的小发明家[1]

从深圳实验幼儿园毕业夺得殊荣的学子有许多，但令人印象最深是一个叫程的小朋友。毕业于实验幼儿园的程发明了“脚用鼠标”，让电脑的操作效率提高30%左右。他带着此项发明赴美参加科技竞赛，荣获了二等奖。

当初程来到实验幼儿园时，我还是一名普通的一线教师。见到程的爸爸，我问他：“小家伙有什么爱好吗？”程的爸爸一脸无奈地说：“我儿子的爱好挺多的，就是有一项‘爱好’让我们挺头疼的，那就是喜欢拆东西。给他买的玩具不出一天总会被拆得七零八落，最过分的是他趁我睡觉的时候，把我刚买的摩托罗拉V3手机给拆了！”随后又心疼地加了一句：“那可是刚上市的新款啊！”我笑了，摸着程的头说：“真是个不错的习惯。”

对于我的赞扬，程的爸爸一脸不解：“拆手机怎么算是不错的习惯呢？”我笑笑说：“您不觉得您的孩子与众不同吗？没准将来他会是爱迪生那样的发明家或者是爱因斯坦那样的科学家呢！让他留在这里吧，我保证他以后不会胡乱拆东西。”程爸爸考虑了一会儿，决定将程留给我这个如此“欣赏”孩子的幼儿教师。

程经常在教室里摆弄一些小物件，包括电池、导线、小灯泡、线路板、三极管，甚至还有集成电路等，这些都是他从自己的玩具上拆下来的。每当程入迷地摆弄自己的小物件时，我都会静静地在这个孩子身边观察，还会尽量排除外界对这个孩子做事的干扰。我发现：这个4岁的孩子居然会用这些简单的小玩意儿设置串联电路。

[1] 本案例由深圳实验幼儿园秦贝宁老师提供。

当程满有成就地完成了自己的“杰作”后，我忍不住好奇地访问了这个孩子。

“程，你真棒，这是谁教你的呢？”我问道。

“没人教我，是我自己琢磨的。”程为老师的关注感到开心。

我发现这个孩子不光有好奇心，还有创造力。虽然他的创造在许多人眼里无比的幼稚，但是我相信只要把程的好奇心变成思考的习惯，为他提供更多的科学知识，这个孩子未来可能做出惊人的成就。

短短几年对科学的接触，程的好奇心转变为了一种思考的习惯。他不仅可以动手操作验证自己的好奇，还可以在老师的帮助下查阅资料，并且有很多机会将自己的小发明、小创作在科技节上一展风采。

在程的毕业典礼上，当别的小朋友高高兴兴地从父母手中接过毕业礼物时，程却郑重地将一个小小的礼包送到了爸爸的手上。那一刻，程爸爸激动万分。他打开了礼包，一部摩托罗拉V3手机静静地躺在盒子里。当爸爸惊奇地看着程时，他却不好意思地说：“是我以前拆掉的那部，早想装起来了，但是一直做不到。前几天老师和我一起把它弄好了。”

看着越来越懂事，也越来越能干的儿子，程爸爸百感交集。他什么也没说，只是掏出自己新款的诺基亚手机，将卡取出来，认真地装到了已经不再流行的V3手机里。

程从实验幼儿园毕业后，带走了一颗善于思考的种子，他爸爸说：“这是使他一生幸福的种子。”

时光静静地流淌着，程不断观察着周围的一切，也不停思考着背后的原因。多年后的一天，当他看到两个小朋友在玩跳舞毯，屏幕显示的速度相当快，两个小朋友居然跟得上，程上前用手试了试，他发现手居然跟不上脚的速度。于是他产生了一个想法，如果把现在一些用手操作的简单的东西换成用脚操作，效率会不会更高呢？

在以后的日子里，程开始寻找可以用脚操作的东西，比如方向盘、开关、拖把等，他都琢磨过。不过最终他还是选中了鼠标，因为用脚来操作鼠标不仅比手快，而且能解放右手，这无疑会使操作效率大大提高。最后，他根据跳舞毯的原理，制作了一个大大的脚用鼠标，自己试着用了一下，感觉非常好。就连他的父亲也从中看到了商机。当程的脚用鼠标专利申请成功后，父亲就马上买下了这项专利。

在发表获奖感言的时候，程非常有感触地说：“除了要感谢自己的父母之外，我尤其要感谢深圳实验幼儿园的老师们，是她们让我的思考成为一种习惯。”

刘 孔子云：“学而不思则罔，思而不学则殆。”实验幼儿园的教育理念正是将学与思结合，培养幼儿学与思的好习惯。正是这些好习惯，让程懂得思考，学会思考，让学与思真正结合在一起，而他也获得了一生宝贵的财富。

这个例子让我感受到，儿童的学习能力与学习热情可能远远高于我们的估计。如果我们发现孩子不喜欢读书，不爱学习，我想首先反思的应该是我们成人自身的观念与行为。是不是我们对孩子的引导出了问题？是不是我们正在用错误的标准来评价孩子？

霍 我们还要清楚一点，就是我们的榜样作用以及我们为孩子创设的环境氛围很重要。比如有个爸爸抱怨自己的孩子每天总是沉迷于看电视，根本不喜欢读书。老师问他，那你们父母晚上一般做些什么？他说就是打打麻将、看看电视喽。老师很快明白了孩子行为的原因。因为这个家庭就是这样的氛围，让孩子脱离家庭氛围，自己去做父母期望的事情，那是不可能的。因为孩子不是在真空中长大的，环境的影响远胜于我们的说教。孩子的幸福成长需要我们相信孩子是主动的学习者。只要我们相信儿童，用欣赏的眼光去看待儿童，用积极的行为去影响儿童，那么儿童幸福成长的目标就会实现。

☆ 儿童是个性化的学习者

霍 儿童是个性化的学习者。全美幼教协会曾指出发展适宜性的教育应该尊重儿童的个性特征。维果斯基提出的“最近发展区”理论，认为教育要在孩子的最近发展区内发挥作用，也就是说要了解每个孩子的已有经验。根据多元智能理论，孩子的智能是多元的，孩子的潜质也是多方面、多层次的，孩子的智力成长有其个性化的道路。

欢呼的孩子

运动的孩子

刘 是的。教育心理学中著名的实验“双生子爬梯实验”也告诉我们，不考虑孩子自身的差异而实施的训练是很低效的。在我看来，每个孩子都是一颗耀眼的星星。我相信“每一个孩子都是一个流光溢彩的世界”，孩子是个性化的学习者。

案例 1–3

尊重个性的教育[1]

下午四点半，筱筱的妈妈站在幼儿园门口，等待着筱筱回家。因为，筱筱在参加实验幼儿园美术工作室的小组活动。

小昶老师记得筱筱第一天到学校的情景。那天上课，老师和小朋友们都坐在地上玩儿，筱筱静静地一个人坐着，当见到另一个小朋友拿起画笔时，她竟抢过来在地上画来画去。这后来发展成了筱筱的一大习惯，凡是见着画笔和画纸就抢。

见筱筱对画画那么痴迷，小昶老师把这事告诉了筱筱的妈妈。妈妈给她买了各色画笔和图画本。从那以后，筱筱每天都在纸上画啊画。

大概两个月之后，小昶老师确定筱筱对绘画的热爱程度高于她对其他任何东西，而且比其他小朋友都要迷恋绘画。研究漫画出身的他找到筱筱爸爸妈妈一谈，得知孩子周岁那天抓的就是一个画板。三人一合，都觉得孩子这方面可能有天赋，可以好好培养。就这样，筱筱跟着小昶老师开始了她真正的绘画课程。

如今，一年零八个月已经过去了。现在给筱筱一个磁粉画板，让她画个番薯头，画个老夫子，画个哆啦A梦，都是手到擒来的事情。

[1] 本案例由深圳实验幼儿园沈敏老师提供。

不过小昶老师的执教远不止于绘画本身。擅长绘画的人对事物的理解都是偏感性的，筱筱也不例外。小昶老师本身也是个喜欢通过绘画来表达感情或想法的人。在筱筱掌握了基本的漫画技能之后，小昶老师开始教筱筱画她眼中的世界。他用三格半漫画作为套路，让筱筱将自己的故事往上面套。

开始的时候，筱筱最多只能画两个格，故事就完成了。但是，随着对事物认识的增多和加深，筱筱慢慢能画满三个格。而三格半漫画要求更高一些，因为三格半漫画的本质是讽刺和幽默，这是一个小孩很难做到的。小昶老师说：“漫画的绘画比较简单，所以筱筱接受得比较快。但是，漫画的使命就是讽刺社会或让人感到幽默，这一点要求必须对社会有一定的认识才能达到。我现在让筱筱学习的不仅仅是绘画技能，还要培养她在认识自然和社会方面的兴趣，然后鼓励她将自己的认识表达于画纸。”

筱筱现在学习画画，小昶老师讲得越来越少，倒是筱筱画的时间越来越长。有时候一周下来，几易其稿，筱筱能完成一组不错的作品。除了上课外，小昶老师还建议筱筱母亲多买些漫画读物以及一些丰富幼儿想象力的童话书给她看。因为他认为学习画画的过程，必须同时辅以身心的同步发展，而童话故事可以很好地释放小孩的想象力。

孙 这一案例的确有典型性。孩子不是一张白纸，他有自己的个性，有自己独特的思想。所以说应强调尊重孩子，平等地去促进每个孩子的发展，为他们提供适宜的教育。刘园长，你和你的老师们是如何在尊重与接纳孩子的基础上去影响、引导孩子的呢？

刘 教育孩子、促进孩子全面和谐发展是我们的使命。我想尊重与接纳孩子应该是影响与发展的起点。每个孩子都有他自己的个性和优势智能，我们老师可以做的就是给孩子不同的发展平台，让他们按照自己的方式和意愿来成长，具体的做法就是减少传统的集体教学中整齐划一的学习模式，而提供给孩子不同的平台：区域的自由活动、主题中的探究活动、晨会中的个人展示等，让孩子寻找到适合自己的平台，按照自己的学习方式去建构自己的经验。我们也越来越感觉到教育没有终点，教育也不是一张有唯一答案的试卷，孩子的发展亦是如此。当孩子来到幼儿园，不管是家长还是幼儿园都会对孩子有一个期望，这个期望就是我们的教育目标。然而由于孩子的个体差异性，我们不能要求每一个孩子都在一个模子里成长，也就是说对孩子发展的期望要尊重孩子本身的特点。

霍 全美幼教协会也提倡教育的发展适宜性，强调教育既要适宜孩子的年龄特征，还要适宜孩子本身的个性特征，以及这个孩子的家庭文化背景。教育并不是万能的，我们不可能通过一种模式随意塑造孩子的未来，我们要承认教育作用的局限性和成人眼界的局限性。尽管我们会尽力保障孩子向更好的方向发展，但是我们必须尊重孩子本身的差异性。具体来说，我们的做法就是减少“一刀切”的教育模式，如集体教学活动；在学习（游戏）活动的选择中尊重孩子本身的意愿；成人既要给孩子创设丰富有挑战性的教育环境，还要放手允许孩子自主地做事。

适宜的教育应遵循孩子的天性，遵循孩子的家庭文化背景，这与国际上主流的教育观是一致的。我们现在要做的不只是将儿童看作个性化的学习者，更要拿出行之有效的教育策略来支持这一观念的实行。

刘 认同和支持幼儿坚持成为个性化的学习者，首要的就是要转变观念。在全面实施素质教育的今天，我们要做到切实理解科学发展观的内涵，全面把握现代社会发展和学前教育改革与发展的价值取向，从传统的知识价值取向特别是片面的知识价值取向中解放出来，转而追求儿童基本态度、初步能力和简单知识的“综合性一体化”发展；准确把握“以人为本”的价值取向，从“重教师教、轻儿童学”的成人价值取向中解放出来，转而追求教师引导、兴趣驱动的儿童主动探索和发展；准确把握“全面、协调、可持续”的长期发展价值取向，从“掠夺式开发”、“逼迫式学习”的短期行为中解放出来，转而追求为儿童的终身学习、可持续发展奠定基础；从在教室里进行的“直接教学、分科教学”的间接知识传授价值取向中解放出来，转而追求让幼儿在绿色的环境中通过多种活动方式获得综合发展。

霍 除了转变观念，教师还要懂得如何将观念转化为实际行动。《幼儿园教育指导纲要（试行）》指出：“幼儿园的教育活动，是教师以多种形式有目的、有计划地引导幼儿生动、活泼、主动活动的教育过程。”可见，激发幼儿学习的内驱力，促进幼儿主动学习应该是教师在实践中不懈追求的目标和努力的方向。

刘 是的，兴趣是幼儿主动学习的基本前提，教师需要了解幼儿的关注点和兴趣点，引导幼儿观察，主动进入探究情境。当然，幼儿的兴趣点有很多，教师需要进行价值判断，选择既符合幼儿年龄特点又具有教育价值的主题和内容。

孙《幼儿园教育指导纲要（试行）》还指出：“教师应成为幼儿学习活动的支持者、合作者、引导者。”教师在引导幼儿主动学习，不断深入探究的过程中起着非常关键的作用。教师提出问题、假设，引导幼儿进行操作、调查，在这个过程中引发幼儿不断进行思考，激发幼儿探究和学习的热情，对该主题进行进一步的延伸和扩展，最后再引导幼儿反思和总结。这样的学习才是幼儿需要的学习，是幼儿的主动需求，才可以引导幼儿获得可持续发展的学习能力。

刘 的确，帮助孩子坚持成为个性化的学习者，教师的地位和作用非常重要，他们要明白自己能给予儿童什么样的支持与引导，如何帮助儿童获得真正的发展。

三、儿童遇到的问题：发展过程中的客观存在

每个孩子都有不一样的天空

霍 为什么我们要谈“儿童的问题”？这可能是儿童教育中一个避不开的话题。无论我们如何去理解儿童、接纳儿童，我们都无法将儿童想象成没有问题的儿童，即我们心目中的完美状态。事实上如果我们不能接受儿童的问题，我们将无法真正地接纳儿童、理解儿童。儿童在他们的成长过程中总会遇到很多问题，如缺乏生活技能而导致的独立自主问题、缺乏自我保护能力而可能遇到的安全问题、社会交往能力差而导致经常与他人发生冲突、自我控制能力差而做出很多不被社会认可的行为，等等，对于“儿童的问题”，刘园长你怎么看？

刘 儿童遇到的问题同样也是我们的困扰，因为我们需要想办法帮助儿童去解决这些问题。如果我们想要避开这些问题，或者是因为这些问题

而不喜欢和儿童在一起，或者使用不适宜的方式去解决这些问题，就可能会影响儿童的健康成长。我想说这些问题是伴随儿童成长而客观存在的，也是我们作为教育者这一角色存在的意义所在。因此要理解儿童、促进儿童的成长，就有必要从解读儿童时期所遇到的问题出发，引导儿童在解决问题的过程中获得成长。

案例 1—4

放下来的小手[1]

豆豆突然变得很奇怪，他每天把双手举在胸前，就像戴着手套准备做手术的医生一般，怎么也不肯放下。老师让他把手放下，他不停地说：“有细菌，到处都是细菌。”然后不停地去洗手，反复地洗手。

老师思考了一下，就没有过多地当面干涉，而是找来了豆豆的妈妈，一起讨论这件奇怪的事情。豆豆的妈妈一听，焦急地哭了，一直悔恨地说：“都怪我，都怪我。”原来事情的起因是这样的：前些天豆豆脚踩到了异物，就告诉了妈妈，妈妈则简单地答复说：没关系，洗洗就好。但是豆豆不停地纠缠这件事情，反复地说，妈妈最后生气了，就采用了冷暴力恫吓的方法，说你不要再啰唆了，再不去把脚把鞋子洗干净，就会有细菌，需要做手术，以后天天要放到无菌室里，天天用消毒水消毒。

从此以后，豆豆就变了，哪儿都不敢碰、不敢摸，每天举着双手，甚至把这种行为带到了幼儿园。

看到豆豆妈妈如此的焦急，老师赶紧进行了安慰。回去后，老

[1] 本案例由深圳实验幼儿园李玲老师提供。

师就开始查找资料，咨询专家，探讨解决办法。又多次和豆豆妈妈进行联系，沟通交流彼此的做法。她们尝试着打开豆豆的心结，用多种渠道让豆豆获得心理的安全感、科学上的认知。

首先，豆豆妈妈这一段时间多抽些时间陪伴他，每天下午请假和他在一起，游戏、阅读，逐渐减少他的畏惧感；其次，用视频、图书、和医生交流等方法让孩子懂得相关的科学知识，知道细菌并没有那么可怕；再次，老师还在班上进行了一个主题活动“有趣的细菌”，让已经有了一定知识量的豆豆进行讲解、参与实验、探讨。慢慢地，通过多方面的努力，豆豆的手终于可以放下来了，豆豆还成了班级的小小科学家，成了班级的卫生小卫士。

☆ 儿童在问题解决中获得成长

刘 “儿童的问题”在这里我们可以理解为儿童在生活、交往、学习等方面所遇到的各种困难，以及儿童所做出的不被社会接受的各种行为。从这种理解出发我们想一想儿童在一日生活中可能遇到的问题，可能是生活自理问题、安全问题、交往冲突、对规则的破坏，等等。这些问题的产生是与他们的年龄特征分不开的。

霍 根据皮亚杰对儿童的研究，处于幼儿期的儿童是以自我为中心的，很难理解周围人的想法；他们的思维方式是具体形象的，很难理解抽象的事物；他们的注意力水平有限，一次只能关注一件事情或事物的某一方面……但是他们善于模仿，可以移情，能够体会他人的情感。

孙 著名的“双生子爬梯实验”证实了儿童自己可以在成长中自然解决这些问题（不能爬上楼梯），成人的帮助对他们影响不大。然而另一些学者却反对这种论断，认为儿童在成长中存在着问题解决的关键期（敏感期），错过这样的时期，在解决相同的问题时就会变得很困难或者说不可能，如“狼孩”、“猪孩”现象的存在。心理学家埃里克森认为发展的每个阶段都会伴随着一对矛盾的解决，如果顺利解决他将顺利进入下一个发展阶段，如果不能顺利解决将会影响下一个阶段的发展。

霍 不管是何种理论，我们都发现问题解决与儿童的发展有着紧密的关系，从某种意义上说每一个问题的解决就意味着儿童又成长了一步，或者说儿童的成长就是在一系列问题解决中发生的。各种理论所争论的焦点就在于儿童的成长是在自己解决问题的基础上，还是在成人帮助他们解决问题的基础上发生的。

刘 作为教育者，我们相信儿童的成长需要我们的帮助，在我们帮助下解决问题会使他们更加健康地成长。因此我们说问题解决正是我们教育者发挥教育价值的契机，也是儿童成长的关键所在。下面来看一个我们园的教学案例。

案例 1–5

小兔子吃什么[1]

——帮助孩子在解决问题中获得成长

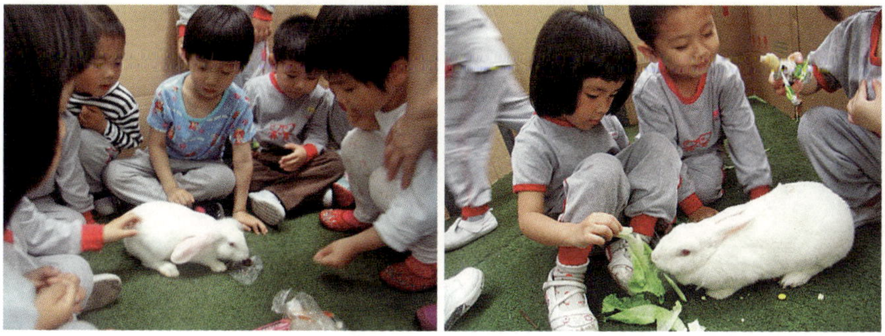

孩子们研究小兔子的食物

[1] 本案例由深圳实验幼儿园谢丽敏老师提供。

幼儿园的动物饲养区里养了好几只小兔子，只要经过那里，孩子们总会停下脚步与小兔子打招呼，调皮的孩子甚至会摘树叶、拔小草去喂小兔子。孩子们有趣的对话吸引了我，于是在孩子们兴趣的引领下，我们开展了关于兔子的活动。

活动第一个阶段，我们首先就“小兔子喜欢吃什么”展开讨论。芯芯说：“小兔子最喜欢吃胡萝卜。”宝子说：“小兔子也爱吃蔬菜。”这时齐齐捡来一些干树叶要喂小兔子，海螺忙说：“小兔子不吃树叶的。”齐齐说：“吃。”说完齐齐便将树叶喂给兔子，小兔子闻了闻吃了起来，齐齐得意地说：“你看，兔子吃吧！”其他小朋友看见小兔子津津有味地吃着树叶都叫了起来，连忙将这个令他们惊奇的事情告诉我，“小兔子把干掉的树叶都吃完啦！”我点点头说道：“原来小兔子也吃干树叶呀！不知道它还爱吃什么呢？”我的话音刚落，小朋友七嘴八舌地说了起来：“小兔子爱吃青草。”“它还喜欢吃蘑菇。”“小兔子喜欢吃花。”……这时飞飞的答案引起了大家的注意：“小兔子喜欢吃玉米。”芯芯马上站出来反对飞飞的说法：“小兔子才不吃玉米呢，它就喜欢吃萝卜和青菜。”我看见孩子们对小兔子到底爱吃什么产生了浓厚的兴趣，提议道：“看来每个小朋友都有自己的想法，今天回家你们就准备一些你认为兔子爱吃的食物，明天带到幼儿园喂给小兔子吃，不就知道了吗？”我的提议得到了孩子们的一致认同。

第二天，我带着小朋友又来到动物饲养区，为了让孩子们近一步接触到小兔子，我把小兔子从笼子里放了出来。得到自由的小兔子东蹦西跳的，我轻轻地抚摸小兔子，告诉小朋友千万别吓着它。芯芯说：“我们可以喂小兔子了吗？”“你们把带来的食物拿出来吧。”孩子们带来的食物真是让我大开眼界——萝卜、青菜、苹果、鲜花，更好玩的是还有巧克力、威化饼干和糖果。我将小朋友分成了两组，第一组的小朋友将萝卜、青菜、水果放在地上，小兔子一闻到味道很快就吃了起来；第二组的小朋友将零食巧克力、饼干之类的送到小兔子的嘴边，起初小兔子只是嗅一嗅，小朋友坚持把食物放在小兔子的嘴边，小兔子闻了闻，开始吃起威化饼干来。小朋友因为小兔子吃饼干的现象而高兴不已，在一旁观察的我也很兴奋，原来兔子不光是爱吃青菜萝卜，连小朋友喜爱的零食它也同样会吃，这真是一个让人惊奇的大发现。

这个伟大的发现源自于孩子们的好奇心，而老师要做的就是将孩子们的好奇心化为努力尝试的实践。

刘 我们发现问题中蕴含着大量的教育价值：没有冲突，儿童就不能理解他人的想法走出“自我中心”；没有问题解决的动力，儿童就不会挑战自我向下一个阶段发展。

霍 我们还可以在皮亚杰的认知发展理论中找到依据：皮亚杰将儿童认知建构过程分为同化与顺应两个阶段，如果外界刺激与自己的认知图式相符合，他就会将其直接纳入自己的认知图式，即同化阶段；如果外界刺激与自己的认知图式不符合，即发生了认知冲突，他就会调整自己的认知图式，即顺应过程。我们发现儿童建构自我图式的过程正是一种问题解决的过程，可以说儿童是在问题解决中获得成长的。

☆ 反思：是我们的问题还是儿童的问题？

刘 作为儿童成长的伴随者，我们总是不希望儿童有问题发生，我想原因可能在于我们总是将儿童的问题看成是自己的问题。我们从自己的角度去看待儿童、教育儿童，我们心中有一项预期，我们希望儿童按照我们设定的轨迹发展。这样的话，代替儿童解决问题就成了我们的责任；儿童的问题就成了我们的“麻烦事”。如果儿童的问题越多，我们需要解决的“麻烦”就越多，我们耗费的精力就会越多，我们的压力就会越大。因此我们很不喜欢儿童所带来的问题。我们与儿童在一起的时光常常被这些“麻烦事”填满，这让我们感觉十分痛苦。我们希望儿童是顺从的，不要制造任何“麻烦”，一切行为都在我们的掌控之下。

霍 确实，如果这样的话，在不知不觉中，我们就与儿童争夺着“问题解决权”。这种争夺源自我们看问题的角度。我们常常说儿童是“自我为中心”的，而我们的这些行为恰恰说明我们成人也是“自我为中心”的，与儿童争夺“问题解决权”就是证据之一。不能理解儿童、常常想要控制儿童、疲于应对儿童的问题，都是我们“儿童化”的表现。

刘 所以说，我们教师要促进儿童的成长，首先我们自己需要成长。我们成长的第一步就是不再“幼稚”地与儿童争夺“问题解决权”。

案例 1–6

有困难找老师[1]

小李是幼儿园的实习教师，她性格开朗、能歌善舞，并且喜欢和孩子们在一起。张老师是小 A 班的班主任，是一位有着十几年教龄的老教师。小李说在张老师班级实习期间，收获了很多，尤其是学会了做一位“不和孩子抢东西”的教师。

记得刚来幼儿园时，小李将孩子们看作一群可爱的“小东西”，需要她的帮助和保护。她跟每一个孩子说“有困难找老师”，她常常积极地处理孩子们遇到的每一件事。几天后，教室里时常传来这样的声音：“老师，我不会穿鞋子。”“老师，我不会穿袜子。”……“老

[1] 本案例由深圳实验幼儿园董玉玲老师提供。

师，他打我。”“老师，她抢我东西。”“老师，我不喜欢吃饭。”……小李老师总是一句话：“等老师来帮你解决啊。”

她感觉自己每天都要忙晕了。这些孩子怎么这么多问题！就这样几天下来，小李就感觉吃不消了。张老师发现了这种情况，就同小李做了一次交流。

张老师：“小李，你感觉幼儿园的工作怎样啊？”

小李：“孩子们很可爱，就是太忙了，好累啊。”

张老师：“那你觉得让你最忙的是哪些事情？”

小李：“孩子们问题太多了，我不知道怎样快速帮他们解决。顾了一个又忽视了另一个……”

张老师：“哦，是这样啊。相信你在学校也学习了很多理论知识，那你觉得教育的目的是什么？”

小李：“促进孩子的发展……”

张老师：“孩子又如何发展呢？”

小李一时没回答上来，她觉得这是一个深奥的问题，之前没有认真思考过这样的问题。现在想一想，应该是需要学习，而幼儿阶段的学习又不同于中小学，需要在“做中学”。然而“做”体现在哪些方面呢？

张老师知道小李已经开始思考这个问题了。她说：“我想用一个形象的比喻来说明你现在遇到的问题——你一直在跟孩子争抢‘东西’，你一个人，他们很多人，所以每天你都‘抢’得很累。”

小李没明白，吃惊地看着张老师。她想我怎么会和孩子们抢东西呢！

“这个‘东西’就是解决问题的机会。”张老师继续说，“这个机会很重要，它是孩子们学习的工具与媒介，又是孩子们学习的动力。所谓‘做中学’，在某种意义上我们就理解为‘在问题解决中学’。

孩子们每一步的成长都是在解决他们人生中的一个问题，如果这个问题是他们自己要面对的，他们就必须要去做、去解决。在这个过程中，他们学到的不仅是认知与能力的提升，更是一种独立意识与责任感。”

小李恍然大悟，不好意思地低下头。

“他们都在成长所以必然会遇到问题，成人的作用只能是帮助他们认识到这些问题是什么，帮助他们想到解决问题的方法。至于解决的过程是他们自己的事，别人无法替代。其实我们成人也是如此啊。你这几天遇到的问题我也是没办法替你解决的，要靠你自己啊。我要做的就是帮你认识到这个问题，并帮你一起寻找问题解决的策略。”

这时小李抬起头，她感觉到一股力量灌满全身，自信地向张老师点点头。

霍 从小李实习的案例中，我们应该分析这样两个问题：在问题解决的过程中，孩子在关注什么？我们成人需要关注什么？

刘 因为在问题解决的过程中，孩子是问题解决的主体，所以他们应该关注的是：老师有没有注意到问题？解决这个问题需要什么样的方法？同时在问题解决的过程中去尝试自己对问题的假设，以及方法是否有效。成人的目的在于促进儿童的成长，在问题解决过程中应该关注的是：儿童是否清楚这一问题？这个过程可以促进儿童哪些方面的能力发展？成人还应该把握介入的时机。

霍 当一名教师关注的是孩子是否解决了问题时，她的目的在于问题解决的结果。为了解决问题，最有效的办法就是教师亲自干预。长此以往，教师将问题解决的权力把控在自己的手中，剥夺了孩子解决问题的机会，以及从中获得成长的机会。

刘 这样的教师是知识的传递者，她只在乎是不是按照自己的期望塑造了孩子的行为，是不是完成了自己的教学任务。这样的教师在传统的教育观念下实施着“一刀切”的教育，很难关注到孩子的个体差异，以及孩子的真正需求，往往会抹杀孩子的创造性。这样的案例很多很多，下面我们来看两个发生在我们园的事例。

案例 1–7

教室外面的喧闹声[1]

匡老师正在组织孩子进行集体谈话活动。这时教室外面传来一阵喧闹声，掩盖了教室里匡老师与孩子们的声音。匡老师没有抱怨这些噪声，也没有到处找话筒去应对这一情况，而是平静地看着孩子们，问了一个问题：“孩子们，你们听到这些声音，有什么感受？”

“我感觉有些烦。”一个孩子说。

“他们不应该在公共场所大声说话，这样会影响别人，是很不礼貌的。”另一个孩子说。孩子们说出了很多自己的想法。

“那你们会怎么做呢？”匡老师继续问。

“我们不做不礼貌的孩子，在公共场所一定会轻声说话的。”一个孩子说。

“我们会提醒这样的人，这样他们就学会礼貌了。”

……

这样的一个小插曲便成了匡老师的教育素材，也成为孩子们学习解决问题的机会。

[1] 本案例由深圳实验幼儿园匡欣老师提供。

案例 1–8

“超市”改革[1]

大二班角色区创办了一个“小超市”，不过热闹了几天，“超市”就冷清了下来，选择到“超市”进行分区活动的孩子越来越少。陈老师想如果这里没孩子来的话，区域的价值就没办法体现了，这个区域也就没有存在的必要了，要换掉吗？是不是要换成其他区？究竟要换成什么区呢？这一系列问题萦绕在陈老师的头脑中。

陈老师是在一线工作多年的老教师，她深知区域活动是以孩子为主体的，学习也是孩子自主的行为，因此她不想“自作聪明”，应该把解决问题的机会让给孩子们。

于是在区域活动小结时间，她就这一问题征询了孩子们的意见。孩子们也同样想到了这个问题。比如选择进“超市”做“收银员”的莉莉说：“我今天在那里待了好久都没人来买东西。”

“是不是超市里东西太少了，不能吸引‘顾客’？”陈老师先试着问了一个问题。

“那我们需要添点新玩具了。”一个孩子说。

“你们跟爸爸妈妈去超市，都喜欢买些什么啊？”

“香蕉”、“鱼”、“面包”……孩子们一言一语地说起来。

“我们开个面包店吧。”一个孩子提议。

“还有可能是顾客不知道超市里有什么。”另一个孩子也想到了。

“那我们需要促销一下。”还有孩子说。

就这样这个话题成为孩子争论的焦点，陈老师也不再说什么，只是听孩子们说。陈老师感觉孩子们知道的还真不少，连“促销”

[1] 本案例由深圳实验幼儿园陈兰芳老师提供。

这个词也知道。

搜集了孩子们的许多好点子，陈老师和孩子们开始分工了。陈老师负责帮孩子们准备面包店需要的材料，孩子们需要设计“宣传单”。

第二天“超市”又热热闹闹地开张了。

霍 新教育观念指引下的教师会在问题解决过程中关注孩子的成长，而非问题解决本身。因为他/她意识到问题是孩子的，而不是自己的，需要解决问题的是孩子，不是自己。因此在问题解决的过程中他/她只是一个支持者和旁观者，有时介入有时抽离，帮助孩子厘清问题的本质，寻找问题解决的策略，鼓励孩子们尝试着去解决问题。整个过程，教师像一个“寻宝者”，不断思索着怎样做可以让孩子在这个过程中收获最多。他/她并太在意孩子们会将问题解决成什么样，孩子们会不会按自己的想法去解决问题，他/她一直在等待孩子们给自己带来“惊喜”。

孙 这样的教师发挥着自己多元的角色，既是支持者，又是观察者，也是合作者。他/她给孩子的不仅是知识，更是一种创造性，一种探索的精神和欲望，还是一种独立性与责任感。他/她用自己成熟的心智引导着孩子们走向成熟。

刘 我们教师要做新教育观指引下的成人，开启孩子的心智，而不是旧观念下控制孩子行为与思维的人。我们的作用在于帮助儿童解决问题而不是代替儿童解决问题。我们要用发展的眼光看待孩子，承认孩子的问题，并用理性的心态对待孩子在成长中的问题。

孙 幼儿期是教育的黄金时期。脑科学、心理学等的研究发现，人的大脑在幼儿时期发育最快，幼儿期是人发展最迅速、可塑性最大的阶段。幼儿发展的各种关键期不能错过，一旦错过，儿童该领域的发展就会变得非常困难，甚至给儿童造成永远无法弥补的伤害。

霍 美国的佩里学前教育研究计划（Perry Preschool Program Study）的研究报告表明：接受学前教育的儿童年届40岁时，投资回报率最高；经过成本收益分析，在扣除通货膨胀等因素后，每投资1美元到学前教育以帮助贫困儿童，便有17.07美元的收益。其中12.9美元的收益是属于纳税人所有，4.17美元的收益为儿童个人所有。这些都说明幼儿教育的价值和重要性，儿童的发展是不能等待的。那么在幼儿阶段应该给孩子怎样的教育？幼儿教育的重点应该是什么？这是我们应该思考的重要问题，这将决定着教育目标的制定和内容的设计。《国家中长期教育改革和发展规划纲要（2010—2020年）》指出："学前教育对幼儿身心健康习惯养成、智力发展具有重要意义。遵循幼儿身心发展规律，坚持科学保教方法，保障幼儿快乐健康成长。"这表明了国家对学前教育价值取向的定义，深圳实验幼儿园的教育内容正好与之契合。

刘 在相当长的一段时期，幼儿园把知识教育当作早期教育的唯一内容，把智力开发当作早期教育的中心，把工作的重点放在家长追逐的、小学要求的逻辑数理方面，而为数众多的幼儿园又开设了知识导向的兴趣班如英语兴趣班、快速识字班、唐诗宋词班、奥数预备班、绘画兴趣班等，当然，社会上还有多种多样的幼儿教育培训机构在放学以后、在周末开设各种知识导向和智力开发导向的培训……如果盲目追求对尚处于具体形象思维阶段的学前儿童进行抽象逻辑思维的开发，把知识以不合时宜的方式灌输给幼儿，必然会给幼儿的终身、可持续发展带来不良影响。

霍 面对学前教育中的片面、片段知识教育和智力开发，面对学前教育中的短期、暂时效应的"掠夺式开发"，我们呼吁以儿童为本，促进儿童健康发展，真正促进儿童的全面发展和终身发展。因此，对于孩子来说，学会了什么并不是重要的，重要的是他爱不爱学，享不享受学习的快乐，也就是说他有没有学习的兴趣和良好的习惯。

刘 的确如此，幼儿是积极主动的学习者，促进幼儿学习与发展需要为幼儿创造机会和条件，注重激发和保护幼儿的求知欲和学习兴趣，调动幼儿学习的积极性和主动性，支持和引导幼儿去主动探究和学习。教师和家长应该珍惜幼儿生活的独特价值，充分认识生活和游戏对于幼儿成长的教育价值，把握蕴含其中的教育契机，让幼儿在一日生活中，在与同伴和成人的交往中感知经验、分享合作以及享受快乐。

霍 要尊重幼儿发展的个体差异。幼儿的学习方式和发展速度各有不同，在不同学习与发展领域的表现也存在明显差异，孩子年龄越小，个体差异就越明显，成人不应要求孩子在统一的时间达到相同的水平。还应该尊重幼儿的学习方式和学习特点，最大限度地满足和支持幼儿通过直接感知、实际操作和亲身体验获取经验的需要，严禁揠苗助长式的超前教育和强化训练。

第二章
发展适宜性的课程

每个孩子都是一颗独特的种子，这种子带着自己独特的潜质顽强而富有生机地生长。我们成人要做的就是，为种子提供发芽生长所需要的阳光、空气、水和营养，然后由衷地欣赏和赞叹舒展出的每一个嫩芽和每一片叶子，静静地等待花开。

一、理解幼儿教育的课程

南京师范大学虞永平教授为深圳实验幼儿园题词

刘 说到课程，老师们常会纠结于课程是什么，常会因课程各种各样的定义而深感困惑。有人说课程是学科或教材，有人说课程是经验，有人说课程是计划，还有人说课程是目标……种种争议让我们很难说清楚课程究竟是什么，也很难在我们的头脑中给课程一种合理的描绘。到底课程是什么呢？为什么会有如此多不同的理解呢？

孙 听刘园长这样说，我不禁想起北宋时期苏轼的一首诗：“横看成岭侧成峰，远近高低各不同。不识庐山真面目，只缘身在此山中。”因为老师们只关注到了课程的某些方面，所以就得出了不同的看法。

霍 认识事物如果只是从表面的现象入手，就容易走入迷宫，抓住事物的本质才是最终的出路。为什么我们非要清晰地认识课程的本质呢？如果我们对课程的本质认识不清，我们就很容易被各种课程模式、各种实践做法、各种课程标准等牵着鼻子走。我们时常会感到困惑：到底是要借鉴国内外现成的课程模式，如当前流行的高宽课程、蒙台梭利课程、创造性课程，甚至是国内的陈鹤琴、张雪门等学前教育前辈开创的教育法，还是要创造自己的园本课程呢？幼儿园课程到底是走国际化路线，还是走本土化方针呢？全美幼教协会（NAEYC）提出了发展适宜性教育的思想，其“三个适宜”（适宜儿童的年龄特征、适宜儿童的个性特征、适宜儿童的文化背景）的提出让我们对自己的教育工作又有了不同的看法。然而，这些停留在理论层面的思想如果不与我们的教育实践结合，它永远都是一纸空文。

☆ 儿童才是课程的主体

霍 谈论课程的本质，我们首先要思考课程是为了谁而设立的，也就是课程的主体问题。可以说，没有学习者，就无所谓课程。对于幼儿园的课程来说，课程的主体就是幼儿，因为幼儿园的课程归根结底是为了幼儿的发展。

刘 也就是说，离开了幼儿这一主体，幼儿园的课程就无从谈起了。这里我举两个教学事例，借此来思考一下它们是不是课程。

一位年轻教师在为中班的幼儿“上一节语言课”（通常都是这样说的）。她准备得很充分，眉飞色舞地讲了30分钟。起初孩子们在静静地听着，5分钟后有两三个孩子互相玩起来，老师用严厉的眼神制止了；10分钟后又有一些孩子坐不住了……15分钟后、20分钟后有的孩子在私下做着小动作，有的孩子眼神愣愣的，不清楚在想什么……这位教师准备了详细的教案，课程设计得也不错，那么这样的活动是不是好课程呢？

一位老师在科学区中投放了电路板和一份说明书。旺旺和轩轩已经是第三次尝试操作这份材料了（如果连接成功，灯泡会亮）。他们试图读懂说明书的指示，也尝试不同的连接方式。虽然前两次没有成功，但是他们感觉还有很多方式需要尝试。不久，教室里传来他们的欢呼声，他们开心地跑来跑去。老师本想阻止他们跑动，但得知他们成功的消息，也为他们感到高兴，就用相机拍下了他们开心的画面。这位教师并没有直接参与孩子们的活动，而只是作为材料的准备者以及活动的记录者。这样的活动又算不算好课程呢?

霍 在课程的准备中，教师会设计教案、创设班级环境、在区域中投放操作材料，所有这些行为都是为了实现教育的目标，即儿童的发展。可以说，课程的宗旨在于教育目标的达成，而教育目标的核心则是孩子（学习者），因此我们说课程的主体是孩子（学习者）。判断一次活动是不是好课程的标准不是看教师是否正在达成自己的教育任务，而要看孩子是否正在实现自己的发展目标。如果按照这一标准来判断的话，尽管教师“精心准备”了活动的内容与流程，但是如果她不能保证孩子在这样的活动中获得发展，那么这样的活动就不能称为好课程；如果教师的准备是建立在孩子的兴趣与已有经验水平之上的，能够促进孩子的发展，那么这样的活动就是好课程。

刘 孩子永远是课程的主体，脱离孩子的发展谈课程将只是天方夜谭。想一想我们前面所纠结的问题——是要借鉴一种现成的课程模式，还是创造自己的园本、班本课程——其实所谓借鉴不是一种照搬，而应该说是一种学习、一种教育工具的准备；建设园本课程、班本课程也不是闭门造车，而是一种因材施教。我们需要了解孩子的发展水平、孩子的年龄特征、孩子的学习方式；我们需要学习更多理论来使我们对孩子的认识更科学化；我们需要扩展我们的思维、我们的知识库，学习更多的教育策略；我们更需要观察我们的孩子、评估我们的孩子，提出适宜每一个孩子发展的教育策略，根据班级孩子的实际情况适时地调整我们的教育实践方案。

☆ 课程离不开“互动”一词

霍 从历史的角度看，自福禄贝尔开创的幼儿园模式算起，西方幼儿园课程模式的发展已经历了近 200 年的风风雨雨，并形成了对世界学前教育理论和实践发展有重要影响的多种模式。

孙 以美国为例，到 1971 年，在美国的 173 个地方性的“跟踪计划”（Project Follow-Through）中，就出现了 22 种课程模式。有人曾说，在美国有多少所幼儿教育机构就有多少种幼儿教育课程模式。这种说法虽然过分，但从一个侧面反映了美国幼儿教育课程模式的繁多。如果仅仅在美国就有数不清的幼儿教育课程模式，则全世界幼儿教育课程模式的数量就更是难以估计了。

霍 每一种幼儿园课程模式的兴起都源于一定的社会文化背景，每一种幼儿园课程模式都阐释了其自身所秉持的某种幼儿教育理念以及依据这种理念所开展的具体实践。但每一种课程模式，即使它获得了科学的验证，也很难照搬进某个具体的班级；某一项理论假设即使再权威，也可能会与实践中某些具体事件相冲突。

刘 因此，尽管当前存在很多经过实践检验的课程模式，但是我认为不能做“拿来主义者”，要批判性地对待那些课程模式。在幼儿园课程实践中，我越来越认识到课程其实是一种动态的过程，这种动态过程就是课程本质中另外一个重要的因素——“互动性”，正是这种互动性，让我们将大部分精力放在对课程进程本身的研究上，而不只是思考如何模仿一些外在的形式。

霍 如果说儿童的主体性是认识课程的出发点，那么在互动中学习将是认识课程的核心。互动既包括儿童与物的互动，也包括儿童与人的互动。为儿童提供有效课程的关键在于引导儿童在与人或物的互动中获得发展，这就要求教师成为敏感的观察者、深沉的反思者、客观的研究者和即时的行动者。

刘 下面的事例可以帮助我们更好地理解“互动”这一课程本质。

案例 2–1

好玩的听诊器[1]

分区活动时间，小班幼儿莹莹和明明选择了角色扮演区。莹莹穿上一件白色的衣服说自己是护士；明明穿上了一件白色的衣服说自己是医生。他们还将一个玩具娃娃放在小床上，说这是病人。

当明明正忙着给“病人”配药时，莹莹在“药箱”里发现了一个好玩的东西——听诊器。这是一个真正的听诊器。莹莹兴奋地戴上想听听有什么动静，然而又想起听诊器应该是医生用的，就对老师说：“我也好想听一听啊。”

老师微笑地看着她。她继续问：“他（明明）听还是我听呢？我听一听吧。”

莹莹发现了听诊器

[1] 本案例由深圳实验幼儿园邓腊梅老师提供。

她边听边对同伴大笑着说："好搞笑哦。"明明好奇地看了她一眼就继续摆弄自己的事情了。

老师问："你想听谁呢？"

莹莹笑着说："想听夏老师。"

于是夏老师蹲下来，让莹莹可以用听诊器听到自己，并拉着她的手，将听诊器放在心脏的位置。

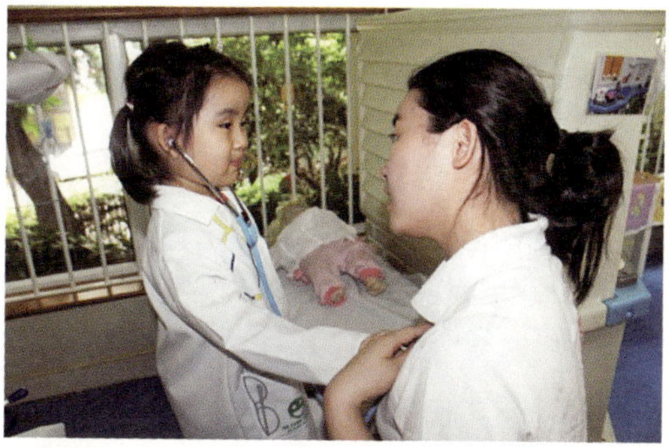

莹莹在听夏老师的心跳

莹莹认真听了一会儿，老师问："听到了吗？"莹莹笑着点点头。

老师继续问："听到什么了？"莹莹说："扑通。"

"扑通。"老师也笑着回应道。莹莹开心地大笑起来。

老师说："来听听你自己吧。"

老师将莹莹拿听诊器的手放在莹莹的心脏处，莹莹认真听着。

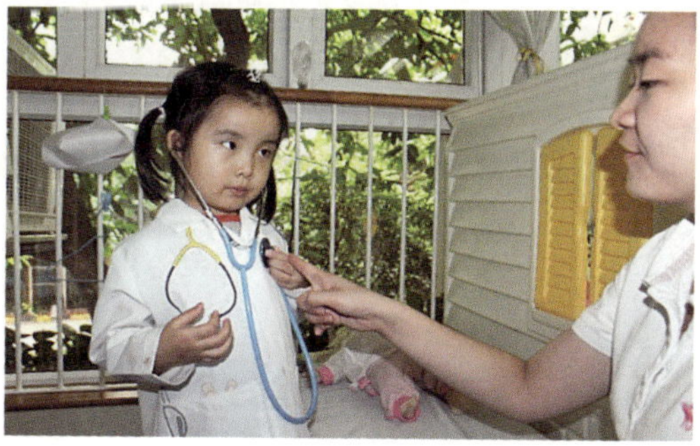

莹莹在听自己的心跳

"跟我是不是一样的?"老师问,莹莹笑着点点头。

"是一样的?"老师又问,莹莹又点点头。

"谁的快一些?"老师问。

莹莹说:"我的快,比你的快。"

老师说:"哦,你的快一些啊。"莹莹点点头。

老师说:"再听听宝宝的。"

莹莹戴上听诊器,一头放在玩具娃娃身上,认真地听了一会儿,摘下来对老师说:"宝宝没声音,宝宝没声音。"

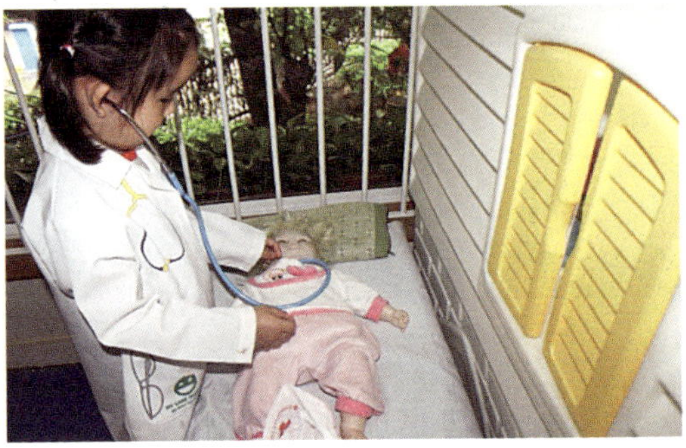

莹莹在听玩具娃娃的心跳

老师问:"宝宝为什么没有声音?"

莹莹笑着回答:"因为她是假的。"老师呵呵笑了。

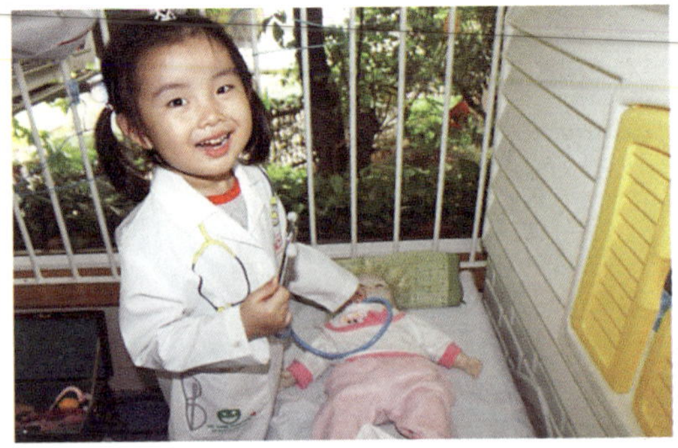

莹莹开心地笑了

孙 认知的发展是发生于儿童与他人的交往过程中、与环境的互动过程中，亦即发生于儿童作为积极的参与者的那种互动过程中。这种互动可以促进幼儿自发、自主和主动学习。

刘 材料是支持幼儿主动探究、认识世界的工具和中介，幼儿通过自由探索、反复操作扩展原有经验，达成学习目标。幼儿在与人（包括同伴、教师）交流互动的过程中需要进行语言表达，这可以促进幼儿语言能力的发展，同时也增进幼儿社会交往方面的经验。在这个案例中发生着几类不同层次的互动，有儿童与材料（听诊器）的互动，还有儿童与教师的互动。

霍 因此，可以说“互动”是课程的本质特征，是孩子参与课程、成为课程主体的关键，也是课程进行中的重要特征。

☆ 课程是“当下”的教育活动

刘 我们在课程实践中都曾体验过这样的感觉：即使是同样的活动内容与流程、同一位教师、同一群孩子、同样的场地，只要在不同的时间，课程的进程与效果也会发生变化。

霍 课程确实不是一种静态的计划或方案，而是一种动态的过程。具体来说，教师为课程所做的计划、写的教案、准备的环境等都不能称为课程，而只是一种课程的准备，只有在具体发生着的活动中才能体现课程的存在。这就是课程的情境性或即时性本质，即课程是“当下”的教育活动。

刘 这里我可以提供一个事例，很好地帮助我们理解课程。

链接 2–1

评课标准的变化[1]

以前评估一位教师的课程组织能力时，常常采取这样一些方式：第一，说课；第二，课程展示。所谓说课，就是教师当着评估小组的面，将自己的课程设计思想讲述出来，包括设计背景、课程目标、课程流程等。所谓课程展示，就是教师准备一节示范课，由评课小组现场观摩，评课标准多是看这位教师的教态、课程组织的流程等。为了展示一节“优质”示范课，老师们只能拿孩子做试验，用相同的课程内容教一批又一批不同班级、不同背景的孩子，还有的老师到其他幼儿园借班上课，根本不了解孩子的情况，更谈不上在最近发展区内提升孩子的已有经验了。这种脱离课程情境的课程很难做到以孩子为主体，完全是教师主导的。因此，这种评估方式存在太多弊端，也颇受争议，迫切需要改革。

现在我们深圳市采取了新的评课方式，就是观摩教师的一日活动。很多老师说，以往评估一节课可以提前准备一下，可是现在没办法提前准备了，还真是“见真功夫”的时候了。这种评课方式紧贴课程的情境性与即时性，可以评估教师组织课程的真实表现，比如师幼互动情况、班级教师配合情况、一日环节甚至是过渡环节安排的合理性等，这才是对真实课程的评估。

霍 所以说，提前准备的课程不能算是真正的课程，只有“当下”发生的课程才是真正的课程。“当下”不仅意味着课程在进程中，也意味着活动中很多随机性因素都是课程的一部分，还意味着课程不仅是外在的学

[1] 本链接内容由深圳实验幼儿园郑春娟老师提供。

习行为，也是内在的经验积累与改造过程。课程的准备不等于课程本身，课程的有效性还要看课程进程中的真实情况。

刘 以儿童为主体的课程必然是真实发生着的课程，准备好的课程很难做到以儿童为主体，而往往成为教师完成任务所依托的一种形式。著名的儿童心理学家皮亚杰就曾指出，儿童的认知发展是一种自我建构的过程，外在的影响并不会直接作用于儿童，它还取决于儿童自身的认知图式。每个孩子都有不同的认知经验，也就是说，以儿童为主体的课程都是实际发生着的具体的教育活动，有多少学习者，就有多少不同的课程。

☆ 课程是有目标导向的活动

霍 我们说课程是以儿童为主体的，是儿童与周围的人和物等环境互动的过程，是一种“当下”的教育活动。然而，这并不表示课程是随机发生的，所谓课程一定是有目的的，是为了实现教育目标而实施的，也一定是有计划、有教育性的。

刘 是的。因为只有计划性和教育性才能保证课程的进程指向教育目标。无计划、无目的的随机事件，我们不能将其算作课程的一部分，因为我们很难说清它是指向教育目标的，还是与教育目标相违背的。

霍 说到这里，我很希望纠正当前在学前课堂上存在的一个误区，就是将孩子在幼儿园的一切行为视为课程，这导致了教师对自己身份的模糊。很多老师会因此而不清楚自己的角色定位，比如认为自己只是负责照顾孩子，保证孩子的安全，不为孩子准备任何教育活动，一日活动大部分是孩子自娱自乐，老师没有发挥自己作为教育者的功能。

刘 其实我也为这些孩子和老师感到担心，因为这样的老师职业成就感很低，孩子也得不到发展。分析其原因，可能是缘于教师对当前幼儿园课程的一种误读，其自身的专业发展水平还不到位。

案例 2–2

这样的春游活动也是课程[1]

在幼儿园一次春游活动中，老师发现很多小朋友打开食品、饮料的包装袋有困难，于是设计了“打开食品包装袋的秘诀”这一活动。活动中，老师将不同包装的食品、饮料呈现在孩子们的面前，让孩子们了解包装物的作用，并尝试用自己的方法打开包装。孩子们通过实践，找到了很多方法：用嘴咬、用手撕拉、用剪刀剪……在交流了各种方法之后，老师给每位幼儿一根火腿肠，让孩子自己想办法打开后品尝。大多数孩子通过自己的努力，打开并品尝了火腿肠，还在相互的观察讨论中得出了新的经验：用手拧的方法能很快打开火腿肠。至此，孩子经过探索、实践，解决了问题，获得了新的经验，也得到了成功的体验，活动的目的似乎已经达到了。但老师并没有就此打住，又提出了新的问题：以后碰到了这样的情况该怎么办？孩子们纷纷回答：不要老师、爸爸妈妈帮忙，我们自己想办法；只要动脑筋，困难总是能解决的。春游看似是一次普通的户外活动，但是老师在活动中无时无刻不将教育目标内化于心，在活动中促进儿童的认知、社会以及情感等方面的发展，毋庸置疑，这样指向教育目标的活动同样也是课程。

刘 幼儿园课程界定模糊，各种理解百花齐放，由教师主导向以儿童为中心偏移。我们的老师被告知不能像小学教师一样传授自己的知识经验给孩子，要让孩子在做中学；不能干预儿童的游戏，要尊重孩子、理解孩子。这些说法都是当前出现在幼儿教育领域的主流思想，也得到了认可，并在一线教师的培训活动中得以强化。习惯了备课上课的老师一时间变得

[1] 该案例由深圳实验幼儿园赖方方老师提供。

无所适从，不清楚自己该怎么办。也就是说，我们给了老师们一种理念，却没给他们一种方法与示范，或者说我们没有从这些老师的已有经验出发，而是盲目拔高了。

霍 维果斯基的最近发展区理论不单适用于孩子，同时也适用于成人。当前我们要让老师们领会一种新的课程观，不仅需要理论的指导，更需要实践的指导、个性化的指导，对不同水平的幼儿教师给予不同方法策略的指导。这种对教师实践层面指导的缺失正是导致去教师主导后教师无所适从的原因之一。我们都意识到当前幼儿教师队伍中存在的问题，这一问题的解决不是一两位专家、教授可以办到的，还需要实践者的加入。理论与实践相结合，才有可能在一线教师的最近发展区上促进他们的提升。

刘 有人可能会说这只是一种理想或者说是一种梦想，不管怎样，我们的教育家书院已经开始迈出了第一步。我想顾明远先生成立教育家书院的目的不单是为教育家的产生创设平台，还是为中国一线教师培育一批导师团队，让他们可以指导我们处于各种发展区内的教师，让大家都能够“跳一跳摘到苹果”。

二、儿童成长的空间布局：用于学习的物质环境

班级整体环境

刘 儿童成长的空间环境主要是指什么呢？朱家雄教授曾将幼儿园环境界定为幼儿本身以外的，影响幼儿或者受幼儿发展所影响的幼儿园中的一切外部条件和事件，也就是指幼儿身心发展所必须具备的一切物理环境和心理社会环境的总和。幼儿园的空间环境由幼儿园的门面、围墙、幼儿园户外环境、幼儿园走廊、楼梯间以及室内空间等部分组成。

孙 在人的发展过程中，环境起着十分重要的作用，对幼儿具有尤其重要的意义。因为幼儿的大部分学习活动是通过环境产生的潜移默化的作用进行的，而不是通过知识的直接传授进行的。教师创设一个丰富刺激同时又井然有序的环境，能使幼儿达到最佳的学习效果。

霍《幼儿园教育指导纲要（试行）》提出“环境是重要的教育资源，应通过环境的创设和利用，有效地促进幼儿的发展”。 著名教育家蒙台梭利认为，教育的基本任务是让幼儿在适宜的环境中得到自然的发展，教师的职责在于为幼儿提供适宜的环境，为幼儿提供活动和表现能力的机会和条件。

☆ 儿童与物质环境的互动

儿童正在活动中操作假想材料

霍 环境不仅影响幼儿的发展，更重要的是使幼儿能够主动参与幼儿园的环境创设，让幼儿与环境产生互动，从而在环境中受到启迪和教育，可见幼儿园的环境对幼儿的成长有着多么重要的影响。因此，幼儿园的空间环境是课程实践中的重要组成部分。作为课程内容的环境应该是儿童视野中的环境，是一种可以摆弄、操作的动态环境，是用于支持幼儿学习与发展的互动性环境。

刘 幼儿园应该尝试站在儿童的角度来展示一种环境布局，即要考虑作为课程内容的环境与材料如何与儿童发生互动。

案例2–3

瞧，孩子就是这样将物质环境纳入课程的[1]

乐乐是小A班的孩子，现在他已经4岁了。对于乐乐来说，最开心的就是每天的分区活动时间，因为他可以自由自在地探索自己喜欢的玩具或材料，完全按照自己的水平和经验去探索。

有一天乐乐来到角色区。他们班级的角色区材料十分丰富：在教室角落的半封闭区域内有在医院里可以见到的医生的白色服装以及护士的粉色服装，有一些不同样式的瓶瓶罐罐，有几个玩具娃娃，还有医生的“百宝箱”……许多材料有序地摆放在区域的柜子里以及角落的暗格里；隔壁的区域里有厨房常见的一些材料，再往外走就看到超市以及水果店里的道具材料……

乐乐选择了最靠近角落的区域，即医院角色区。他穿上了医生的白色服装，说明他已经将自己扮作医生了。接下来，他就忙碌着类似医生的工作，如给玩具娃娃打吊针、帮玩具娃娃配药……他一

[1] 本案例由深圳实验幼儿园沈雪娟老师提供。

直投入地忙碌着，不在乎周围发生了什么。就连扮护士的妞妞跟他说话，他也不理。他只是自言自语地说：“宝宝生病了，还需要一些药。”之后，他就在医生的“百宝箱”里寻找自己想给病人开的药。一会儿他又说：“宝宝想吃水果了。”这时他才想到和自己的搭档妞妞说话：“我去给宝宝买些水果啊。”妞妞说：“好啊。”于是乐乐马上推起旁边的“购物车”飞快地跑向“水果店”。

在“水果店”里，乐乐选了几个“苹果”，交给“收银员”，“收银员”称一称，并说了一个价钱。乐乐并没打算付钱，“收银员”也没打算收钱，他们都只是享受着这样一个交往的过程。

之后，乐乐拿起自己“买的水果”回到了自己的“医院”……

刘 在这个案例中，乐乐通过分区活动中的角色游戏，体验并展现着自己对成人世界的理解。支持乐乐学习的就是区域中丰富的环境材料。乐乐看到白大褂想到了医生这一角色以及这一角色的职业内容，比如给病人配药、打吊针等。他还通过去“水果店”为病人“买水果”进一步表征出自己的其他相关生活经验，如看望病人时一般会买一些水果。可见，幼儿尤其是年龄小的幼儿有效的学习经验主要是通过与环境材料的互动。这些互动不仅为他们提供机会表征自己以往的生活经验，而且在成人或同伴的支持下使自己的生活经验得以提升。

霍 总的来说，在幼儿园课程实践中，幼儿与空间物质环境发生的互动可以分解为这样几种情况。

第一，信任当下的环境。我们有时可以发现这样的现象：孩子对于不熟悉的环境与材料，往往不会轻易去探索。他们仿佛在顾虑什么，眼神总是在寻找成人的支持。我们会说孩子的独立性就是很差，他们总是需要成人的帮助。如果我们拿出生不久的人类婴儿与新生动物比较，确实会发现婴儿的独立生存能力或许是最差的。一只动物幼崽在妈妈的帮助下短至几个小时，长也就几个月，就可以独立站立、觅食，几乎掌握了全部生存技能。而人类的婴儿需要一年才可能学会独立行走，学会独立照顾自己大致需要三四年或者更长的时间。我们会想：人类作为自然界的征服者，其幼年怎么会这样弱小呢？自然界的进化总会有它的道理，人类发展成熟的时间在动物界中几乎是最长的，这就为人类能力的积累提供了更长的时间，为人类发展创设了更多的可能性。弱小的人类幼儿蕴含的是极大的发展空间和不可估量的可塑性。我们可以把人类幼儿比作一块泥巴，软弱无力但是可塑性强；可以把其他动物的幼崽比喻成一块基本成型的雕塑，只要再烧一烧，不需要加工就是成品了，然其可塑性极差。人类幼儿可以掌握的本领，如语言、抽象思维能力等是其他动物幼崽永远无法掌握的。

说到这里，我们可能会为人类的巨大潜能而深感骄傲，骄傲之余我们还会担心，因为一块泥巴要变成精美的艺术品，还需要太多的加工。遇到能工巧匠它就是幸运的，遇到一般的泥工它可就不幸啦。这就是幼儿对我们成人世界的巨大依赖性。成人社会对幼儿的影响可谓是不可估量的，脱离成人社会的幼儿，更是无法生存，侥幸生存也不能成为真正的"人"，正如我们大家曾经听说过的"狼孩"、"猪孩"等故事。幼儿对成人的依赖，我们称为"依恋"关系。为了能够在成人的呵护下长大，幼儿天生就带有某些"本领"去博得成人的关心与爱护。这种关心与爱护的作用就在于成人可以为他们创设安全和值得信任的成长环境。

孙 幼儿并不具备评估环境是否安全的能力，他将其与自己信任的成人的态度联系在一起。如果自己信任的成人认为当下的环境是安全和值得信任的，他就会毫无顾虑地去探索，如果自己信任的成人认为这里不安全、不值得信任，他就会放弃对环境的探索。因此我们可以看到，幼儿对成人的态度十分在意，他每到一个新的环境，都会先观察成人的反应。当然，前提条件是这个成人必须先跟他建立亲密的依恋关系。

这个教育案例告诉我们，经过老师介绍的玩具，孩子们就会去玩，没介绍过的玩具就很少有孩子会去玩。班上总是会出现孩子们争抢着一个玩具的场景，尤其是在小班，其原因之一可能就在于小班幼儿对环境不太熟悉，他们感觉可以探索的环境与材料是有限的，所以就时常会出现“扎堆”现象。

刘 因此，在课程实践中，教师要用自己的态度和行为告诉幼儿当下的环境是值得信任的，同时每个教师都要与孩子们建立亲密的依恋关系。此外，教师要拿出时间向孩子们介绍班级的环境以及环境中投放的材料，示范材料的操作方法等，新投入的材料要及时向幼儿介绍，引发幼儿的探索欲望。

霍 第二，探索环境与材料。操作摆弄环境中的材料是幼儿在园最主要的学习方式。越来越多的研究证实，“教师教、孩子学”的直接教学模式不适用于幼儿园孩子的学习与发展。不仅是因为长期的静坐会对孩子的脊椎造成压力，从而影响孩子的健康发育，还因为孩子正处于动作思维向具体形象思维发展的阶段，需要积累大量的感知动作经验。有些理论观点认为孩子还不具备抽象思维能力、孩子的注意力不能持续半个小时以上等，以此为证据来反对孩子集体“上课”的学习模式，但是有些成人认为这可能是对孩子能力的低估，并找出相应的证据予以反驳。或许我们很难判定孩子的能力到底是怎样的，因为孩子具有很大的发展潜能与可塑性，然而我们相信孩子的发展是建立在自己已有经验的基础上，也就是说，孩子一直在建构自己的认知图式，外界的信息能够对孩子的发展产生影响，关键还在于能够被纳入儿童自身的认知图式，因此我们不得不承认，孩子的学习是阶段性和持续性的，我们无法强求孩子跳跃某一阶段去实现下一个阶段的发展。

刘 幼儿期的孩子需要积累大量的动作感知经验，因此他们需要亲自动手去摆弄操作材料。作为教师要意识到，这些感知经验的积累将为其下一个阶段的发展奠定基础，如果这个时期经验缺失，将会给幼儿造成不可弥补的损失。

霍 正如蒙台梭利认为的那样，我们要让孩子在关键期内做他们应该做的事情。如果父母为了“不让孩子输在起跑线上”，强迫孩子学习数学、背诵唐诗，剥夺孩子正常的游戏时间，致使孩子缺失积累动作感知经验的机会，不仅会使孩子产生厌学的情绪，还可能会导致儿童在后期发展中出现“学习困难”的情况。

孙 近期有研究发现，中小学“学习困难”的儿童变多了，原因之一可能是“感统失调”、“注意力缺陷”导致的。不知道主要原因是不是由于幼儿期感知动作经验缺失呢？希望能好好研究一番，当然也需要家长们去留意自己对孩子的教育方式。杜威“做中学”教育思想已提出百年之久，其中的合理性仍然值得我们借鉴，可用于警醒当前仍旧在幼儿期采取直接教学法的教师。

刘 为了杜绝幼儿园“小学化”情况，教育部特意印发了《3—6岁儿童学习与发展指南》，明确表明幼儿期的学习是不同于中小学的，应该是一种游戏化、生活化的学习方式；身心健康与生命教育在这个阶段尤为重要；强调孩子的个体差异性。大多数集体教学是“一刀切”的模式，因此幼儿园的教育组织方式必须变革，尽可能减少集体教学模式。要保障孩子们的自主学习机会，只是在形式上采取区域活动模式是不够的，我们还要在如何让孩子在与材料的互动中实现经验的积累上下功夫。首先，我们要增加班级环境材料的可探索性和趣味性；其次，创设条件让孩子可以自主探索，并能够记录下自己的探索过程；最后，投放的材料要难度适中，既让材料具有一定的挑战性，又让孩子可以在探索中获得成就体验。

霍 第三，布置环境与材料。想一想，如果有这样两个房间，一间是经过你自己精心布置的，家具、装修风格都是你自己选择的，并用你自己喜爱的作品装饰起来，另一间是别人布置好的，很漂亮，但你不能布置只能欣赏，让你选择的话，你会愿意住进哪间房呢？

刘 我想大多数人都会选择住在自己布置的那个房间，因为你会感觉那里更加温馨、更加舒适。在你布置的过程中，你会把一个物质层面的需要转化为精神层面的满足感。

霍 马克思在定义价值时就将人类的劳动时间作为衡量劳动产品价值的主要标准。事物的价值不在于它本身，而在于人类在上面花费的劳动时间。先不从社会劳动层面上说，只说人的心理层面，我们在一件事物上花费的时间越多，我们就越会格外地珍惜它、爱护它，我们越感觉它有价值。从这个意义上来谈幼儿所在的班级环境，我们会发现，经过幼儿动手布置的环境，他们会觉得更加漂亮，身处其中格外有安全感。如果你期望环境所传递的信息能够影响幼儿，那么不要让孩子做环境的参观者，而是带领孩子做环境的布置者与创造者。

刘 是的。但实际工作中为什么很多教师不愿意幼儿参与布置环境呢？一方面，教师担心幼儿布置的环境会不规则、不美观，他们感觉幼儿不具备布置环境的能力；另一方面，他们觉得布置环境是教师的责任，幼儿只需要享受这份劳动成果就可以了。还有些教师迫于教学任务压力以及攀比心理，担心自己班级的环境不如其他班级美观，担心完不成上级交付的任务，甚至担心在一系列环境评比项目中名次靠后。太在乎形式而带来的压力会限制教师的思维，让他们不敢尝试带领孩子参与环境布置。其实布置环境的过程本身带给幼儿的学习机会比起欣赏一个布置好的教室意义要大得多。不放下这些压力，教师就无法将学习的主动权还给孩子，教师就无法为孩子提供更多的学习机会。

孙 目前，大多数人接受的儿童观与课程观就是强调儿童在学习中的主体地位，强调在课程中教师只是机会的提供者，孩子才是掌握学习主动权的一方。希望在这种儿童观与课程观的引领下，教师可以放下形式的包袱，真正将学习的主动权交还给孩子，让孩子成为学习的主人。

霍 第四，整理环境与材料。对环境与材料的整理已经成为幼儿园班级中重要的活动环节，然而整理过程的价值才刚刚引起教育者们的注意。起初教师们认为整理是为了下次开展活动方便，是为了让孩子们养成收拾整理的好习惯，或者是为了教室的整洁美观。

刘 以此为目的，教师认为只要孩子能把材料放回原处即可。因此，教师采取的办法就是将材料与相应的位置贴上相同的符号，可能符号与材料的关系并不大。这些符号可以是一些随意的汉字，因为教师认为在班级中出现一些汉字还可以实现认字的目的。这些做法遭到了质疑，因为这会让孩子们将收拾整理当作完成教师交代的任务。有些顺从的孩子会按教师的指示去做，而有些孩子会逃避这一过程。我们经常在班级中看到有些孩子操作结束后将材料丢一边，然后就离开了。教师发现后，他们才在教师的监督下不情愿地完成这一任务。有人会说或许是孩子还未养成这一习惯，然而在大班教室中我们仍会看到不愿意收拾操作材料的孩子。

霍 这些在课程实践中出现的问题让我们开始反思教师的这一做法是否低估了收拾整理环节的价值，是否有悖于课程以儿童为主体的教育理念。如果这一过程也是课程的一部分，如何才能在这一环节实现儿童的主动学习?

刘 2012年深圳市投资控股有限公司幼教管理中心组织幼儿园骨干教师对幼儿园一日生活中各个环节的价值及做法进行了研究，其中收拾整理环节也包含在内，说明教师们对这个环节的重视。高宽课程教育方案将收拾整理作为重要的课程内容，与课程目标相衔接，比如整理过程可以帮助孩子学习分类、配对等数学内容，可以锻炼孩子的动作技能，可以让孩子更加熟悉班级环境与材料，等等。我们可以在这个过程中发现很多教育价值，关键是这样的过程要设计得更具趣味性，这样才能使孩子在其间收获更多，才能真正发挥这一过程的价值。

☆ 空间物质环境与儿童的幸福成长

温馨的小班环境

霍 环境作为课程的一部分，其意义在于它可以促进儿童的成长。班级教室中不管是整体的环境规划，还是局部的区域创设，或者是每一种材料的投放等，其价值都在于它承载着一定的教育目的，同时它也是幼儿认识周围环境的媒介。

刘 不理解儿童的游戏，我们就不能想象儿童是如何在与环境的互动中获得发展的。在幼儿园创造性课程方案中，我们研究了每一类环境材料与儿童发展之间的关系，将每个区域与儿童的发展目标联系起来。比如在积木区，幼儿要协调他们想要用的积木，要决定有多少人可以在这里玩，要爱护积木，还要按规定安全地玩，幼儿的社会交往能力得到了发展；当幼儿拿取积木，小心翼翼地搭出一座桥或一个复杂的东西时，他们的小肌肉就获得了发展；当幼儿体验周围世界时，他们眼睛所看到的东西会在脑海中留下图像，当幼儿玩积木时，他们会利用这个机会把脑海中的图像以具体的方式重建出来，在这个过程中，幼儿的认知发展水平得到提高；当成人对幼儿搭出来的东西显露出非常大的兴趣，并问幼儿问题时，幼儿会很乐意向成人描述他们搭建出来的东西，从而使其语言表达能力得到了锻炼。

孙 此外，在角色游戏区、益智游戏区、美工区、图书区等不同的区域，幼儿通过与物质环境的互动，社会 / 情感领域、认知领域、语言领域、身体动作领域都得到了锻炼和提高。幼儿园创造性课程方案对活动材料与儿童发展关系的分析为我们理解物质环境与儿童幸福成长的关系以及幼儿的学习与发展过程提供了研究与学习的素材。

霍《幼儿园教育指导纲要（试行）》指出：“环境是重要的教育资源，应通过环境创设和利用，有效地促进幼儿的发展。幼儿园的空间、设施、活动材料和常规要求等都应有利于引发、支持幼儿的游戏和各种探索活动，有利于引发、支持幼儿与周围环境之间积极的相互作用。”可见，环境材料与幼儿发展之间有着紧密的关系，班级教室内丰富有序的环境材料是儿童幸福成长的重要内容，也是幼儿认识周围世界的媒介。建议教师在环境创设与投放环境材料时，不要只关注环境的美观性与整洁性，而应该以儿童的发展需求为依据。创设适宜儿童发展的班级环境也应该成为衡量有准备教师的重要标准之一。

三、儿童成长的时间序列：一日生活流程的价值

刘 心理学中曾有这样一项调查：当你一个人坐在房间里，突然窗外出现一阵奇怪的声音，你会怎么办？90% 以上的人立刻跑过去看看发生什么事了。

霍 这一心理学调查揭示出人对未知世界本身充满了恐惧，原因在于我们对安全的需求。人们在自己熟悉的、自己可以预测、可以掌控的环境中更有安全感，心情更容易放松。

刘 因此，让儿童了解幼儿园的一日生活流程，不仅可以使儿童的生活变得井井有条并且更加有效率，而且可以使他们的内心感到安全，因为他们清楚接下来将会发生什么，不必担心“意外”的发生。

☆ 一日生活中的儿童行为

霍 幼儿园一日生活虽然呈现出重复性和可预见性的特点，即它是有序的，但绝不是模式化和固定的。为促进儿童更好地发展，需要帮助儿童创设发展适宜性的一日生活流程，让每一个环节的安排都尽量发挥其最大的教育价值。可以说，没有绝对合理的一日生活流程，只有根据幼儿现实需求不断调整和完善的流程。

刘 下面是幼儿园大班半天的活动内容。

来园与教师一起担当文明礼貌的使者

查看一日活动预告，选择区域活动

在教室内和陶艺吧里分组用餐

各种形式的集体活动

户外活动前，盥洗完毕在游戏中等待同伴

户外活动中的热身与游戏活动

分区活动中的工作

分区活动后的回顾

霍《幼儿园教育指导纲要(试行)》中指出:“幼儿园应为幼儿提供健康、丰富的生活和活动环境,满足他们多方面发展的需要,使他们在快乐的童年生活中获得有益于身心发展的经验。”也就是说,幼儿园应在生活中教育孩子,通过环境影响孩子。著名的日本教育家高彬认为,幼儿教育是根的教育,具有一定的隐蔽性,受隐性教育影响更大一些。也就是说,成人的说教可能并不能在他们身上发生作用,反而成人不经意间的言谈举止却影响了他们。心理学研究表明,幼儿的思维方式是行动式的、形象的,而不是抽象的。就是在这样的情况下,杜威曾提出“做中学”的幼儿教育模式。许许多多理论的、实践的证据都表明传统的教育模式,即用“上课”的形式,很难做到尊重孩子的主体性与个体差异性,很难实现幼儿教育的大部分目标。只有走出课堂,突破教育与教学的沟壑,将课程放到一日生活之中,才能满足幼儿教育的需求。

刘 我和我的团队一致认同“一日生活皆课程”的理念,即充分挖掘一日生活中的教育价值,在幼儿的真实生活中教育孩子。“一日生活皆课程”这种理念认为,一日生活流程对孩子的影响远远超过一节精彩的课。《小小探索家——幼儿教育中的项目课程教学》一书中提到,我们对孩子一次的教育往往不会给孩子留下很深的印象,反而是那些日复一日的事情在影响着孩子。比如我们经常对孩子说的话,我们经常对孩子做出的举动。某些行为虽然是我们不在意的,但这些行为长期发生着,就会给孩子造成很深的影响。所以,我们要不断反思我们在与孩子接触的过程中经常性的行为有哪些,正是这些不被我们注意的行为在影响着孩子。

孙 如果我们认同“一日生活皆课程”,那么我们就要经常反思自己在一日生活中的言行举止,不断规范自己作为教师的行为标准。这就需要教师精心设计一日生活的每一个环节,甚至是环节间的转换(过渡),使幼儿在一日生活中自然地收获成长。比如吃水果,这原本只是一个生活环节。传统的做法就是老师将水果切好,组织孩子洗手,让孩子们注意卫生就可以了,没有具体的教育目标。而在“一日生活皆课程”理念中,吃水果环节就包含丰富的教育契机，如老师可以和孩子们一起分享美味的水果，很随意地谈论水果的名称、味道、营养等，几乎可以将一节课的内容很轻松愉悦地放进吃水果的时间内。因此，幼儿园的一日生活流程中蕴含着丰富的课程内容，等待着作为教育者的我们去开发。

☆一日生活流程与儿童的幸福成长

快乐的一天

霍 一个有序的一日生活流程意味着儿童知道每天要做什么。这种时间序列的可预测性可以让孩子感受到对周围环境的控制感，进而给儿童带来安全感。这对于幼儿园时期的儿童来说至关重要，因为到幼儿园生活是他们第一次与家庭分离，事件的可预测性能够使他们在身体和情感的转换中感到舒适。儿童可以很自信地进入幼儿园，因为这里没有不受欢迎的“意外”和武断的要求。如果常规发生了偶然的变化，他们会被提前告知变化的原因以及进行当前活动的原因，这样他们就能够为规则中的这种变化做好准备。

刘 说到这里，我们可以看一个教育案例，一起追随果果幸福的一日生活。

案例 2–4

追随果果幸福的一日生活[1]

果果是中班的小朋友了，比起一年前他不知道改变了多少：一年前他还哭闹着不肯上幼儿园，现在的他已经可以自己走进幼儿园，主动向老师打招呼问好了；一年前的他抢玩具打人，没有小朋友跟他玩，现在的他已经有很多自己的好朋友了，他们一起分享玩具，一起解决问题；一年前的他只想到自己，常常哭闹耍赖，现在的他不仅懂道理，还会关心爸爸妈妈了……

那我们就跟随这个中班的果果走进他的幼儿园生活。

他来得比较早，不到7:40就到了教室，先是看到了班上的保育老师李老师，李老师正在为大家做清洁。果果拿出今天的心情本，放好书包、挂好衣服后，也过去帮忙了。李老师教他做一些擦桌子等简单劳动。很快，其他小伙伴就陆续来了，沈老师也来了，于是，他们几个小朋友就随沈老师到楼下进行早锻炼。

在8点钟之前是一段准备时间，小伙伴们可以玩一会儿游戏，有时玩滑梯，有时走平衡木，有时玩小车。很快就8点钟了，伴着召集的音乐，中班、大班的小朋友都来到大操场做早操。杨老师精心编排了有趣的早操，不仅好玩，还可以锻炼身体。实验幼儿园的小朋友个个精神抖擞，衣服穿得很少。深圳的秋天来得比较晚，十月份小朋友还可以赤膊锻炼。

早锻炼结束了，果果随小朋友们排队回到班上。墙上贴着一排醒目的一日活动流程图，将每天的常规活动拍成照片贴在墙上，小朋友一看就清楚自己在一天中先做什么后做什么。这样，一日生活就看得

[1] 本案例由深圳实验幼儿园郑春娟老师提供。

见了。果果喜欢这些流程图，之前稀里糊涂的他，就是看着这张流程图才跟上班级活动节奏的。之前流程图上还落着一只小瓢虫，为了让孩子了解“流程图就代表他们一日的活动”，老师说：“当你们吃饭时小瓢虫就会落在吃饭的这张图上，去户外时，小瓢虫就会飞到户外的这张图上。”于是，果果就记住了有这样一张图。每当进行完一个活动，他就看看这张图，因为他很想知道接下来我们要做什么了，他也不喜欢自己晕晕的感觉。一年过去了，果果和小伙伴们都很熟悉这张图了，小瓢虫也完成了自己的职责，不再飞回来了。

这个学期，班主任匡老师组织小朋友们讨论每个环节我们可以做什么。果果明白了原来流程图上的活动自己可以做主。中班的小朋友就是不一样，很多内容都是自己商量出来的，比如什么时间入园比较好、入园时怎样与人打招呼、中午睡醒了可以干什么、什么时间醒来可以起床等。老师很多事情都会跟他们商量，让他们感觉自己确实长大了，可以自己拿主意了。

吃饭时，他也可以自己选择、自己决定了。这不，果果今天不想吃那么多，于是他就选了一份少一点的饭菜，这样他就可以吃完了，还因为是自己选择的，应该为自己的选择负责。这一点匡老师经常说，孩子们也觉得应该是这样的。

吃完饭，果果随一组小朋友围坐在匡老师的身边做计划，而另一组小朋友跟随沈老师去学习做汤圆了。从小班开始，果果的班级就开始了做计划—分区—回顾的半日活动模式。中班的他们很清楚该怎么做。他们每天都会在吃饭时或者更早一些就先想好自己今天要去的区。班上有很多好玩的地方，小班时，果果喜欢去“躲猫猫区”和“娃娃家”，上中班后，他的兴趣变了，他更喜欢去“科学区”了。然而不是每次都可以先选择自己最喜欢的地方的，他们清楚这叫作“轮流”。不过没关系，去不了自己最喜欢的地方，其他区也很好玩。

老师会将果果他们在分区活动中的表现用照片记录下来。从小班开始他们就知道每次分区活动结束后，就是他们回顾自己工作的时间了。跟大家分享自己的快乐时光，是一件无比快乐的事。这让果果感觉自己在分区活动中做的事特别有意义。一年来他越来越擅长计划和回顾总结自己做过的事了。

上午一个小时的活动都是在分区中度过的，很多像果果一样曾经很难专心做事的小朋友都改变了。没有谁来强迫他们，他们是在快乐中转变的。分区活动的小结结束，简单的生活活动之后，10点钟小朋友们要去户外了。30—40分钟的户外活动是每天常规活动中的必修课。户外活动回来小朋友们换衣服擦汗，就准备餐前活动了。午餐之后他们在老师的带领下散散步，幼儿园上午的活动就结束了。

午睡之后果果进入了下午活动时间……

就这样，一天的幼儿园生活在丰富的体验、有趣的活动中落下了帷幕。

霍 瑞士心理学家皮亚杰提出认知发展理论的两个原则，即顺序进阶原则（人类智力发展按照可以预知的顺序前行）和主动学习原则（儿童思维结构变化是自主建构的结果）。以色列心理学家斯密兰斯（S. Smilansky）提出社会戏剧表演游戏的策略研究和“计划、工作与评价”的三部曲建议，这成为幼儿园形成一日生活流程组织原则的基础。这种确定了的一日生活流程为幼儿提供了一个可以根据自己的兴趣进行选择性行动的稳定的结构，也会让幼儿感到自己在教室这个空间中很安全——他自己可以预测、掌控时间的安排，这不仅有助于他秩序感的发展，更是他安心并专心投入各项活动的基本保证。

刘 同时，这种确定了的一日生活流程也为教师提供了教学的便利，并有助于使教学变得更为有益有效：当一日生活流程确定下来后，由于每一个活动结束后接下来的活动总是确定的，使得教师在教育教学中可以更有目的、有计划地设计和准备所需要的支持性的环境布置、活动内容和活动策略了。

孙 正如高宽课程设计者说的，我们怎么样强调“计划—工作—回顾”这个活动流程都不为过，它确保高宽课程中主动学习的方法能够得到成功的实施。高宽课程教育方案指出，一日常规中活动序列的可预测性以及做出选择的空间，可以给幼儿与教师带来四大益处：第一，可以带来安全感和掌控感；第二，支持了幼儿学习的主动性；第三，为幼儿之间的社会交往创造了机会；第四，为教师提供了观察幼儿并实施适宜性教育的机会。

刘 我们幼儿园的实践研究表明：有序、可预知的常规活动可以缓解孩子的分离焦虑。自从幼儿园有序的活动常规形成后，小班幼儿入园一周左右基本上就不再哭泣了，常规生活表现与以往入园一两个月时的表现相当。我们推断，如果这种流程再适宜而有序一些，或许孩子入园一两天就可以停止哭泣了。

四、儿童成长的伴随者：同伴、家长与教师

霍 在课程实践中，与儿童互动的因素除了物质环境外，还有人。成为社会人是儿童成长的必然方向，因此与他人建立亲密的关系对儿童的发展至关重要。前面我们也曾提及脱离人类社会的儿童很难获得健康的发展，而所谓社会就是指人与人之间的关系，这种关系是儿童发展中的关键因素。

刘 在课程实践中影响儿童发展的关系主要有同伴关系、亲子关系以及师幼关系，也就是说与同伴互动、与家长互动、与教师互动是幼儿园课程实践中的重要内容。

☆ 与同伴互动的课程内容

霍 维果斯基的“支架”理论指出，如果儿童经常与处于相同“最近发展区”但水平更高的同伴一起，会学到更多的知识技能。因为同伴更能

理解儿童使用的语言，更能理解儿童的想法，他们之间的学习与互动将会更有效。同伴交往能力是幼儿社会性发展所需的重要内容。

孙 我们常说幼儿是“自我中心”的，他们很难站在他人的角度理解问题。然而，在与同伴交往或者在与同伴发生冲突的过程中，他们慢慢体会到原来别人有着与自己不同的观点和想法。同伴交往可以帮助儿童走出“自我中心”的思维局限，因此，在幼儿课程实践中必须包含与同伴互动的课程内容。

刘 在课程实践中，幼儿与同伴互动的机会包括小组活动中围绕特定话题的交流讨论、区域活动中与同伴合作完成一项任务等。

案例2–5

关于“谁的宝宝睡小床”的争执[1]

小班的“娃娃家”里有一张大床、一张小床，还有四个玩具娃娃。今天的分区活动时间4岁的盈盈和豆豆选择了在“娃娃家”。盈盈对老师说自己是妈妈，豆豆是姐姐。豆豆对老师说姐姐是洗碗的。

孩子们似乎并没有太在意这些不同的角色，各自抱着一个玩具娃娃照看着。盈盈抱着娃娃坐在大床上，豆豆将娃娃放在小床上。盈盈手里的娃娃一头金黄色的卷发，个头稍大一些；豆豆手里的娃娃，头戴小帽子，个头小一些。

当盈盈给手中的娃娃喂完饭后，想让她躺到小床上去睡觉，可是豆豆的“宝宝”正躺在那张小床上。于是盈盈抱着娃娃坐到豆豆的对面，对她说：“你宝宝的床是我的。”

[1] 本案例由深圳实验幼儿园邓腊梅老师提供。

盈盈正在对豆豆说床是她的

豆豆轻声地说："我知道，等一下我会还……等一下给你。"并将小床往自己身边拉。

盈盈继续说："你宝宝已经睡大床，不再睡小床了。"

豆豆急促地大声说："他才一岁……"

盈盈慢慢地回应道："我的现在才生出来。"

豆豆也说："我的才刚生出来呢。"

盈盈指着床又说："这是我宝宝的床，我给她新买的。"

这时豆豆一手拿起了娃娃，一手整理着枕头，轻声说："我的宝宝大"。

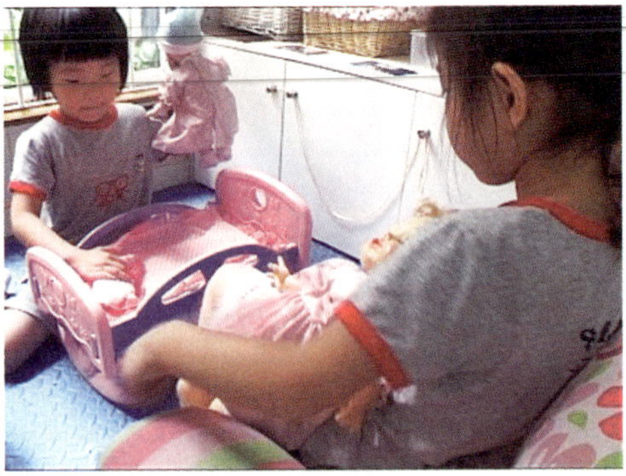

豆豆整理枕头拿起了娃娃

盈盈见豆豆拿起了娃娃，赶紧把自己的娃娃往小床上放。豆豆也赶紧放下自己的娃娃。两个孩子同时把娃娃放进这张小床里。

这时隔壁“小厨房”的孩子送来的一张“菜单”吸引了盈盈的注意力。盈盈抱起娃娃看“菜单”，豆豆重新将娃娃放回小床。

厨房“菜单”吸引了盈盈的注意力

盈盈对拿“菜单”的孩子说“不要，不要”，转头继续对豆豆说：“如果你宝宝比较大的话，就该睡（大）床上，不该睡这里。”

盈盈继续跟豆豆争论小床的问题

豆豆听着，没说什么，晃了几下小床，趴在娃娃身边，边给娃娃看眼睛，边轻声地说：“那你宝宝呢？”

豆豆趴着给娃娃看眼睛

盈盈回答说："我宝宝很想睡觉，那个大床不适合她睡，抱在手上，她又说睡不着，所以只好睡这张床，你必须把床让给我宝宝。"豆豆没看盈盈，一直在娃娃身上摸索着。

听完盈盈这段话，豆豆说："那让给你宝宝。"

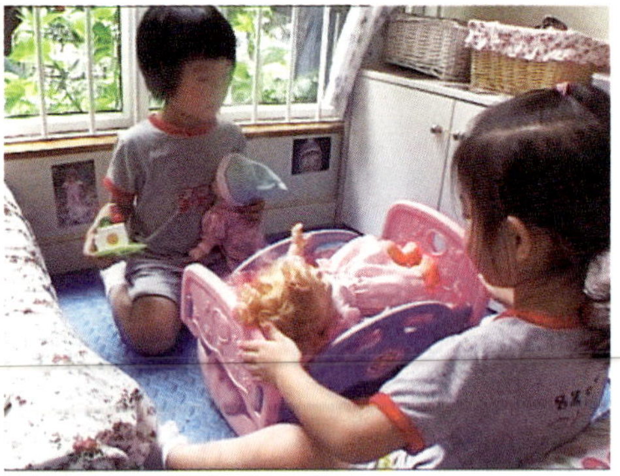

豆豆将小床让给盈盈

豆豆拿走自己的娃娃，盈盈迅速将自己的娃娃放到小床上。

霍 争执是儿童之间一种有效的互动方式，也是他们学习的一种途径。为了能够达到自己的目的，幼儿会在争执中认真倾听对方的语言内容，思考应对的方式，从而促进他们交流性语言的发展。同时，争执也促进了幼儿认知与思维的发展。在这段记录中，我们发现盈盈有清晰的时间概念，知道如何博得对方的同情；而豆豆在与盈盈的争执中，不断提出“错误推理”，并不断得以纠正。

刘 确实可以说这段争执对于孩子的认知思维发展是有益的，因此，教师不宜盲目地介入幼儿间的争执。教师需要留意孩子的争执会不会导致危险的发生，还可以在日常活动中保护豆豆的自尊心，鼓励豆豆更加自信地做事。

孙 在环境创设及材料投放方面，为了促进幼儿角色意识的建立，教师可以提供一些具有不同角色标识的服装或头饰、道具等，帮助幼儿区分不同角色的行为；也可以在娃娃家张贴一些不同角色人物的图片，支持幼儿模仿。材料投放数量要适宜，比如玩具娃娃不宜过多。因为当今社会独生子女家庭居多，娃娃家投放过多玩具娃娃可能会与幼儿的实际生活经验不符。

☆ 与家长互动的课程内容

霍 一个温馨、幸福、美满的家庭是家长送给孩子最好的礼物。我们很难用语言表达清楚家庭教育到底对孩子的幸福成长多么重要，我们只能说如果幼儿园可以在孩子的生命中影响三年，那么家庭将会在孩子的生命中影响一生。既然家庭如此重要，那么在幼儿园的课程实践中又怎能没有家长的参与呢？

刘 是的，家长的作用极其重要。但相当一部分家长很容易将教育孩子的责任交给教师，或者是在承担教育责任的过程中，不与教师沟通，观念达不成一致。这样的现状大大削减了儿童教育的成效，于是，很多幼儿园呼吁家园合作、家园一致。

孙 其实不单是家园教育观念要一致，家庭内部教育观念更要一致。目前还存在家庭成员之间对待孩子态度不一致的情况，这样很容易对孩子带来消极负面的影响。因此，家庭成员积极参与到课程实践中来，不仅有利于提升家庭教育的水平，还有利于达成家园一致的教育思想。

亲子阅读的幸福时光

家长与孩子们的游戏时间

案例 2–6

方案活动中家长的参与[1]

家长真正加入课程的机会是很少的，然而有一类活动可以让家长真正地加入进来，那就是方案教学活动。

事实上，方案活动的每个阶段父母都可以参与到活动中来。第一个阶段，在深入探究的问题形成之前，父母作为孩子的访问对象，可以扩展孩子的知识经验。第二个阶段，在深入探究的问题形成后，父母可以为孩子提供各种各样的资源用于揭开问题的谜底，如可以提供一些相应的图书，可以提供一些参访的资源，还可以作为相关的专家为孩子们解答问题。第三个阶段，在活动展示阶段，家长可以作为特邀嘉宾，来参观孩子的学习成果，还可以作为服务者，和孩子一起策划活动的组织与接待，并与孩子一同分享展示活动高潮的成就体验。

在主题“蜜蜂”中，为了观察、了解蜜蜂，家长在周末带孩子去海边、去莲花山、去仙湖找寻养蜂场，并把过程用照片和孩子的

[1] 本案例由深圳实验幼儿园郑春娟老师提供。

语言记录下来；还有的家长买了蜂蜜和一小块蜂巢带回来给其他孩子分享，让孩子可以品尝蜂蜜的味道，可以看到蜜蜂从蜂巢中飞出以及蜂巢的外形；孩子们还分享了养蜂人告诉他们的一些蜜蜂的知识，如往蜂箱喷烟，蜜蜂就不蜇人了，又如蜜蜂飞到你手上，你轻轻吹口气它就走了，不会伤害人。

为了寻找和蜜蜂同类的昆虫，还有的家长在家里和孩子共同制作捕捉昆虫的网，然后一同扛着网兜，戴上帽子和瓶子去山间野外捕捉昆虫，探讨如何制作标本。孩子和家长玩得很开心，还在周一带来了各种各样的昆虫进行观察分享。

在主题“五官总动员”中，家长们为了找出哪五官才是正确的五官，进行了资料大搜索、大辩论；在主题“兔子”中，为了得出“兔子可以吃什么”的结论，不少家长带着孩子做实验、查资料，整理孩子的答案，引导孩子用绘画加文字的形式表征出来；在主题“我的家乡”中，父母带着孩子在地图上测量各个省与深圳的距离……

霍 孩子是在家庭、学校、社会三种环境的影响中成长的，可以说家庭对孩子的影响是第一位的。家庭教育对孩子行为习惯的养成以及认知、个性发展等方面都会产生很大的影响，是任何其他教育都无法替代的。

刘 但是，现在仍有许多家长对家庭教育的认识不够，也不注重自身的学习和提高，这都可能会影响到孩子的健康成长。所以说，幼儿园也有责任去引导家长学习。

孙 刘园长你是如何引导家长去学习的呢？

刘 一直以来我们幼儿园都提倡“家园学习共同体”，意思就是说家庭与幼儿园紧密地结合起来，和孩子一起学习、一起成长。我们希望通过 288 个孩子的传递和带动，把深圳实验幼儿园的学习氛围带给 288 个家庭，传播向社会，所以，我们定期会有家长学校的活动，包括专家讲座、老师培训、经验分享、辩论会等。这些活动首先是想让家长转变观念，认识到孩子的教育不仅仅是幼儿园的事，家庭更重要，孩子越小，家庭对孩子就越重要。家长意识到这些以后，任何一项大型活动，只要幼儿园有需求，他们肯定都参与。

我最感动的是有一次家长学校活动。那天晚上突然下雨了，特别冷，我想可能家长不会太多，没想到会场满满的，走廊也全部站满，我就把我的位置让出来，站到外边去听。这就说明我们的家长对学习的渴望，对幼儿园工作的支持。你想想，有这样的一群家长，我们的孩子还能差吗？肯定不差，非常优秀。

另外，我们也提倡家长多阅读，提升自己的整体素质。我们成立了一个“亲亲书屋”，所有的孩子都有借书卡，可以去借阅，家长也可以借阅，有很多关于家长的、孩子的、老师的书。我们每年也在做“扬帆快乐读书成长营”活动，这个活动是由一个孩子的家长发起的，在每年的十一月结合深圳读书月举行一次爱心募捐活动，募捐所得用于添置幼儿园亲亲书屋的绘本、班级图书角的图书，学期末为孩子购买假期读物，以及定期向家长发放一些好的教育书籍，为教师购买前沿的幼教理论和实践方面的书，专款专用，并由家委会代表管理这笔费用。在这个过程中，不但每一个老师、每一个孩子能得到提升，家长也可以不断充电、提升。毕业典礼时，家长说得最多的一句话就是“我学到的比孩子还要多”。

孙　我们观察到，幼儿与家长在实验幼儿园互动的课程内容主要包括：在主题探究活动中，获取家庭成员提供的主题信息；与担当助教的家长互动，获取生活方面的帮助或邀请家长参与自己设计的游戏；在特定的家园活动中，聆听家庭成员讲故事；在亲子活动中，与自己的家长合作，共同参与游戏或完成某项任务。

刘　家庭的陪伴是孩子成长中不可缺失的重要因素，我们希望每一个家庭都能够有机会参与到属于孩子们的课程中来，与教师携手共同促进孩子的幸福成长。

快乐的亲子活动

霍《幼儿园教育指导纲要（试行）》中明确提出“家庭是幼儿园重要的合作伙伴”。家庭作为孩子成长的第一环境和终身环境，对孩子的成长和发展会产生深远影响。家庭教育具有早期性、长期性的特点，在孩子的教育中占据了重要的地位。如果家庭教育也能像幼儿园教育一样科学化、规范化，可以更好地培养儿童，促进儿童高质量地发展。

刘 因此，幼儿园的工作除了教育和引导幼儿之外，也应该给家长一些幼儿教育方面的指导和引领。首先要让家长意识到自己的一举一动、一言一行都对孩子性格、品德的发展形成起着潜移默化的作用。幼儿期是人的个性、品德开始形成的重要时期，这个时期的幼儿具有很强的可塑性。由于幼儿好奇、好模仿、好问、求知欲强，容易受外界的影响，此时家长的示范作用十分重要。所以，要向家长传递正确的育儿观念，提醒家长在生活中严格要求自己。其次，在当今时代，文化、科技发展日新月异，知识更新速度加快，需要不断学习，提升自己的文化知识水平，才能跟上时代的步伐。幼儿求知欲相当强，他们常常向大人提出一些稀奇古怪的问题，家长所谈论的话题也可能会成为幼儿获取信息的重要源泉，所以，家长一定要善于学习，既给孩子做出榜样，同时也可以更好地引导幼儿学习。因此，幼儿园在研究如何让幼儿更好地接受幼儿园教育的同时，一定也要关注幼儿的家长，要将终身学习和自我提升的理念传递给家长，让家长在家庭中也能给幼儿创造一个良好的氛围。

☆ 与教师互动的课程内容

霍 与教师互动是幼儿园课程实践中的重要内容，那么这些内容是以何种方式组织与呈现的呢？因为幼儿是课程实践的主体，所以我们要从幼儿视角出发谈论课程。在课程实践中，幼儿大部分时间都在与周围的环境互动，建构着自己的经验世界。对于幼儿来说，周围的人也是环境的一部分，为了区别于物质环境，我们称之为社会情感环境。在幼儿的社会情感环境中，教师是一个很特别的因素，影响着整个班级的学习氛围，决定着幼儿与之互动的方式。

刘 一般来说，幼儿与教师互动的课程内容主要包括：作为集体一员接受教师传递的知识经验；在教师特定的安排下，与教师进行单独的交流与沟通；在分区活动时间或其他自选游戏时间，请教师指导自己的操作活动或邀请教师加入自己设计的游戏活动；在小组活动时间向教师表达自己的想法，与教师交流围绕主题的意见；在生活活动环节，请教师帮忙或与教师进行情感方面的交流。

案例 2–7

与教师单独在一起的 15 分钟[1]

幼儿园 A 班从小班开始有一个不成文的规定，即每一个孩子每周都有 15 分钟与教师单独交流的机会，他们可以很随意地聊一聊，也可以就一些准备好的话题展开讨论。这是孩子与教师最亲密的时间。

起初话题是由老师来准备的，后来老师就把准备话题的权力交给了孩子们。这样，15 分钟内教师就成为倾听者。孩子从小班到中

[1] 本案例由深圳实验幼儿园沈雪娟老师提供。

班，慢慢熟悉了这种模式，15分钟内可以聊的内容也多起来。孩子们有的会跟老师聊一聊家里发生的“大事”，有的会聊一聊自己在班上的新发现，有的还会聊一些社会上发生的新闻，总之话题越来越广泛。老师有时感叹孩子的见识也挺广，有时感叹孩子原来有那么多稀奇古怪的想法，也有时会感叹孩子的想象力那么丰富。在这样的活动中，老师更加地了解孩子，孩子除了跟老师更加亲密外，也有了更多交流与学习的机会，大大提高了自己的语言表达能力。

霍 教师如何发挥自己的“支架”作用，是教师在课程实践中需要时刻思考的问题。A班设计这样的活动形式，就是为了体现师幼关系的重要性，从而将师幼互动作为特定的课程内容安排到课程实践中。

刘 其实幼儿在课程中与教师互动的内容与形式是多种多样的，除了思考在不同环节中的互动内容与形式，如在分区活动中的互动内容与形式、在集体活动中的互动内容与形式、在小组活动中的互动内容与形式等之外，还可以设计新的互动内容与形式，正如案例中所设计的。

我们一起飞

案例 2-8

分区活动中的有效互动（一）[1]

一连几天班上几个孩子都会到美工区玩橡皮泥。他们将橡皮泥做成各种形状，扁的、圆的、切碎……老师觉得是时候干预一下了。

师：孩子们，你们在做什么呀？

幼 1：我在做汤圆。

幼 2：我在做大饼。

幼 3：我在做面条。

……

师：这么多好吃的啊。你的汤圆多少钱一碗啊？

幼 1：我的汤圆 5 块钱一碗。

师：那我买一碗。

幼 2：我的大饼也很好吃，1 张 10 块钱，2 张不要钱。

师：那我要买 2 张喽……

案例 2-9

分区活动中的有效互动（二）[2]

骏骏告诉老师："我想玩笔记本电脑，我最喜欢电脑了。"随后，他侧头想了一下说："我自己做一个吧。"骏骏开始到处寻找，终于在班级的材料收集筐里找到两块大小相同的长方形硬纸板，拼了一

[1] 本案例由深圳实验幼儿园赵嘉茹老师提供。

[2] 本案例由深圳实验幼儿园尹捍红老师提供。

下，开心地说："耶，好像哦，好像哦！"

但显然，这样的笔记本电脑还不行，骏骏又找来了透明胶，把两块硬纸板粘了起来。硬纸板确实粘在了一起，但是它要不就两块合起来，像笔记本合拢的样子，要不就摊在桌面成两块，无法像真正的笔记本电脑那样支撑直立着，可以控制打开的角度。

骏骏遇到难题了……

老师很想上去问问情况，但还是忍住了。

骏骏在材料筐里查看、找寻，试过小木棒、双面胶……但好像都不是太满意。最后，他拿着两根毛根来找老师："老师，我记得笔记本电脑两边有个连接的东西，可以控制打开、合拢，我用这个可以吗？"老师说："你观察得很仔细，你可以试试。"骏骏说："我需要打孔机打孔，但我刚才试了一下，纸板太硬了，打不动。"

老师和骏骏一起打孔，确实很硬，小朋友用的打孔机打不出来，老师拿出一把成人用的尖头剪刀，戳出了四个洞。

骏骏高兴地拿着纸板去继续制作了。他把毛根穿进去，拧好，反复调节毛根的松紧，又试试两块纸板是否能打开、固定。终于成功了！骏骏兴奋地大叫起来。

老师为他鼓掌："太好了，太好了！我要玩电脑，给我玩下好吗？"

骏骏刚要拿过来，又拿了回去，很骄傲地说："还没做完呢，你现在不能玩。"骏骏找来两张纸，一张画上一些键盘，一张画上一些圆圈，贴在两块纸板上说："老师，给你，你可以玩连连看了。"

霍 "关系大于一切"，"互动"应作为幼儿园课程的重要组织形式，它关注教师如何为孩子创设有效互动的环境，包括人的环境与物的环境。有效互动是孩子最重要的学习方式，与环境互动、与成人或同伴互动。在幼儿园的课程实践中，为了支持儿童的有效学习，教师所要做的就是通过创设环境实现间接互动，通过建立关系实现直接互动。这就是幼儿园教师实施课程的关键方式，不管是显性的影响，还是隐性的影响，不管是生活活动、分区活动，还是领域教学活动，都是通过互动发生作用。

孙 在深圳实验幼儿园，我们感受到了一种“活”的教育。想问一下刘园长，你们幼儿园的课程内容与目标都很灵活，这一点在课程实施方式上有没有体现呢？

刘 听到这种评价，真的好开心。是的，我一直觉得孩子的教育应该是一种“活”的教育。这种灵活不仅要体现在课程设计上，更要体现在课程实施中。我们的课程可以说是一种开放的课程，教师可以灵活地采用多种模式、多种途径、多种方法去实践自己的课程目标。然而，课程最根本的方式就是互动，一个老师课上得再好，与孩子没有互动，他的课也是无效的。就算老师没有教给孩子什么，只是创设了很好的教育环境，给孩子丰富的材料，孩子也能发展得很好。我们知道幼儿教育是根的教育，环境特别重要。一株幼苗种下去，我们给它施肥、浇水，给它一个好的生长环境，而互动就是它吸收环境中养分，吸收阳光照射、吸收水分和肥料的营养等的过程。

孙 因此，如果幼儿园纠结于要不要开展主题活动、要不要领域教学，那就是在追求形式。不是说形式不重要，但它不是主要的。其实，幼儿园的课怎么上，很简单，就是我们关心孩子、爱孩子，知道怎样与孩子互动，知道怎样为孩子提供适宜的环境。

霍 发展适宜性实践并不是一套僵化封闭的课程体系，其实施方法也不是唯一的，要在尊重儿童年龄特点、儿童个体之间的差异以及每个儿童所生活的社会文化背景的基础上，由教师根据自己的知识和经验设计出最为适宜的课程方案，因而，发展适宜性实践的实施是开放而多元的。这样一套开放多元的课程，它的实践途径也是多元的，但不管形式如何多元，其最根本的课程实践途径，尤其是幼儿园的课程实践途径，就是通过教师创设有效的互动环境。与“你”互动，就是与环境互动、与老师互动、与同伴互动、与家长互动，这也是深圳实验幼儿园“三人行”课程的真谛。

五、感受园本课程：幸福成长的瞬间

刘 深圳实验幼儿园建园二十多年间一直在探索研究并实践着本土化的园本课程。总的来说，园本课程建设已经经历了两大阶段：第一阶段（1989—2000 年）是园本课程的形成期，初步形成了“完整课程”的教育体系；第二阶段（2001—2011 年）是园本课程的发展期，不断在实践研究中完善着“完整课程”的教育体系。

第一阶段：形成期（1989—2000 年）

指导思想：《幼儿园工作规程》

1989—1992 年

单项改革

基于改革开放试验场，我园在幼儿品德教育、幼儿体育、计算活动教育、幼儿美育、幼儿英语口语教学等方面进行单项研究。

1992—1995 年

整体改革

以促进幼儿整体发展为目标，1992 年制定幼儿目标发展体系，1995 年制定幼儿发展评价体系，提出：活动课程、学科课程、隐性课程有机结合的课程体系。

1995—2000 年

“完整”课程形成

要“完整”地认识幼儿教育，要给幼儿以“完整”的教育，要通过园本课程培养“完整”的儿童。1998—2000 年《幼儿园“完整”课程》系列图书出版。

第二阶段：发展期（2001—2011 年）

指导思想：《幼儿园教育指导纲要》

2001—2004 年

平等“对话”

尊重儿童、师生关系由高控到平等尊重，提倡“蹲下来与孩子说话”。通过探索式主题活动的开展、区角式个别活动的深入，来激发孩子的自主学习。

2004—2009 年

面向全体

注重创造条件、提供机会，让每一个孩子获得成功的体验，我们提出“每个孩子都是一个世界”，我们有 288 个孩子，因此我们拥有 288 个精彩的世界。在此期间，我们以“288 个世界”为主题举行了系列大型活动，让每个孩子、每个世界都体验成功，展示精彩。

2009—2011 年

适宜性教育

体现《纲要》的以人为本思想，展示出对儿童生活世界、生命世界的关照，关注儿童的年龄和个体的适宜性以及教学的有效性。强调关系大于一切，通过班级文化建设，形成良好的师生关系、生生关系、家园关系。

深圳实验幼儿园课程发展历程

2012年起，深圳实验幼儿园进入了园本课程建设的第三个阶段，即园本课程的跨越期，迎接新时代发展带来的挑战，在理论指导与实践探索的基础上，突破“完整课程”理念，形成“三人行课程”教育思想。“完整课程”是在全面发展的素质教育理念下提出的，是一种教育目标导向的课程体系；而随着时代的发展，心理学、教育学等不同方面的研究发现，儿童才是课程实践的主体，课程强调以儿童的需要为中心。这些现代化的儿童观呼唤着一种新的课程体系出现，体现一种过程性、实践性、互动性的课程本质。因此，园本课程建设需顺应时代发展的需求，由“完整课程”发展为“三人行课程”，至此，可以说园本课程建设进入了新的篇章。

新的园本课程将在实践研究中不断发展和完善。下面我简单介绍一下我园园本课程的三大亮点。

☆ 课程聚焦：体能锻炼

进行早锻炼的孩子们

专注耐寒训练的孩子们

链接 2-2

感动的瞬间 [1]

随着音乐响起，孩子们赤裸上身，一个个精神抖擞，跟着带操的年轻男教师尽情舞动。整体看来阵容整齐，时时传来孩子们的呐喊声。这让我感受到一种民族的气魄，一句话萦绕耳旁——强身健体，振我中华！一时间，我感动得热泪盈眶。

这就是深圳实验幼儿园的孩子们。他们正在做早操。眼前没有慵懒散漫，而是传递着震撼。年轻教师站在最前面，熟练标准地示范着动作，班级教师也在孩子们身边，与孩子们一起锻炼。这套操是位年轻教师编排的，大运会在深圳刚结束不久，他就将大运会运动项目的代表性动作编进了儿童早操里，真是有创意啊。孩子们在早操锻炼中不仅锻炼着身体，更感受着一种民族文化，一种深圳文化……

这位年轻教师是实验幼儿园的体育老师——杨张胄。户外活动时，又见他在训练孩子们跳绳、从高处跳下等体育项目。在他的引导下，孩子们一次次挑战自己。

[1] 本链接内容由深圳实验幼儿园孙维求老师提供。

孙 刘园长，感觉你们幼儿园特别重视体能锻炼，是吗？

刘 这要从对健康的重视讲起。面对未来社会激烈的竞争，首先要有健康的身体，才能使儿童振奋、向上、开朗、自信。一个人如果身体虚弱，干什么也没兴趣，精神不振，再有才干和学问也力不从心，有好的身体，才会使他学习专注，注意力集中，思维活跃，态度积极。我们幼儿园长期以来非常重视幼儿的体能训练，就是把孩子的身体健康放在第一位的表现。

我们的做法就是耐寒训练。这要求家长配合，给孩子少穿衣服，以孩子的衣服永远比我们成人少一件为原则。因为我们的体能锻炼比其他幼儿园多，量也大，很容易出汗，穿得多容易生病，孩子是怕热的，一热就燥，学习静不下来。我们从多年工作经验中发现：衣服穿多的孩子就爱生病，爱生病衣服就穿多，形成恶性循环。生病就要吃药，是药三分毒，长期吃药影响孩子的肾、肝、大脑等发育，影响终身幸福。

孙 健康的确很重要。当前很多媒体报道，当今大学生的身体素质越来越差了，这不禁让我们担心。不管知识再怎么丰富，能力再怎么强，没有健康的身心，生活品质都无法提高。尤其是幼儿阶段，身体及心智发育都不健全，健康对于他们来说比什么都重要。《幼儿园教育指导纲要（试行）》也是将健康领域放在课程内容首位的。

刘 健康除了营养、卫生、安全之外，最重要的就是运动。在幼儿阶段培养运动的品质，才能为将来一生的健康打下坚实的基础。在《儿童全人教育》上有这样一段话："运动习惯是成人给幼儿的一项重要的礼物，当运动成为幼儿游戏时间、身体协调、平衡和自信的一部分时，它不但有益，而且有趣。[1]在有爱和安全的氛围下，幼儿可尽情地玩，并准备成功地驾驭身体发展的各个阶段。"成人需要运动，孩子更需要运动。

[1] Hendrick J．儿童全人教育［M］．林翠湄，等，译．台北：心理出版社股份有限公司，1999：91．

☆ 课程聚焦：社会交往活动

活动前的准备

专注地进行活动

案例 2–10

看得见的改变[1]

半年前的琪琪

英语课：老师正在组织小朋友学英语，琪琪一会儿躺在其他小朋友腿上，一会儿趴到地上。

分区活动：他很喜欢一个人玩自己想象的游戏，不喜欢和别人一起玩。

自由活动：看到三四个小朋友一起欺负他，老师赶紧拉开，看看他，他没有哭。

老师想：真是个令人头疼的孩子。

如今的琪琪

社会交往日（服装店）

他开心地叫卖："卖衣服了，漂亮时尚的衣服啊。"

顾客（来访者）问："这件衣服多少钱？"

琪琪："不贵，只卖 20 元。你看多时尚啊，买一件吧。你穿着一定好看。"

顾客忍不住买了。

很快卖出很多件。

老师想：没想到琪琪还是优秀的推销员呢。

"下班"后

从服装店"下班"后，他对自己的小伙伴说："我请你去玩赛车吧。"两个小伙伴高兴地走了。

[1] 本案例由深圳实验幼儿园董玉玲老师提供。

老师说："琪琪改变很大，不仅爱表达了，也喜欢和其他孩子玩了。其他小朋友也不再欺负他了。我们看到了不一样的琪琪。我真的觉得平台搭得好，孩子的改变就让你看得见！"

刘 琪琪只是其中的一个例子，自从开展社会交往活动后，很多孩子的改变都让老师们刮目相看。

刚开始在园内进行社会交往活动的时候，各个年级搞了不同的模式：小班整个年级出来一起玩娃娃家；中班就在大操场搭建多米诺骨牌；而大班的孙老师想起了几年前组织过的一次大型社会交往活动，就凭着回忆带领孩子们开始了搭建"模拟社区"的活动。虽然起初的场地及材料都很简陋，但是我们发现小朋友们特别喜欢。很多小朋友自己搭建的东西，用我们成人的眼光来看并不好看，但是他们自己特别钟爱。记得有三个小朋友搭了一个游泳池，老师觉得不怎么样，其他小朋友也不喜欢，就是这三个人一直坚守着自己的劳动成果。后来，其他地方都越建越丰富了，只有他们还在"死守自己的阵地"。我感觉我们幼儿园从领导到老师都有一个特点，就是民主。当发现问题后，我们一般都只给建议，从不会强迫孩子。领导同样也不会强迫老师。当时，我们给了他们很多建议，但他们就是独爱自己的"游泳池"。我觉得孩子和我们成人是一样的，要放弃自己的创作，真是太难了，尽管不被别人认可。有一天，孙老师想到一个办法：她先用相机将这三个孩子的杰作拍下来，留了纪念，然后跟他们说，是不是可以尝试更加有难度的活动。他们觉得有道理，于是离开了那个"游泳池"。

为了加深孩子的体会，大班的老师们组织孩子集体去参观了"星期八小镇"，他们还经常发动家长的力量，带孩子们去体验不同的职业。就这样一路摸索，我们的活动越搞越丰富了。现在我们不仅有银行、餐馆，还有剧院、照相馆、赛车场等许多有趣的主题区。

也许很多人都想象不到，我们这个社会交往活动确实是以孩子为主的，老师就是组织一下，帮一下忙。我们的老师以及家长分工在不同的主题区。在活动前后，相应主题区的孩子都会讨论一些在活动中遇到的问题，老师组织孩子们一起商量解决的办法。老师会引导孩子们了解这个职业，但具体怎样做，是孩子们的事，我们不替他们做决定。所以，从搭建台子、上班、下班到收摊，都是孩子在做，老师和家长只是保障安全，帮帮忙。在每个职业都有不同分工，也形成了一种约束。比如有一次“理发店”的“员工”态度不好，“顾客”就去“经理”那里投诉，因此“经理”就批评了“员工”，还声称要扣工钱。“经理”、“员工”都是孩子们扮演的，他们很投入自己的角色，让我们感觉那就是孩子们的天地。

欢迎来我们的游乐场

可以说大型童话剧是我们给孩子提供的展示舞台。我们认为孩子从小就有表演的欲望，比如我们看到很小的孩子就喜欢装扮自己，所以这个舞台确实满足了孩子的需求，让孩子们体验到了成功，也极大地激发了孩子们的潜力。且不说大型的童话剧，就是我们的晨会展示活动也起到了这样一种作用。比如小班刚入园一个月就在晨会上表演节目，通过竞选小主持、排练舞蹈、和爸爸妈妈同台演出等活动，让三岁多刚入园的孩子一下有了飞跃。小班年级组长董老师说，晨会演出之前，他们班有个孩子还经常哭闹，自从前不久表演了晨会节目，就不再哭了，每天都很开心地来幼儿园。我想，孩子本身就渴望有这样一个舞台。就是因为这个舞台，我们幼儿园的孩子才那样自主、阳光，遇事积极想办法，喜欢探索。我们最初开展社会交往活动，老师都不清楚怎么做，就是跟着孩子的感觉走，而这些孩子一下子就有了很多想法，孩子做出来，老师就在孩子的基础上引导提升，最终才形成现在这么系统、丰富多彩的活动。因此，展示活动可以说是社会交往活动的基础。

我们的社会交往活动在三个年级都有。除了大班的社会交往活动，小班主要以角色区之间的交往为主，中班开展了"玩具交换活动"。中班的这个创新让我们感到了惊喜。刚开始我还以为就是假装换一换，结果真的换了。今天早上，我看到两个小朋友在书包柜前小声地交谈，一个小男孩拿着魔方，一个小女孩拿着机器人，小男孩想用魔方换小女孩的机器人，就说："跟我换吧，我的很好玩。"小女孩有些为难："可是我不会玩你的玩具啊。"小男孩还是坚持："那我教你怎么玩，很好玩的。"因为这个小男孩很想要小女孩的机器人，所以他不断地推销自己的魔方。这可不单单是语言能力的锻炼了，可能还有一种博弈的思想在里面。比如，一个孩子想用自己不喜欢的玩具换其他孩子的玩具，他可能先是极力推销自己的玩具，后来发现他的玩具实在不被喜欢，就要调整自己了，拿稍微好一点的玩具来换。在中班，这样一类活动锻炼了孩子的社会交往能力。到了大班，我们的活动就更加精彩了。

霍 从幼儿园的社会交往活动中，我们看到你们正将自己的教育理想转化为理想的教育。幸福教育的理念正在深圳实验幼儿园的课程中转化为现实，转化为孩子们真正的幸福体验。

孙 谈及被深圳实验幼儿园命名为“社会交往”的这种活动，我想到了杜威《儿童与课程》中的一段话：“儿童生活在个人接触显得十分狭隘的世界里，除非这种生活密切地和明显地涉及他自己的或者他的家庭和朋友的幸福，其他各种事物很难进入到他的经验里。儿童的世界是一个具有他们个人兴趣的人的世界，而不是一个事实和规律的世界。儿童世界的主要特征，不是什么与外界事物相符合这个意义上的真理，而是感情和同情。学校里见到的课程所提供的材料，却是无限地回溯过去，同时从外部无限地伸向空间。人们在儿童离开他所熟悉的几乎不多于一平方里左右的自然环境以后，便使他进入一个辽阔的世界——甚至可以说，使他进入太阳系的范围。儿童的小小的记忆力和知识性领域被全人类的长期的多少世纪的历史压得窒息了。”[1]

霍 传统课程中教师给孩子的二手资料，他们能接受多少，老师并不清楚；这些二手资料会给他们的生活带来怎样的影响，老师也不知道，可能是厌学、失去好奇心、失去创造力，这令我们担心。可是深圳实验幼儿园这种课程模式为我们打开了“捍卫童年”的一扇窗。

孙 杜威的《儿童与课程》中还提及，“儿童的生活是一个整体，一个总体……儿童所关心的事物，由于他的生活所带来的个人的和社会的兴趣的统一性，是结合在一起的。凡是在他的心目中最突出的东西就暂时对他构成整个的宇宙。那个宇宙是变化的和流动的，它的内容是以惊人的速度在消失和重新组合。但是，归根结底，它是儿童自己的世界。它具有儿童自己的生活的统一性和完整性。儿童一到学校，多种多样的学科便把他的世界加以割裂和肢解”[2]。

刘 我们幼儿园一直在倡导整合教学，努力还儿童一个完整的经验。我们教师在实践中反思：是因为领域教学割裂了儿童的完整，还是上课这种模式割裂了儿童的完整？是否有更好的课程组织形式来整合教学？

[1][2] 杜威．儿童与课程 [M] // 赵祥麟，王承绪．杜威教育论著选．上海：华东师范大学出版社，1981：117.

我园一日生活皆课程的理念以及这种实践模式都是要提供给儿童一条完整经验的道路。

☆ 课程聚焦：家长助教

亲子运动中的一家人

带给孩子歌声的家长

给孩子讲故事的家长

帮助孩子体验生活的家长

刘 常听许多为人父母的人说，孩子也是他们的老师，在孩子成长的过程中，父母也在成长着。在深圳实验幼儿园，班级是开放的，家长可以随时参与到班级活动中去，成为班级的一分子。

霍 家长的角色应该是幼儿园来界定的。家长到底跟幼儿园是怎样一种关系，家长在孩子教育中处于怎样一种角色，与幼儿园的教育理念有关。这里有一个比喻是“一车两轮”，意思就是说，家长与幼儿园就是车的两个轮子，二者是一致的，车子才能跑得起来，不然一个向前一个向后，走不动的。幼儿园的教育目标是什么，课程内容有哪些，这些家长都应该知道。只有这样，才能做到大家方向一致。

刘 确实如此，在家长来当助教之前我们一定要讲清楚，你不是来帮忙的，因为我们幼儿园的工作，老师自己是可以搞定的。在家长会上我们会跟家长说：你真的不是来帮忙的，你是来学习的。学习什么呢？第一，你可以观察。观察群体孩子的状态，在家你永远看不到这种状态。你可以发现个体与群体的差别。这样，家长就有一个比较了，知道现在的孩子都是什么样的。第二，你可以有机会解决更多的问题。幼儿园那么多孩子，突发情况怎么应对，你有很多机会去学习、去锻炼。第三，你是来学策略的。当老师发现孩子的问题后，用什么语言、什么方法、什么态度去解决问题，这是你可以学习的。

霍 作为教师，也要思考：家长来了可以为我们做些什么呢？第一，给我们更多的支持，当他们了解了我们的课程模式之后，在很多方面可以帮助我们，比如帮我们找合适的材料等。第二，家长来自各行各业，能帮助老师跳出教育看教育，开阔老师看问题的眼界。第三，家长记录下他观察到的老师与孩子的互动，并能发现问题、提出建议。这些都对我们老师很有帮助。

刘 有一位幼儿家长说过："起初我是对自己孩子在幼儿园的生活很好奇，很想知道孩子在幼儿园表现如何，老师怎么对他，其他孩子怎么对他等。在小班新生家长会上，园长讲到我们家长与幼儿园必须一致，这点我很认同，也会全力支持。可是我们大部分家长都不是做教育的，像我一样刚做妈妈，没有经验，很多时候并不清楚怎样教育是对的，怎样是错的。其实，家长是有很多困惑的。幼儿园有家长助教这样一个机会，在这个过程中，我收获很多，我更加了解这个年龄的孩子了。最初我不清楚怎样与孩子沟通，每天看着老师跟孩子打交道，我也会了。我还认识了很多像自己宝宝一样大的孩子，周末还经常与其他家长搞个联谊活动什么的，互相交流教育心得。总之，这种方式让我感觉自己又有了一个'娘家'，还是一个专家型的‘娘家’，有什么孩子方面的问题处理不了，都可以求助。现在我感觉自己也是一个育儿高手了。”

霍 在深圳实验幼儿园的课程进程中，老师、孩子、家长仿佛结成了共同体，既不同于中国传统的老师教、孩子学的上课模式，也不同于“一切追随孩子”的儿童中心模式。家长工作的研究、创新式家长会、开放式课堂——将家长请进教室，这些既是幼儿园课程改革的一个创新，也是整个中国教育改革的一个创新。

刘 孩子在幼儿园的时间不过是短短的三年，我们又能给孩子多少知识呢？或许只有为孩子打造一个幸福的家庭，才能保证这里的孩子一生幸福吧。相信每一个家长都想教育好自己的孩子，毕竟陪孩子时间最长的是家庭，不是学校。作为学校，传授知识、能力只不过是“授之以鱼”，开放式课堂、将家长请进课堂才是“授之以渔”。对家长就像对孩子一样，我们幼儿园不仅希望孩子能自理、自主，也希望家长能自理、自主。这就是深圳实验幼儿园的课程——与孩子一起学习、一起体验、一起成长！

第三章 做有准备的教师

孩子们可爱的笑容就是幼儿教育工作者最好的回报。

幼儿教师是快乐的传递者。作为园长，只有让教师快乐，他们才能把快乐传递给孩子。

一、什么是有准备的教师

霍 高宽课程教育方案曾指出：“‘有准备的’即行动有目的，在头脑里有一个目标并有实现这个目标的计划。”有准备的行为需要经过仔细的思考，并且还要考虑到行为的潜在影响。由此，“一个有准备的教师要清晰界定儿童的学习目标，选择能够帮助儿童达到目标的建设性教学策略，还要不断评估进展，并且根据评估结果来调整教学策略”[1]。不管教师是第一次尝试性地运用这个策略，还是由于经验积累习惯性地使用这一策略，也不管行为是计划之中的，还是教学情境中的儿童自发的，只要教师能解释他为什么要这样做，他就是在实施有准备的教学。

刘 理解何谓有准备的教师是成为有准备的教师的先决条件，即我们要想成为有准备的教师，必须理解“有准备的”的内涵，并且理解为什么我们要做有准备的教师。

☆“有准备的”意味着对“教育者”价值的再认识

霍 “有准备的”意味着教师需要实施一种有计划、有目的的教育行为，而这种教育行为是为了帮助实现儿童的发展目标，而不是实现教师的计划目标、教学任务。有准备的教师承认儿童在课程中的主体地位，同时又积极地发挥着自己作为教育者的价值。这种新的儿童观与课程观引导下的教师角色，不同于传统意义上的教师，确切说应该称之为“导师”。所

[1] 爱泼斯坦．有准备的教师：为幼儿学习选择最佳策略 [M]．李敏谊，等，译．北京：教育科学出版社，2012：1.

谓“导师”，其角色是多元的，是儿童学习与发展的支持者、合作者、引导者，不再是传统意义上单纯的知识传递者。

刘 作为知识传递者的教师是缺乏创造性的，他可能只是人类文明传承的一个工具，因此，这样的教师很容易出现职业倦怠；而作为儿童引导者的教师在教与学互动的舞台上既引导着儿童的成长，也促进着自我的成长，他们是淡然的、幸福的、有成就感的，很少会出现职业倦怠现象。下面，我们通过一个例子可以分析一下新旧教育者的行为与价值体现的不同。

案例 3–1

这样的压力还能承受多久？[1]

李老师是大A班的班主任，她觉得自己太忙了，每天都有做不完的事情。她将自己忙不完的事情列举一些出来，大致都有这些：需要经常去玩具市场为孩子找一些玩具放到区域中（还要向家长筹集资金，资金不够的话还是买不了）；需要备课，并完成孩子们需要的五大领域每个科目的教学；需要做班级的周计划；需要训练孩子们跳绳，因为马上就要运动会了；有几个孩子不听话，需要与家长沟通，看怎样管理……

我们经常看到李老师忙碌的身影。当孩子进行分区活动时，李老师要么组织一组孩子进行角色扮演，要么在处理班上的环境创设问题。李老师一般是按周计划实施着自己的教育教学，如果不是上级主管的特殊安排，计划不变。面对三十多个孩子，李老师经常感到烦恼。她总是希望这些孩子再听话一些，再顺从一些就好了。如

[1] 本案例由深圳实验幼儿园赵嘉茹老师提供。

果自己说的话，孩子没有听明白，李老师就会很严厉地训斥孩子。她希望每个孩子都按班级规则办事，都能够服从老师的安排，都能在集体课上认真听讲。

在李老师那里，每天的教育活动就是这些：准备教学材料、上课，环境哪里不好看了调整一下，有不听话的孩子想办法和家长沟通，希望一起来管束他们。

她还没能感受到作为教师的成就感，除了孩子听话、领导表扬带来的一些慰藉。总之，李老师很有责任感，她说：如果不是自己的责任感，谁会受这份累啊。

对于李老师来说，从事教育是责任所驱，是一份劳累的工作，一种奋力承担的压力，一种生活上的负担。因此，我们从李老师的脸上很少看到微笑，尤其是当她与孩子们在一起时。她对待孩子是严肃的，总是担心失去威严会无法“镇压”这些“捣蛋鬼”。她不想谈什么教育的理想，因为她感受不到作为教育者的幸福感与成就感。这样的压力还能承受多久？

孙 李老师所呈现出的就是一种传统教育观念下的教师形象。“蜡炬成灰泪始干”一直被我们用来形容教师的伟大与牺牲精神，但我认为这句话只是旧的教师观对教师形象的一种表征，在新的教师观下，教师不应该是儿童成长的牺牲者、奉献者，应该是儿童幸福成长的分享者、陪伴者。

霍 通过李老师的案例，我们来分析一下旧观念下的教师形象。他们将儿童视为“需要镇压的捣蛋鬼”，因此教师时刻保持着严肃的表情，防止孩子“不听话”。他们不敢放手让孩子自己去探索，不相信孩子可以自主学习，尤其不相信孩子可以自我约束，因此，班级规则一般是教师制定，孩子服从。这样的课程就是“教师教、孩子学”的直接教学模式。如果这样的班级出现了孩子自主选择的分区活动会怎样呢？教师放手了，但是他们不相信这样的形式对孩子的发展有多大促进，一般在这个时候，教师会认为“不再需要自己了”，或者自己给自己安排一个任务，或者作为旁观者管理一下纪律，留心一下安全问题。

刘 这样的教师与我们所说的有准备的教师区别在哪里呢？首先，准备的内容与依据不同。传统观念下的教师是站在自己的经验水平上去准备课程的。比如自己计划要实施五大领域的教学，他就会去准备一些与五大领域有关的内容，具体内容如何选择都是根据自己以往的经验来判断。而有准备的教师，其准备的内容不是根据自己的已有经验，而是根据孩子们的已有经验选择的，因此，观察了解孩子的发展水平，才是他做准备的依据。其次，对待孩子的态度不同。传统观念下的教师因为担心孩子不听话，为了树立权威，一般会对孩子比较严厉。有准备的教师认为孩子不一定要听自己的话，他愿意与孩子建立新的师幼关系，同时为了深入了解孩子，他会跟孩子亲切地接触，像朋友一样相处。此外，有准备的教师会关注每一个孩子的表情，会在意孩子说过的每一句话，而传统观念下的教师不会在意孩子的个体差异，会为了集体的利益牺牲个体的需求。下面的例子能帮助我们更好地理解什么是“有准备的教师”。

案例 3-2

是孩子们让我成长了[1]

B 班的陈老师也同孩子们一起步入了大班的学习阶段。一路走来，她感觉自己一直在成长，她认为这种成长是孩子们带给她的。她本身是一个很害怕压力的人，遇到事情总会不由自主地焦虑和紧

[1] 本案例由深圳实验幼儿园陈兰芳老师提供。

张，而令她最放松的就是和孩子们在一起的时光。她说自己很多事情都喜欢和孩子们商量，因为他们都是自己的“军师”，总能想出很多点子。她感觉班级就是大家共同的家，自己只是家里的一分子，家里人员很多，每个人都可以为这个家做事情。

我们在很多班级见过“值日生”的安排，而陈老师班级的值日生却是与众不同的。他们设计出很多“工种”，就像社会上“打工”一样，每一份工都有“工资”。陈老师说这个点子是她和孩子们一起想出来的。因为她觉得以前总是要值日生做事情，一方面没有任何交代，对他们的劳动价值也不尊重；另一方面，孩子们做的每一件事情都应该是课程的一部分，怎么将这种“值日生”的行为纳入课程，是她之前一直在考虑的。那天，她就跟孩子们商量了这件事，正好他们班在区域中有很多需要“消费”的项目，这些“消费”项目以往都是教师分“钱”给孩子们，就像“大锅饭”一样，现在两件事结合在一起，正好就有机会“打破大锅饭”了。

陈老师对孩子们说：“老师还需要给每一个值日生发‘钱’吗？那么多人好复杂啊。”

“不需要啊，我们自己知道拿多少‘钱’。”一个孩子说。

“那老师怎么知道你们拿了多少？”陈老师还是有疑虑。

“你可以准备一个本子，我们拿了就记在本子上。”另一个孩子想出了这个办法。

“那好吧。老师相信你们都可以自觉地做好这件事。”陈老师放心地说。

就这样，班级里多了一个存钱罐，旁边放着一个记事本。每次值日生做完事，会根据自己的劳动内容支取相应金额的“工资”。同时，每个孩子还有一个属于自己的“小钱包”，自己的“钱”就放在里面。这些“钱”可是孩子们游戏的成本，他们格外地珍惜。分区活动时间有很多“消费”的项目，如果哪个孩子没“钱”了，就不能参加了，不过他们可以向其他孩子“借钱”，还可以选择“贷款”。这里就像一个小社会一样，孩子们的行为不仅是一种数学学习、语言沟通学习，还包含一种经济的学习。当然，这些“钱”都是一种“假币”，只用于这个班级小社会的流通。

不仅如此，陈老师说，他们还一同协商解决了“打人”现象。怪不得我们从未见过这个班级出现任何争执现象呢。还有一次，A班一名被老师认为调皮的孩子来到B班串班游戏。他以为B班的孩子拿了自己玩具汽车的遥控器，正打算抢回来，没想到B班那个孩子并没有因此着急生气，而是很耐心地帮他找回了自己的遥控器，这样，两个孩子竟然玩到了一起。一场争执被B班这个孩子无声无息地化解了，让人不由得佩服这个孩子的社交能力。陈老师的讲述，让人感觉B班幼儿的成长是他们整个班集体的功劳。

陈老师常常说是孩子让她成长了，她很想把这种成长分享给其他老师，幼儿园也给了她这样的平台。她时常有机会将自己在班级里与孩子们在一起的体会、心得带出去，有时候是面对幼儿园内的新教师，有时候是面对其他幼儿园的一线教师。她希望其他老师也能感受到自己的幸福，希望其他老师都能够在与孩子们的相处中成长起来。

刘 陈老师或许就是我们想要找的有准备的教师，她很享受与孩子们在一起的时刻，每当发现了班级里需要解决的问题时，她不会一个人去承担，而是和大家（孩子们）一起解决。她相信孩子们的能力，认为孩子们可以做很多自己想不到的事情。她认为孩子们的学习能力正是在一个个问题被解决时获得的。她认为成长不只是属于孩子们的，也是属于自己的。因此，她不把自己当作权威，而是当作与孩子一起成长的陪伴者。在这个班级中，她与孩子们是相互依赖的一家人，不仅孩子们依赖她，她也依赖着孩子们。当孩子们时刻感受到自己被教师所需要时，就会慢慢地培养起一种责任感。

霍 在比较了两个案例后我们发现了什么？“有准备的”意味着什么？或许这种准备不是教师心目中固定不变的计划，不是教师传统意义上的备课，而是不断地去了解自己班级的每一个孩子，了解他们的年龄特征、个性特征以及文化背景。发展适宜性教育实践也告诉我们，教育要符合孩子的年龄、个性以及文化特征。有准备的教师或许正在做着一件事情，那就是我们曾听说过的“为理解而教”。

☆ 儿童的幸福成长需要有准备的教师

共同成长

刘 老师们希望儿童幸福成长，并以此为目标，预设出一系列他们幸福成长所需要的品质，如有责任感、懂得感恩、敢于探索、有创造力等。一般来说，老师们希望自己的教育是向着这个方向努力的。或者说，有准备的教师是这样来要求自己的。

孙 但有些时候，有些老师总是会将目标想象成一种理想，总是认为理想跟现实之间有差距是理所当然的，因此会把目标束之高阁，容忍行为与目标相违背。

霍 事实上，这样的教师还是没有做好准备，不是有准备的教师。我曾经与这样的教师交谈过，发现他们有很多困惑。他们深受行为主义的影响，不太相信当前一些新的理论，将当前的很多观念说成是理想化的事物，觉得自己是很难做到的。

刘 之前看到的案例中，李老师没成为有准备的教师，很大一部分原因就是她深陷当下的状态，对自己的教育行为没有信心；同时，她还没有转变自己对儿童的看法，旧的儿童观一直在束缚着她的思想，影响着她对儿童的态度与行为，让她很难从与儿童的互动中收获成长与幸福。教师自身感受不到成就感和幸福感，就会进一步加重他们想要约束儿童的想法。

霍 儿童在一种受束缚的环境下，可能会有两种结果：第一，服从约束，就是我们见到的“乖孩子”，老师说的话就是金科玉律，以教师为权威，甚至奉承教师；第二，反抗约束，就是我们所见到的“难以管束”的孩子，不愿意听从教师的指令，挑战教师的权威，甚至被班级孤立，从而形成消极的自我意识。这种状态下的教师也会出现“偏心”的现象，他们会认为顺从的孩子比较省心，而不顺从的孩子则会加重他们烦躁的心情。这种师幼关系导致了整个班级的不良氛围，让幸福成长真的只是一种理想，或者说只是一种梦想——教师和儿童共同的梦想。

刘 每每进入这样的班级，看到有孩子被教师认为是“不可救药”的儿童时，我都这样告诉老师：这些孩子本身没有问题，只是不肯服从班级“规则”，坚持我行我素，经常与班级其他儿童产生冲突。面对这样的孩子，教师绝不能袖手旁观或放任自流，或简单归结为是家庭教育的原因。

霍 虽然家庭教育确实也是导致儿童“不良”行为的原因之一，但是幼儿阶段的儿童可塑性是极强的，教师不应该将其视为“无可救药”。作为一名教师，要“有所为”。

刘 我曾亲眼见证一个孩子被教师认为是“无可救药”的儿童，他从不参加任何集体活动，自由散漫，对抗老师。家长为其换了一所幼儿园，换了老师。起初，孩子依旧保持自己原来那种状态，但是这位教师在耐心的跟随下，终于发现了改变孩子的突破口，那就是“从来没人说过他也是好孩子”。因为不肯服从教师的指令，他被教师认为是“坏孩子”，同伴也在教师的影响下将其视为“坏孩子”，甚至他自己的父母也会认为他就是“坏孩子”。

霍 鲁迅都曾说过“众口铄金，积毁销骨”，舆论的威力连一个成人都无法抵抗，何况是还未完全形成自我意识的儿童。我们都知道，儿童的自我意识是建立在他人评价之上的，消极的评价自然会让孩子自己也相信自己就是“坏孩子”。既然是“坏孩子”，就要做“坏孩子”应该做的事，这就是孩子对自己行为的解释。他认为所有人都在预期着自己不良的行为表现，自己又怎能让他人失望呢？要改变儿童不良的行为表现，首先教师要相信孩子可以改变。信任的力量是无法估量的。

刘 上面提到的那个孩子遇到了一位信任他的教师，就“变”成了好孩子。以前成人都以为这孩子不太在意别人的批评，现在才发现他是非常在意的。有一次书法课上，他忘带本子了，周围的朋友说了几句，他就趴在桌子上哭起来。

霍 孩子都有着极强的自尊心，都渴望得到老师和同伴的尊重。不受尊重的儿童很难形成积极的自我意识，幸福成长更无从谈起。从上面的分析中，我们感受到儿童的幸福成长需要遇到那个能够赏识自己的“伯乐”型教师——有准备的教师。

刘 是的，有准备的教师是能够真正关注到儿童内心需求的人，而不是敷衍式的夸奖者。比如有些教师总会向着全班的孩子竖起大拇指说：“你真棒！”起初孩子会开心地认为老师在认可自己，时间久了，可能会出现不同的结果：一种可能是孩子认为理所应当会被成人表扬，做什么事都要得到成人的表扬才去做，如果自己的行为得不到成人认可，就会失望不满，甚至做出一些破坏性行为以引起成人的关注；另一种可能是孩子将这种表扬看成一种敷衍，不相信成人真的关心自己，做事懒散，没有动力；或许还有很多其他的结果。

霍 很多老师会说，班上那么多孩子，三十几个甚至四十个，如果个个都需要老师花时间去关注，那么自己真的是分身乏术了。老师可能还会说，一日活动的时间表排得满满的，抽出时间去关注每个孩子，简直是天方夜谭。

刘 这就是老师们还未真正成为有准备的教师时的疑虑。他们还不清楚自己要准备什么，因为自己每天都在准备着，教案每天都会写，计划每天都会做，环境每天都会布置，还要应对家长工作。忙碌使他们无法顾及自己的工作重点，班级琐碎的事时刻困扰着他们，他们实在很难抽出精力再去思考其他问题了。我们真的只能用“累、烦、苦”来形容这些老师了，我们也时常会听到这些老师抱怨工作压力大、生活不如意。我们真的很难将这些老师与幸福成长联系到一起。如果幸福是一种氛围，幸福可以传递，那么他们无法为孩子们制造这种氛围，也无法向孩子们传递幸福。只有那些愿意成为“有准备的教师”的教育者们可以做到为孩子的幸福成长创设平台。

霍 有准备的教师是孩子们成长的导师，他们不是知识的传递者，而是支持者、合作者、陪伴者……在孩子那里，他们拥有多元的角色，但他们不是警察，不是全能的资源库。有准备的教师是敏感的，是善于观察、善于反思的，他们会细致地从孩子们的生活中挖掘教育资源。有准备的教师是谦逊的，他们愿意向孩子学习，耐心地倾听孩子们的办法。有准备的教师不会将自己的工作视为一种压力，而是将其视为一种享受。有准备的教师不认为自己是无私的付出者，他们认为自己是收获者。他们与孩子们一样，需要从课程中收获幸福与成长。有准备的教师是“为理解而教”的导师，“对症下药”是其准则，因此，他们相信自己所见到的孩子的真实表现，而不会轻易相信别人提供的所谓的“证据”。这样说来，有准备的教师会时刻保持一种淡然的、幸福的状态，时刻与孩子们一起说笑。有准备的教师就是用这种淡然与幸福来影响孩子们，让他们体会到幸福是什么。

刘 其实，作为一线教育工作者，我们都希望自己是有准备的教师，我们都希望尽快摆脱令自己“烦恼”的困境。我相信教师只要愿意，就一定能做到。只要教师愿意改变自己，愿意相信自己可以改变，那么你就离“有准备的教师”不远了。有准备的教师不是教师成长的结果，而是教师成长的一种过程。

我见过这样一些老师，当他们愿意放下自己心中一些固有的理念，去接受新理念的熏陶，愿意去尝试新的做法，愿意用新的态度来对待孩子时，他们就不一样了。他们在这个过程中，尝到了成为有准备的教师的甜头，就像之前案例中的陈老师一样。当她愿意与孩子们一起成长时，她就将自己的压力与孩子们一起分担了。孩子们不再是教师的累赘，而是教师的帮手，是帮助教师寻找幸福的人。那些尝试做有准备的教师的人总是发现，孩子和自己想象的不一样，他们都是敏锐的观察者，他们也很清楚老师需要什么。所以，这些教师常常说不清楚自己是孩子幸福成长的支架，还是孩子们是他们幸福成长的支架。

霍 总之，幸福应该是彼此的，没有幸福的教师就很难培养幸福的儿童，没有儿童的幸福也谈不上教师的幸福。只要我们愿意成为有准备的教师，愿意相信儿童幸福成长不是一个梦，而是可以实现的目标，幸福成长就会随时出现在我们的生活中。

二、怎样做有准备的教师

刘 不管是为了孩子们的幸福成长，还是为了自己的幸福成长，作为教育者，我们都期待自己能成为有准备的教师。但有时候可能不知道怎么做。

霍 我认为有效的教师就是有准备的教师，“他们有目的地准备学习环境的方方面面。他们最先创设的是情感氛围，然后他们细心挑选设备和材料，并把它们放在孩子们会注意到并且可以自由使用的地方。在设计一日或一周计划时，有准备的教师要选择具体的学习活动、教材和环境并决定运用的时间。教师还要选择什么时候学习某一内容领域，决定这个领域花多少时间以及如何整合这一领域的内容。教师的所有决定和行为奠定了教学的基础”[1]。

刘 从中我们可以简单了解到有准备的教师都在准备什么，为什么说有效的教师就是有准备的教师。“做有准备的教师”，要做好活动之外的准备和活动中的准备。

☆ 活动之外的准备

形式多样的学习活动

霍 对于有准备的教师而言，主要的功夫不在于活动之内，而在于活动之外。对于他们而言，活动的主体是儿童本身，自己只是儿童成长的支架，要支持儿童的成长，却不能替代儿童的成长。创设儿童幸福成长的平台，这种创设就是一种准备，这种准备是教师发挥自己价值的关

[1] 爱泼斯坦．有准备的教师：为幼儿学习选择最佳策略[M]．李敏谊，等，译．北京：教育科学出版社，2012：7.

键。活动之外的准备具体包含哪些方面呢？具体来讲，教师应从以下几个方面入手。

第一，适宜性课程方案的设计。

发展适宜性教育实践指出，适宜的教育方案要符合儿童的年龄特征、个性特征以及文化背景。每一个儿童都有其特定的文化背景以及个性特征，所以说适宜性的教育方案应该是因人而异的。也就是说，每个孩子都需要有属于自己的个性化的课程方案。

刘 我曾经听一位移民美国的朋友说起自己孩子初到美国的一段经历，也许可以为大家提供理解的素材。朋友说在国内没有专门为孩子补过英语，所以当 5 岁的孩子去到那个陌生的地域时，不仅环境变了，语言还不通，他们都曾为孩子的境遇感到担心。

一到美国那家幼教机构，就有相关的人接待了他们。他们首先向我的朋友及家人了解孩子的情况，不仅是孩子的语言情况，还包括性格、爱好、兴趣等很多方面的情况。因孩子缺乏英语表达能力，他们特意将孩子分到一个可以说中文的老师的班级，此外，还特意安排出一段时间来让孩子学习英语。他们安排得很细致，令朋友及家人感到意外的是，孩子很快就喜欢上了那里，没有出现之前预想的那些不良反应。孩子第一天回来就对家人说，那里的老师和同伴都很喜欢他。听孩子这样说，朋友自己不禁感受到一种说不出的温暖。

霍 可见，这种适宜性课程方案是针对每一个孩子的需要设计的，它让每一个孩子体验到被接纳与被尊重的感觉。它不会因为集体的利益而牺牲个体的发展需要。它是以孩子为主体的课程方案，是从孩子实际情况出发的课程方案，而不是一种固定的模式化的课程计划。这样一份课程方案对于传统教育观念下实施着传统教育方案的教育者们来说是难以想象的。

刘 一般情况下，我们老师设计课程方案，首先需要了解国家的教育目标以及儿童发展的阶段性指标，分解园本课程目标，再根据本班情况制定班级学期课程目标，然后选择课程内容、制定学期课程实施方案或具体活动计划，再细分成月计划、周计划、日计划……有些幼儿园更加简单一些，购买现成的教材，选择其中感觉适合本班级的课程内容，再根据幼儿园整体活动计划安排好班级时间表。这些方案的设计都不是从儿童本身出发的，在具体实施时再进行调整，导致计划是计划，实施是实施，计划是刻板的，实施是随意的。这样的课程方案最终成为一种无用的形式与摆设。

霍 有准备的教师首先要了解孩子的具体情况，包括孩子的年龄特征、个性特征、家庭背景等，同时要了解孩子现有的发展水平以及家庭对孩子发展的期望。课程方案应该是在分析了每个孩子的情况后设计出来的，所有关于孩子的信息都是设计课程方案的重要参考因素，在课程方案设计之初要形成班级儿童特有的档案袋。也就是说，属于每一个孩子的课程目标都是在教师初步分析评估孩子的个体信息后形成的。课程内容的选择也是如此，教师要根据每个孩子的兴趣爱好，在班级中创设可以发挥孩子个性发展需求的活动内容。每一个孩子对于教师来说都是不同的个体，所以课程方案设计出来不是由教师组织的一个个集体活动，而是如何创设体现个性化的班级环境、如何给孩子更多选择的机会、如何让每个孩子都有机会为自己的发展而努力、如何安排时间表能够让教师更加深入地了解孩子等。

孙 发展适宜性实践教育方案为我们提供了很好的课程设计样本，可以让我们更加清晰地理解有准备的教师其课程设计思路。“发展适宜性中的课程设计是一个进行中的周期中的一部分，这个周期存在于教师与儿童在教室中进行的日常互动中。”[1] 有准备的教师一般运用三种知识策略：①有关年龄特点的知识；②有关能力、兴趣和儿童个体需要的知识；③根据

[1] 格斯特维奇．发展适宜性实践：早期教育课程与发展 [M]．霍力岩，等，译．3 版．北京：教育科学出版社，2011：59.

儿童所处的社会和文化背景来设计课程的循环周期。

具体来说，有准备的教师会有如下表现。

①通过观察、定期做笔记和记录的体系来了解儿童个体和集体。

②评定每个孩子达到预定目标和目的的程度，包括那些由其他人如家庭和教育机构决定的目标和目的。

③通过集体观察来了解儿童的兴趣、经验和疑问。

④决定能够使儿童在有意义的活动环境中达到目标和目的的策略、材料和经验。

⑤通过观察发现的结果来评定设计的效果，并从这些观察和评价中获得新信息。

霍 儿童发展指南、各种学习理论、幼儿园教育理念为有准备的教师提供了一种信息资源库，是教师了解孩子的理论基础。教师在这些理论的支持下对孩子进行全面的分析，为促进孩子的发展创设平台、寻找资源。教师不断协调孩子的学习经验与学习目标之间的联系，规划设计自己在课堂实践中可能的行为。

刘 幼儿园教育机构需要为教师的方案设计行为创设平台，如时间上的保障、权利上的保障、资源上的保障等。因此，我认为做有准备的教师除了教师主观愿望与行动外，还需要幼儿园为其创设实践行动与专业发展的平台。

霍 第二，幼儿园环境的创设和材料的投放。

环境的创设与材料的投放是有准备的教师实践其教育价值，支持幼儿幸福成长的重要方式之一，同时也是班级适宜性课程方案付诸实践的第一步。有准备的教师相信环境创设没有最完美的，只有最适宜的；材料投放不一定很丰富，但是要满足孩子的发展需求。环境创设是教师从班级整体规划的角度为幼儿创设适宜其发展的班级环境。

刘 从尊重幼儿个性化发展需求的角度出发，我园教师将班级划分为一个个半封闭式的区域空间，这样就为幼儿提供了更多自主选择及主动学习的机会。当前很多课程方案都采取了这种班级规划模式，比如高宽课程、创造性课程等。以幼儿园创造性课程为例，他们将班级规划为 10 个学习区，将每一个学习区的价值与幼儿发展目标相连接。

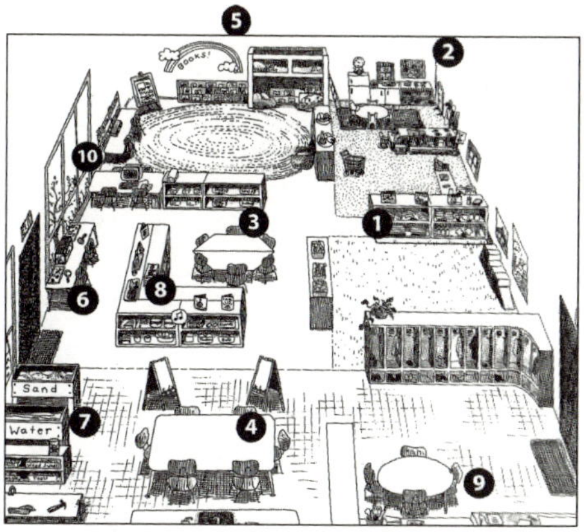

❶积木区　❷戏剧扮演区　❸益智区　❹美劳区　❺图书区
❻发现区　❼沙水区　❽音乐律动区　❾烹饪区　❿电脑区

区域整体设计指南

空间设计准则：

- 路线安排；
- 清楚地划分出需要保护的区域；
- 决定哪些区域需要摆桌子；
- 想一想，哪些活动会受到不同地面材质的影响；
- 将区域设在所需资源的附近；
- 保留光线充足的地方；
- 布置合理，尽可能使你在任何地方都能看到孩子。

创造性课程之学习区的划分及区域设计指南[1]

此外，教师还需要对班级整体环境的成效做出评估。评估的标准是以儿童为主体，比如儿童是否在这样的环境中感到安全、是否有可以独自做事的空间等。教师还需要通过观察儿童的具体表现来对环境进行及时的调整。

[1] 道治，柯克，海洛曼．幼儿园创造性课程：上 [M]．吕素美，译．南京：南京师范大学出版社，2006：76.

评估整体环境的成效

是否传达了所要传达的信息：

- 这是一个值得来的地方；
- 你是这里的一分子；
- 这里是一个你可以信任的地方；
- 当你想独处时，这里有地方可以待着；
- 在这里，你可以独立完成很多事情；
- 这里是一个你可以探索并将想法付诸实践的安全场所。

整体环境创设的评估标准[1]

观察·反思·调整

问题行为	可能的原因	对环境的调整
在教室里奔跑	开放式的空间太多了，没将教室区分出几个较小的空间来，各活动区的划分不是很明确。	用架子和家具对空间进行区分，避免那种可以让幼儿跑来跑去的开放空间。
抢玩具	孩子喜欢的玩具常常都只有一个。	同一种玩具要多准备几个，让幼儿知道何时会轮到他（例如：使用闹钟、沙漏，或将排队等待的孩子姓名列表出来）。
到处闲晃，不知道要做什么	教室太凌乱了，有哪些选择并不明确，没有足够的活动可以让他们选择。	将脏乱的东西丢弃，将教室和材料安排得简单、清爽些，增加更多的活动选择。
容易分心，无法专注在一项工作上，无法坚持把工作完成	各区是开放的，没有将各区域划分出来；幼儿可以看到整个教室中的一举一动；材料使用困难，或是让幼儿觉得很无聊。	用架子将区域隔开来，以减少干扰；将吵闹的区域和安静的区域隔开来；先评估幼儿的技巧，然后选择他们能使用的材料。
老是侵入别人的工作空间	空间有限，再加上路线规划不良，使得幼儿无法尽情舒展。	将幼儿的工作区域划分出来（例如：利用彩色胶带或纸板来界定出积木区，利用托盘和垫子划定玩玩具的地方）；一次只开放几个区域，使每个活动区有大一点的空间。
不正确地使用材料，也不肯收拾	架上的材料乱成一团，材料的陈列没有规则，幼儿不知道要如何适当使用材料。	给每样东西一个特定的位置来安放，利用照片来标明材料放置的位置，持续地教导孩子做好收拾的工作。

整体环境创设的实践评估与调整策略[2]

[1] 道治，柯克，海洛曼．幼儿园创造性课程：上 [M]．吕素美，译．南京：南京师范大学出版社，2006：87–88.
[2] 道治，柯克，海洛曼．幼儿园创造性课程：上 [M]．吕素美，译．南京：南京师范大学出版社，2006：92.

霍 可以说班级规划与设计是教师从宏观层面给儿童创设的一种环境氛围，为儿童的学习与发展奠定了一种情感的基调；而材料投放是教师在微观层面对儿童的学习与发展给予的更加具体的行动支持。材料的投放包含了两层含义：一是教师对材料的选择；二是教师对材料的摆放方式。材料是课程的支架，也是教与学的基础。

孙 材料在一定程度上体现了幼教机构的教育价值取向，决定着儿童生活、学习的可能性与行为方式。贾科佩妮（Giacopini）曾说："材料蕴含丰富的故事并具有内在生命力，只有在与人接触中，这种生命力才能转化为外在语言。留下一定的空间或保持沉默、停顿，并留有呼吸余地，才可以材料进行表达。"[1]也就是说，材料只有在与儿童的互动中，才可以表现出其"内在生命力"。

刘 教师为儿童选择的材料就好比我们精心为儿童选择的礼物，我们希望儿童可以喜欢它们、欣赏它们，并在与这些材料的互动中赋予其想法和激情。为了在这些材料上表现儿童更多的学习行为，教师还会对这些材料的摆放方式进行一番思考。因此，有准备的教师不仅要分析这些材料的组成要素，了解这些材料多样化的操作方式，还需要有意义地摆放这些材料，从而引起儿童的关注和兴趣。我们也希望自己能成为有准备的教师，借助材料的力量实现教育目标。

孙 在《和儿童一起学习：促进反思性教学的课程框架》一书中，作者为我们提供了一些有意义地选择材料的策略[2]：

①根据正确的儿童观选择材料；

②鼓励儿童熟悉材料后探索新的操作方法；

③关注材料的审美特点；

④选择可加工改造的材料；

[1][2] 柯蒂斯，等．和儿童一起学习：促进反思性教学的课程框架 [M]．周欣，等，译 . 北京：教育科学出版社，2011：75–117.

⑤提供真实的工具和优质的材料；

⑥投放材料，扩展儿童的兴趣；

⑦提供复杂和难易程度不同的材料。

刘 在开始谈论有准备的教师如何对材料进行有意义的摆放之前，我们先来分享一个有趣的例子。

案例 3–3

磁铁的不同位置

幼儿探索磁极

磁铁在科学区是很常见的，投放一段时间孩子们就不感兴趣了。陈老师分析了磁铁的特性，认为磁铁还有很多值得探索的内容，于是陈老师决定改变一下磁铁的投放方式。有一天，陈老师将磁铁挂在窗边，并在附近开创了一个小小的探索区，投放了与探索磁铁有关的一些材料，如不同厚度的纸片、铁片、橡胶材料等。果然，新的摆放引起了孩子们极大的兴趣，他们总会时不时地来尝试一番。

孙 从这个教育案例中我们可以看出，有准备的教师总是能让材料重新焕发“生命力”。他们的行为正如《和儿童一起学习：促进反思性教学

的课程框架》中所提及的那样：[1]

①注意材料摆放的整齐和美观；

②提供与材料相关的背景信息；

③使用合适的容器存放材料；

④不同特质的相似材料集中摆放；

⑤关注不同材料的大小、容量以及水平；

⑥了解材料的使用方法；

⑦重新组合材料，激发儿童兴趣；

⑧材料旁边放置图书和其他资料；

⑨利用材料强调某个学习领域。

霍 第三，一日生活流程的安排。

一日生活流程的安排为儿童的学习与发展提供物质和精神条件。一日生活流程在教学实践中通常体现为我们生活或活动安排的“时间表”或“日程表”。

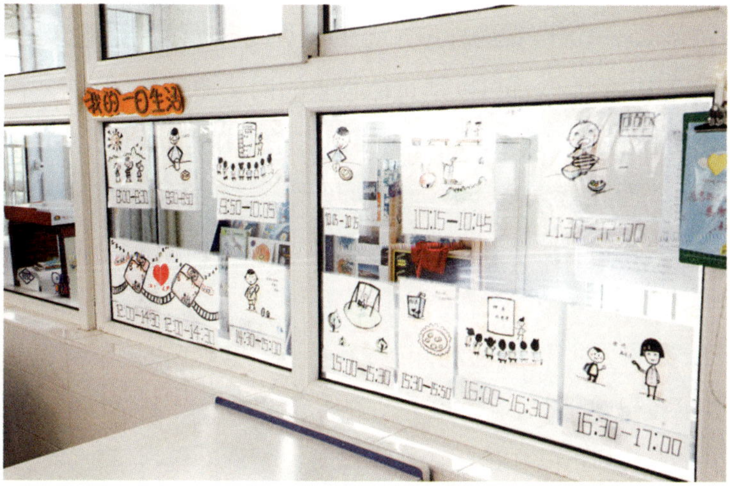

可视化的一日生活流程

[1] 柯蒂斯，等. 和儿童一起学习：促进反思性教学的课程框架 [M]. 周欣，等，译. 北京：教育科学出版社，2011：75-117.

刘 很多时候，时间流程表就像神奇的魔法棒一样协调着幼儿园的生活秩序，因此，在幼儿园的管理工作中，很重要的一部分内容就是设计一个合理的时间表。如果时间表设计得合理，各项活动就会有条不紊地顺利开展。如果时间表设计出现漏洞，就可能反映在活动进程中，如活动开展中出现混乱局面，这时就需要实践工作者灵活应对、积极补救。

孙 英国拍摄的一部电视纪录片——《超级保姆》(SUPER NANNY)中，每次超级保姆帮助家庭解决孩子教育问题，都是先观察这个家庭的基本情况，然后拿出自己的秘密武器——一份家庭时间表。这份时间表是她特意为每个家庭量身定做的，就是为了建立家庭生活的常规秩序。她们相信，先要保障家庭生活的有序，才能实施具体的教育策略。

刘 在幼儿园的教育实践中也是如此。常规有序是开展其他教育活动的基础和前提。在一日流程的设计中，有经验的教师会发现，它总是与班级物质环境、人员的角色分工等交错融合在一起，因为时空虽然是我们生活中的两个维度，但它们确实是很难分割的体系。

霍 每当我们想要帮助教师提升课程质量时，我们首先关注的就是班级的日程表以及一日常规进程中儿童的表现与教师角色体现及分工情况。很多班级实践中的问题都可以通过流程表的调整加以改善。

刘 一日常规流程真的特别重要，它的安排也体现着教师的儿童观与教育观。下面我就以我园教师在幼儿园一日生活中的实践经验为例加以说明。

（1）晨间入园环节

来园是幼儿园一日生活的开始，也是幼儿园与家庭良好衔接的第一步，教师能够通过观察了解每位幼儿的特质以及身体和情绪状况。在这一环节，小班的教师可以在班级门口用微笑、拥抱迎接孩子，一位教师可以与家长简短交流，另一位教师可以指引孩子放书包、喝水等；在早锻炼时间，主班与配班教师需要提前到达锻炼场地，迎接孩子。

中班、大班教师首先可以做好全面、充分的环境准备，包括人员的准备和材料的准备。教师、保育员都各自到岗，教师在晨练场地上迎候幼儿，保育员在教室里进行通风换气、餐前消毒等工作。晨练场地上准备好了体育活动器材。其次，教师要帮助幼儿实施来园内容，如整齐地放置书包、轮值幼儿履行小公关职责等。此外，还需要有很多其他周到细致的设计，如防止失误的喂药委托书、细心服务的安全指引员、多功能的户外活动指引牌等。

（2）晨间锻炼环节

晨间锻炼是一日体育活动的重要形式之一，对幼儿而言，能够激发和恢复其肌体机能，起到唤醒作用；对教师而言，能为幼儿参与体育活动提供支持与指导。

在这一环节，对小班教师来说，来园时，保育教师要准备好三种以上的玩具；锻炼时，一位教师负责指导孩子，一位教师负责迎接孩子，指引孩子放好书包；结束回班时，主班教师组织排队，配班教师提醒孩子们拿好书包等物品并照顾后面的孩子。回到班上后，主班教师提醒孩子拿出家园联系本，挂好脱下的衣服，配班教师指导孩子们换、晒衣服，保育教师提醒幼儿洗手方法，并检查洗手情况。

对中班、大班教师来说，首先要合理规划场地，并巧用不同的场地。如要锻炼孩子的手臂，可以利用大型玩具设施或攀爬有高度的墙体及长凳子，还可以巧用跑道组织“推小车”游戏；要锻炼孩子的跳跃能力可以巧用跑道、巧用较矮的台阶；要锻炼孩子走、跑、爬、跳综合能力，可以巧用不平的大积木块，巧用班级走廊或幼儿园大厅，配合大的软的各种形状的垫子。其次，教师要积极参与到活动中去，一方面能调动孩子的积极性与主动性，另一方面可以发现幼儿的创新玩法。此外，还需要教师间的默契配合（主班教师重点指导，配班教师全面指导）。

（3）进餐环节

进餐环节可以帮助幼儿获得均衡营养，满足其生长发育的需要；可以培养孩子良好的进餐、生活、卫生习惯；可以使孩子情绪愉快，享受集体用餐的氛围；还可以帮助孩子初步了解一些食物的营养知识。在餐前，主班教师负责营造轻松愉快的进餐氛围，合理组织孩子进餐，减少等待；配班教师组织孩子有序盥洗，保持清洁卫生；保育教师做好餐前准备，让孩子可以自我服务。在进餐中，主班教师留意孩子的进餐姿势，帮助孩子养成文明进餐的习惯；配班教师引导孩子细嚼慢咽、独立进餐；保育教师鼓励孩子表达需求，愉快进餐。在餐后，主班教师重点是引导孩子自我服务，养成良好的习惯；配班教师组织一些自选的活动，保持轻松愉快的氛围；保育教师组织值日生为集体服务，保持清洁卫生。此外，被重点关注的幼儿[1]可以开始计划自己分区活动时的内容了。

（4）分区活动环节

分区活动中，幼儿可与活动材料和同伴等积极互动，获得个性化的学习与发展；幼儿还可以自由、自主、个别化地进行学习。

喂“宝宝”吃药

[1] 为了保证区域学习活动中每个幼儿每周至少被教师关注一次，教师有固定的每日重点关注幼儿的名单。

这一环节教师可以做三件事。第一是观察。一方面，可以进行群体性的全面观察，了解幼儿对区域的选择情况及区域使用频率，幼儿遵守活动秩序规则的情况，以及区域设置是否能满足幼儿通畅地流动。另一方面，可以进行个体性的重点观察，了解个体幼儿的个性特点、兴趣表现、各学习领域的发展水平以及发展水平与区域材料的匹配情况等。第二是记录。教师发现需要了解的人或事，要用摄影、录像或文字的方式及时将其记录下来，留下第一手资料。第三是适时介入指导。介入方法包括暗示指导、角色参与或直接介入等。

（5）户外活动环节

对幼儿而言，户外活动可以促进其动作、身体机能的发展，使其增强适应能力和自我保护能力，养成运动的习惯，体验愉悦的情绪。对教师而言，户外活动可以使其充分了解幼儿的动作发展水平，充分利用户外场地设施和器械，准备好运动环境，组织多样有趣的体育运动，培养幼儿坚强的意志品质，实施相应的安全教育。

这一环节，在活动前，教师需要做好场地器械、计划等方面的准备，并观察、提醒幼儿做好盥洗、着装、喝水等方面的准备。在活动中，教师可以带领幼儿实施一些有组织的活动，如热身运动、基本活动、放松等，还可以允许幼儿开展一些自由活动，这时教师可以承担巡视、观察、帮助、指导等方面的职责。幼儿可以在规定范围内选择活动、器械（场地）等。在活动后，教师需要整理器械、清点人数、整队回班。

（6）小组活动环节

对于幼儿而言，小组活动的价值在于：幼儿可以依照兴趣，自由选择学习内容和同伴；可以学习建构共同目标，并尝试用分工合作的方法解决问题；可以为幼儿提供更充分、深入地与教师和同伴沟通、交流、合作、分享的机会，丰富学习经验，更好地理解自己和他人；更容易让幼儿积极主动地操作材料，并按照自己的速度和方式参与活动；还可以让幼儿在体验合作的过程中获得快乐和成就感。

对于教师而言，小组活动的价值在于：有利于教师观察幼儿的个体差异，了解每个幼儿的发展状况，进而采取适宜的方式进行个别化支持。

小组活动的流程一般是：共同讨论，形成任务；分工合作；总结活动。

组织小组活动的策略包括：制定清晰的活动目标，提前准备好活动材料；提供可调动多种感官进行探索和解决问题的材料和工具；观察和了解幼儿解决问题和完成任务的经验和方法，当幼儿有困难时针对其能力调整任务难度；鼓励幼儿与同伴相互学习、交流与合作；让幼儿自己把握活动的进程，独立完成任务。

促进小组活动的策略大致包括：引导幼儿分工；关注小组成员的差异性和互补性；让幼儿运用图画记录学习过程。小组活动中教师可以为幼儿创设分工、互动、合作、自主操作的机会；成为小组学习的一员；尊重幼儿的选择，接纳幼儿的各种想法；促进幼儿之间的交流与合作。

（7）回顾整理环节

回顾整理环节可以培养幼儿做事情有计划，养成其按计划实施并及时进行回顾的学习习惯；鼓励幼儿用适当的方式表达，提升经验，相互学习，激发群体分享；激发幼儿对后续活动的展望，有利于形成下一步的新计划。

在回顾整理环节，教师首先需要通过有目的的观察，了解幼儿计划与落实情况，收集幼儿在活动中的真实状况；其次，教师要组织幼儿展开分享与交流，如介绍活动过程、展示作品等；最后，教师要提供情感等方面的支持，激发幼儿的思考，提升幼儿的经验。

霍 在幼儿园一日生活安排中，教师要尽量为幼儿安排较大块的学习时间，并保证户外活动的时间；尽量减少环节之间的消极等待，并注意动静交替。在活动中既要有成人发起的活动，也要有幼儿发起的活动，并且不要让所有的幼儿同时移动进入下一个环节，如同时去洗手，还要保证幼儿有退出集体活动的权利。此外，成人要负责不同的事情，互相配合，并保证教室里提供的材料是丰富而有趣的。

刘 是的。这些都是发展适宜性实践所倡导的重要原则，老师们都能遵照这些要求进行一日活动的组织与实施。

霍 第四，预设教师可能的行动策略。

发展适宜性学前教室中儿童是学习的主体，教师不能够随意干涉儿童的学习行为。有准备的教师总会在反思中预设自己在课堂中可能的表现，因为实现儿童发展的目标，不仅需要儿童与环境材料之间的互动，也需要儿童与教师等成人教育者之间的互动。教师需要判断用以实现教育目标的学习内容，哪些是通过儿童与环境材料互动实现的，哪些是通过儿童与教师互动实现的。此外，教师还需要不断地协调儿童的学习经验与学习目标之间的关系。因此，提前预设教师可能的指导行为也是有准备的教师在课堂之外的重要工作内容。

刘 预设行为的第一步是分析儿童发展与学习领域的目标，选择实现目标的学习内容。对于需要儿童自主实现的部分，预设教师可能准备的环境与材料；对于需要教师指导实现的部分，则预设教师可能采取的行为策略。

霍 第五，联络家长资源。

家庭既是儿童课程中的一部分，也是儿童课程的后备资源。有准备的教师总会想办法将家长资源运用到儿童的课程实践中。下面给出一些简单的互动策略，帮助大家理解有准备的教师如何与家庭保持联系并运用家庭资源。

①和家长交流课程在儿童发展中的作用及家庭可能的教育行为。

②提供在家庭中如何拓展儿童学习的有关知识。

③组织家庭一起参加班级的探究活动。

刘 此外，有准备的教师会在班级文化创设中体现对每个家庭独特背景的尊重，还会保证儿童与家庭成员之间的联系，会接纳、欢迎每个家庭成为班级的成员。我们观察到，有准备的教师从不将家园共育当作教师个人的责任，他们会尊重每个家庭在班级中的独特地位，并想办法调动每个家庭参与班级活动的积极性。

☆ 活动之中的准备

霍 如果教师能从以上几个方面来提升自己，相信他一定会成为有准备的教师，成为非常有效的教师。有了活动之外的准备，并不是说活动之中的准备就不重要了。活动之中的准备与活动之外的准备相辅相成，是一个交替循环的过程，缺一不可。教师是课程进程中的一部分，儿童的成长时刻都需要教师的支持。在课程进程中教师仍旧需要做好准备，需要发挥自己的教育价值。

刘 是的，有准备的教师非常注重活动中的各项准备。具体来讲，活动之中的准备包含了以下四个方面。

第一，观察、记录并评估儿童的表现。

评估儿童的发展是有准备的教师将课程主体的权利赋予儿童的关键策略之一，因为评估是教师理解儿童发展的外在表现形式。有准备的教师对儿童发展的评估建立在对观察、记录资料的分析之上。没有系统的观察、记录与分析，谈不上理解儿童的发展。因此，有准备的教师需要在班级实践中获得观察与记录儿童课堂表现的机会，这是评估儿童发展的前提。当前很多评估儿童发展的工具，几乎都是建立在班级教师对儿童观察与记录资料的分析之上的。

孙 发展适宜性实践方案为我们提供了教师有机会观察与记录儿童课堂表现的教室管理方法[1]，可以供我们参考。

①让儿童得到他们自己的材料并发起他们自己的活动，把教师解放出来，他们就可以在房间里来回观察并与各个兴趣区的儿童交流互动。

[1] 格斯特维奇．发展适宜性实践：早期教育课程与发展 [M]．霍力岩，等，译．3 版．北京：教育科学出版社，2011：60．

②提供开放式材料供儿童创造、探索和建构，教师不必总是忙于帮助和指导。

③为儿童创设界限分明的工作区域并控制参加各种活动的人数，以避免经常性地卷入纠纷的解决。

④提供所有儿童都能成功操作的材料。

⑤为儿童提供大块时间来进行活动，这样教师就不必过多忙于活动的转换过渡。

⑥有明确的清扫制度和其他儿童承担教室职责的机会，使得教师不必总是忙忙碌碌。

⑦设计一个时间表，让教师与儿童个体、小组和儿童全体进行互动。

刘 其实很多教师不愿意尝试的是对儿童行为的记录。作为幼教实践工作者，大部分教师不喜欢进行文字工作。而做有准备的教师，从事一定的文字书写，并进行基于理论知识的文字分析工作是必要的，因为教师不是单纯的儿童照顾者，而是促进儿童发展的专业教育者。如果只是一般的观察，没有详细的文字记录，是不利于日后客观分析儿童的。

孙 发展适宜性实践建议我们教师在观察记录中可以这样速记[1]：

①把一支笔和一个便签本或档案卡放在兜里，以用于简短记录；

②在每个兴趣区放一个记录板和一支笔，以用于简短记录；

③在记录板上贴上每一个孩子的名字，一有机会就填充内容，这样做的好处是可以保证所有孩子都得到注意；

④拍照，尽管这并不能记下一句话，但可能足以在之后的记录中带起对整个事件的记忆。

[1] 格斯特维奇. 发展适宜性实践：早期教育课程与发展 [M]. 霍力岩，等，译. 3 版. 北京：教育科学出版社，2011：61.

幼儿成长影像记录

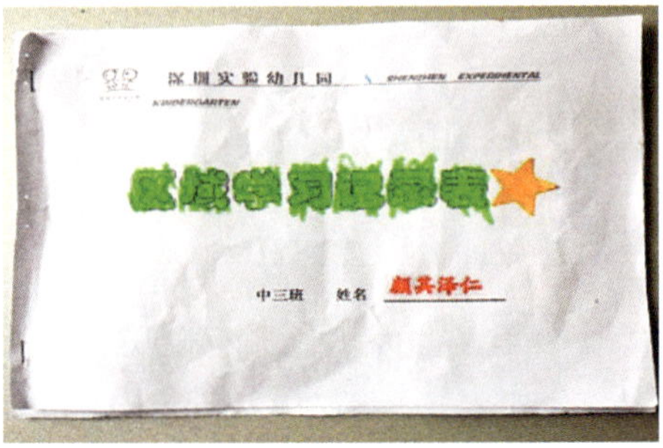

幼儿区域学习观察记录材料

案例 3–4

做有心的观察者[1]

片段一：分区活动期间，一位年轻教师拿着照相机将孩子的表现拍摄下来，这是孩子成长档案中的重要资料。

片段二：一个家长细心地观察、记录孩子的表现，还不时用笔记录下来，这是家长学习的重要资料。

片段三：班级的一角，一位老师和一名孩子正在交谈，或许只是谈谈心，或许是了解一下孩子对某样事物的想法，孩子需要这样与老师亲密接触。

片段四：保育老师在离园前仔细观察着每个孩子的离园准备活动，她想了解一下孩子在生活自理上的成长情况。

片段五：保健医生将上次儿童医院心理学博士发放的幼儿行为调查问卷收齐，并将博士给的回馈发给相应的家长，该博士每年都会来幼儿园进行心理筛查，并跟进访谈、观察，最后将结果邮寄给家长。

[1] 本案例由深圳实验幼儿园郑春娟老师提供。

案例 3–5

幼儿个案观察记录[1]

观察主题	果果的交往	
观察目的	培养果果的交往能力	
幼儿基本信息	幼儿数：1	性别：男
	年龄：5.5	其他：家教偏放任型
第一次观察		
观察日期	观察开始时间	观察结束时间
2010年9月6日	上午10:10	上午10:20
观察记录		

班里一位小朋友叫朵朵，带来了一个熊宝宝玩具，从户外回来后，她从书包里拿出来，立刻有四个小朋友围了上去。

果果先在旁边看了一下，说："这有什么好玩儿的，不就是一个熊吗？"他说完，仍然站在那里。

四个小朋友轮流在那里玩小熊，大米抱着熊在亲。

果果对大米说："大米，我也要玩。"他边说边抓住大米的衣服，抢过大米手里的小熊，大米使劲抓住熊不放，果果使劲拉，突然，刺啦一声，小熊被拉断了。

朵朵立刻大哭起来："你赔我的小熊！"

果果一边晃着手里的半截小熊，一边笑着说："哈哈哈，小熊成了没头熊啦！"

周围正在玩的小朋友都瞪着眼看着他。

[1] 本案例由深圳实验幼儿园郑春娟老师提供。

续表

观察反思
果果是上学期来我们班的插班生，黑黑的皮肤，圆溜溜的眼睛。他很调皮，具有较强的攻击性；他的性格比较孤僻、任性，又缺乏交往技能，所以和同伴相处并不融洽。通过一个学期的教育、训练和学习，他的进步也很大。虽然在幼儿园里，他的表现还是非常“突出”：不是咬人，就是打人；不是到处乱跑，就是爬上爬下；抢东西吃、推人、抢玩具……但他也有优点：有时爱劳动，自我服务的能力也较强；有时乐意为小朋友做事；在集体英语活动中，他虽然不停捣乱，但是表现较为大方自信，能积极举手，发表自己的见解。 今天的这个事件是果果在日常生活中最正常不过的举动，每天有若干个类似的事件积累着，让他周围的同伴对他敬而远之，不愿意和他做朋友，也不愿和他做玩伴。我针对这些情况，采取了以下措施，以期促成他的改变。 第一，组织小组活动并特邀果果参加。“熊熊哭了”这一活动是根据果果和小朋友发生的以上冲突自编的，通过熊宝宝的口述，告诉大家：果果也是我们大三班的小朋友，他很爱大家，非常愿意和你们玩，他心里在下决心以后不再欺负小朋友了。以此教育果果：平时要有礼貌，要和朋友玩，那么大家都愿意和你做朋友的。 第二，个别谈话。让果果说出被大家冷落的感受，促进他反思自己的行为。 第三，与家长沟通此事，鼓励家长利用周末和节假日，多带果果参加小组活动，在同伴中对他进行实时指导。

刘 一天结束后，教师将收集的关于儿童的大量笔记进行整理，放进提前做好日期及儿童基本信息的档案夹中，并在适当的时间对这些信息进行详细的补充整理。教师还需要不时地翻看这些资料，便于分析儿童的现状，并用于判断课堂实践的决策。

霍 有了观察与记录的第一手资料，教师就可以对儿童的发展实施评估了。评估的方式很多，现在也有一些用于幼儿教育的评估手册。2012年教育部印发了《3—6岁儿童学习与发展指南》，明确提出了不同年龄阶段儿童的发展指标，教师可以将其作为评估儿童发展的参考素材。此外，教师可以使用一些教室环境评量表，评估教师提供的环境材料是否适宜儿童发展的需求，还可以使用高宽课程的儿童观察记录（COR）或质量评估体系（PQA）等。总之，评估的目的在于帮助教师更好地设计适宜儿童发展需求的课程方案，帮助教师真正成为有准备的教师。

刘 第二，根据儿童的兴趣与长处采取行动。

儿童是行动者，他们很少反思自己的行为，也很少主动与教师交流他们的兴趣与长处，但是他们会在自己感兴趣的活动中更加投入，会在自己擅长的活动中更有信心。因此，有准备的教师会在儿童的活动中仔细观察，以发现儿童的兴趣与长处，并以此为依据采取适宜儿童的教育行动。

首先，跟随儿童的兴趣进行对话，拓展儿童的经验。跟随儿童兴趣与儿童展开的谈话主要聚焦于儿童当前的行为和兴趣上，并逐步丰富。这不同于教师与儿童随意展开的谈话，因为随意展开的谈话可能会打断儿童当前的兴趣与行为，或者改变儿童当前的兴趣与行为。教师可以把自己所看到的现象讲给儿童听，并向儿童描述当前无法看或儿童见过却无法用语言描述的材料的性质与特征，这样将有利于拓展儿童的探究活动，并鼓励儿童展开新的思考。

其次，根据儿童的长处采取行动。当我们总是依据儿童不能做到的行为而采取行动时，我们其实在验证一种假设：儿童是没有能力的，儿童是容易犯错误的，儿童需要成人去帮助他们纠正自己的错误，儿童的成长是在错误纠正中进行的。这体现了教师对儿童能力的不信任，因此，教师很难将学习的主动权交给儿童。

霍 美国教育家凯兹（L. G. Katz）认为，不相信儿童的能力、贬低儿童能力的成人，总是想办法限制儿童的行为，为儿童提供不利于儿童心智发展的活动材料。比如让儿童玩一些颜色鲜艳的卡通玩具，理由是儿童的注意力是不受自己控制的，必须通过玩具自身的特点来吸引儿童的注意力。他们不相信儿童能够努力去实现自我控制。凯兹建议成人为儿童提供一些真实的材料，让儿童尝试参与成人世界的活动。[1]

成人世界的真实物品是角色扮演区更好的学习材料

[1] 凯兹．与幼儿教师对话：迈向专业成长之路 [M]．廖凤瑞，译．南京：南京师范大学出版社，2004：146–148.

刘 在我们幼儿园，大班的陈老师认为儿童已经具备了抽象的空间想象能力，因此她很少在班级的建构区提供成品模型以及儿童可以模仿的图画。因为班级空间的限制，她将建构活动搬到了桌面上，提供很多可供选择的搭建材料。在班级实践中，她发现孩子们的搭建能力远远超乎自己的想象。她说："我们不能用我们自己的经验去限制儿童的行为，而要根据儿童的长处，尽可能为他们提供环境和材料。"

霍 有准备的教师相信儿童能够通过自主学习获得成长，他们总会依据儿童的长处采取行动。陈老师就是一位有准备的教师。

刘 第三，与儿童一起投入学习的过程。

如何与儿童进行有效互动，离不开一个关键秘诀，那就是教师以真实的自我投入到与孩子一起的学习中。这一点是有准备的教师最核心最关键的行为准则。如果在课堂中你心不在焉，你不能融入孩子们的学习中，那么再多的策略对于你来说也是无效的，你也就无法真正成为有准备的教师。

零距离贴近孩子

一行禅师曾经说过："保持真实自我的诀窍是回归自我，这样才可以看到孩子惊人的表现，才能看到儿童的微笑并愿意把他揽入怀中。"[1] 也就是说，有准备的教师不仅要组织儿童完成指向课程目标的典型活动，不断提高儿童的兴趣，丰富儿童的知识，同时还要提高自己的教学热情，抛开成见回归自我，这样才能真正看到儿童的成长并体验工作的快乐。

霍 有准备的教师应该支持儿童的学习，而不是让儿童按照教师的方式做事，也就是说，既要向儿童提出挑战，希望他们表现出自己的最佳能力水平，又不能让他们感到失望沮丧。维果斯基称之为"最近发展区"——在儿童现有水平和在成人或同伴支持下可能达到的水平之间的区域。这种成人或同伴的支持就叫作"支架"。[2] 有准备的教师是儿童幸福成长的支架，引导儿童理解学习、学会学习是"支架"的重要方面。

孙 通常我们教师对学习的理解与态度总会影响儿童对学习的看法。根据维果斯基的观点，儿童需要我们的引导，因此，教师需要对学习有一个合理的理解。很多时候，教师不大清楚学习是什么，甚至有可能会将"知识的识记、技能的训练"误当作学习本身，原因可能是我们自己曾经的老师就是这样看待学习的，他们对学习的理解同样影响了我们，并可能将这种思想灌输给了我们。

刘 现在很多成人甚至一些幼儿教师对学习也有不好的看法，感觉学习是一件痛苦的事情，因此，他们不希望自己还要继续学习。如果我们将这种对学习的理解传递给了儿童，儿童就很难对学习产生兴趣，很难体验学习带给他们的成长了。

霍 事实上，很多成人正在将自己童年对学习带有偏见的理解带给儿

[1] 柯蒂斯，等．和儿童一起学习：促进反思性教学的课程框架 [M]．周欣，等，译．北京：教育科学出版社，2011：86．

[2] Berk, et al. Scaffolding Children's Learning: Vygotsky and Early Education[M]. Washington, D.C.:National Association for the Education of Young Children, 1995：89.

童。比如在儿童很小的时候就强迫他们背诵唐诗、学习数学运算，强迫儿童去看书、写字，而成人自己则看电视或进行其他娱乐活动。这些做法就是在告诉儿童，学习是一件痛苦的任务，它不同于游戏；学习是儿童自己的任务，成人不必陪同。当前我们提出了素质教育，希望儿童的学习是一种可以带给他全面发展与个性发展的行为。因此，学习的真正含义不同于我们在童年时期的理解，作为成人，作为有准备的教师，我们合理地理解学习，是引导儿童幸福成长的关键。

刘 学习不是一种外在的行动，而是一种内在心智改变的过程，因此，不管你做什么或许都是一种学习，关键是你需要思考并反思自身的行为。在课堂实践中，有准备的教师会将各种学习理论整合到与儿童的互动中，帮助儿童理解自己的学习过程。

孙 幼儿阶段的学习多是一种体验式的学习、活动中的学习。正如前面所提到的，他们很少反思自己的行为，不清楚自己学到了什么或者自己使用的学习方式。或许儿童正在使用某种学习策略，但是他们却无法概括出来。教师的作用不仅在于帮助儿童理解自己的学习，还在于引导儿童理解并使用某种学习策略。

比如，幼儿正在科学区探索一份新的材料：一个漏斗和点燃的蜡烛。幼儿尝试怎样可以更快地将蜡烛吹灭。教师建议可以用秒表计时，鼓励儿童将秒表上的时间记录下来，并将自己的行为用图画的方式画下来，最后再来比较怎样的方式使用了最少的时间。此外，教师还鼓励幼儿将自己的尝试分享给同伴听。

这一过程中，教师引导幼儿使用秒表、记录纸等工具记录时间信息，并对其进行分析，以验证幼儿可能的假设。之后，在与同伴分享中幼儿用语言表达出自己的行动。这是儿童对自己行为过程的一种反思与提炼，对于大班幼儿来说是一种重要的思维能力。整个过程教师将科学探索的程序融入幼儿自发的探究活动中，支持幼儿进行了更加有效的学习。

教师引导学生仔细观察

霍 教师除了引导儿童借助一些工具外，还可以引导儿童在学习中使用参考资料，比如教师在学习区投放丰富的图书供儿童查找，并鼓励儿童使用电脑等科技设备。教师还可以引导儿童学习观察的技能并学习使用文字符号或图画的方式记录自己的学习过程。总之，学习策略的使用可以帮助儿童更加有效地开展学习活动。

刘 第四，关注儿童并与之进行有效互动。

我们在日常的教育中都在关注儿童，那我们的关注与有准备的教师对儿童的关注有什么不同呢？我们关注的大多是儿童的行为，而有准备的教师关注的却是儿童行为背后的想法。行为只是一种表现，儿童内在的想法才是我们与之互动的关键。看似同样的行为，儿童的想法不同，它所代表的意义就不同。比如儿童敲打物体的行为，当儿童想要探索物体的特征时他们可以做出这样的行为，当儿童想要发泄一些愤怒或烦躁的情绪时也可能做出这样的行为，我们在课堂实践中经常会遇到类似的情况。同样的行为，儿童的想法不同，我们就要采取不同的教育策略。因此，我们需要关注儿童的想法而不是其外在的行为。

儿童的想法不像行为那样直观，不容易通过一两次的观察就获得信息。我们除了获取儿童的行为信息外，还需要耐心地倾听儿童的表达，甚至需要通过与家庭或其他教师的沟通，才可以了解儿童的想法。有准备的教师总会采取一系列策略获取关于儿童想法的信息，如观察记录儿童的课堂表现，并创造与儿童单独沟通交流的机会，定期家访了解儿童在家的表现，随时与班上其他老师沟通幼儿的表现等。

霍 当教师愿意相信儿童，认为他们拥有巨大的内在潜能时，教师与儿童之间的互动就显得格外谨慎，因为教师担心自己与儿童之间的无效互动会阻碍儿童内在潜能的发挥。因此，在与儿童进行互动之前，关注儿童、理解儿童对教师而言就显得至关重要。

儿童是真实而坦诚的学习者，他们不会因为成人的记录与评估而刻意隐瞒自己的真实想法或做出特别的行为。

孙 是的。教师所看到的几乎都是儿童真实的表现，所听到的几乎都是儿童真实的想法。教师将儿童的想法记录下来，不仅有利于对儿童行为的分析以及与儿童之间进行有效的互动，而且也表示了对儿童的关注与尊重。儿童渴望成人的关注，甚至有时为了引起成人的关注而特意做出一些行为。原因可能是儿童正在形成自我意识，而这种自我意识的形成依赖于外在的评价，或许为了获取这种评价的信息，他们希望得到更多的关注。因此，教师们可以将儿童观察记录的内容反馈给他们，帮助儿童在已有经验以及原思维水平的基础上获得提升，并促进儿童反思能力的发展。

自主探索的孩子们

案例 3-6

师幼互动的瞬间（一）[1]

在一次区域活动中，一个孩子在“小小餐厅”，穿上了白大褂，带上了白帽子，但是迟迟不见一个“客人”。

孩子：“老师，怎么没人来吃饭呢？”

教师：“你要去招揽生意呀！”

孩子：“我去招揽了，但是他们都不过来。”

教师：“我能来你的餐厅做客吗？”

……

[1] 本案例由深圳实验幼儿园秦贝宁老师提供。

作为教师，在组织幼儿活动时，应从孩子的角度去思考问题，成为孩子学习的合作者。

案例 3–7

师幼互动的瞬间（二）[1]

有一次，孩子们听完《井底之蛙》的故事后，都笑青蛙笨，可当老师问："为什么青蛙说天只有井口这么大呢？"孩子们又弄不明白了。于是，老师提供了生动有趣的情境材料纸箱子，让孩子从纸箱下面往上看。通过自身的操作，他们发现了答案，原来井口小，外面的天空给井遮住了，所以看到的天就小了。

在理解故事的基础上，老师又问："你能带青蛙跳出来看看这个世界有多大吗？你又会带它去哪儿呢？"通过这些具有启发性、开放性的问题，引导孩子们多角度思考，启发孩子思维的求异性、独特性。孩子们充分发挥想象力，把青蛙带到了世界各地，每个人都创造性地新编了"井底之蛙"故事。

孙 刘园长你是怎样认识幼儿教师在教育中的角色和地位的呢？

刘 我认为，教师应该是幼儿学习活动的支持者、合作者和引导者。也就是说，幼儿教师已经不单单是"教"孩子们了，不仅仅是知识的传递者。在活动中，幼儿教师时刻要记住：让孩子在前，老师在后。

也就是说，教师作为幼儿学习活动的支持者，应该为孩子搭建舞台，提供机会，给他们创设一种充满尊重与支持的环境，让孩子喜欢在这样的环境下摆弄、操作玩具，不用老师教，自己就会主动地探究。这种情况

[1] 本案例由深圳实验幼儿园仇亚萍老师提供。

下，教师就是孩子学习环境的提供者和成长的支持者。

孙 合作者，包含了一种平等的含义。也就是说，教师和孩子是平等的，只有关系平等，才能去合作。教师是孩子的合作者，意思就是说教师和孩子是共同商量、解决一个问题的，类似于一种同伴关系，他们一起参与到活动中。教师只有参与到孩子的活动中去，融入孩子的群体中，尊重孩子的个性，为他们营造一种宽松的活动氛围，努力创设一个孩子可以和同伴、老师平等、自由交往的环境，让孩子喜欢学习、会学习，才能做好孩子的合作者。在这样一种活动中，教师对孩子还会产生潜移默化的影响，一方面让孩子感受到什么是民主、平等、公正的人际关系，另一方面又为孩子营造一种积极、安全的氛围。

刘 怎么解释作为孩子学习活动的引导者呢？我认为“引导”可以是成人在日常生活中，以自己的言行潜移默化地进行的，如坚持正面教育，并不是直接告诉孩子可以怎么做、应该怎么做，而是启发孩子去独立思考。

霍 教师对孩子的引导应该有两方面：一方面，在孩子的一日生活中，教师在组织教学或者游戏活动时，要说一些引导性的话，提一些引导性的问题，以使孩子可以自主学习、自主探究；另一方面，由于孩子们的生活经验是有限的，他们容易在行为或语言上出现错误，这时，教师需要就孩子的具体问题进行引导，既要尊重孩子，又要用孩子可以接受的方式引导孩子纠正错误。这就是教师作为引导者的角色了。

刘 教师是孩子学习活动的支持者、合作者、引导者，而作为幼儿园的管理者，我也应该是老师们的支持者和引导者。比如关于每个班区域材料的投放，除了一些必备材料外，我给老师很大的自由度和资金支持，让他们按照自己班上孩子的喜好和每个阶段不同的主题活动，来自主选择所要投放的材料，同时也尽量丰富各种学习材料。在老师们的教育教学活动中，他们有什么问题都可以问我，我也尽己所能为他们提供一些建议，这些建议大都基于“教师是幼儿学习活动的支持者、合作者和引导者”这一理念。在教育教学活动中，我们大力提倡“孩子在前，老师在后”，使老师有意识地平等地参与到孩子的学习活动中。

孙 “师者，所以传道授业解惑也”，这是对传统的教师角色最好的概括。长期以来，我国形成了多种隐喻形式的教师观，其中有四种最为普遍：“教师是蜡烛”（蜡烛论），“教师是人类灵魂的工程师”（工程师论），“教师是园丁”（园丁论），“教师是一桶水”（桶论）。学者陈向明曾对此进行了专门研究，分析了这四种隐喻的内涵，认为它们严重影响着社会对教师这一职业的期待以及教师本身的工作实践。[1]

刘 正是上述这种论述的影响，人们普遍认为教师的任务就是教，而忽略了学习者主动学习、主动探究的能力。随着教育教学改革的不断深入，人们的教育观念也发生了不小的变化。《幼儿园教育指导纲要（试行）》明确规定了幼儿教师“应成为幼儿学习活动的支持者、合作者、引导者”。这三种角色不是截然分离的，他们有共同的基础和前提——尊重幼儿、了解幼儿。这三种角色是在教师与幼儿的互动中综合地、动态地实现的。

孙 在教育活动中，作为支持者的教师在为幼儿的学习提供脚手架，为他们的成长创设良好的环境，支持他们成长过程中的各种尝试的同时，也与幼儿进行合作。教师和幼儿一起工作，抓住幼儿抛来的球，再抛给幼儿。教师与幼儿的合作经常出现在对幼儿的支持过程中，它既是支持的方式和手段，本身也体现着一种支持。支持与合作都体现着教育的意图，实现着教育对幼儿直接或间接的引导。

霍 “幼儿在前，老师在后”，这是教师应时刻提醒自己的。教师是鼓舞儿童“士气”、帮助儿童克服困难并在关键时刻给予有利支援的“后盾”，教师只有真正做到转变角色，以幼儿为主体，幼儿在前，教师在

[1] 陈向明．教师的作用是什么：对教师隐喻的分析 [J]．教育研究与实验，2001（1）：13–19.

后，才能让幼儿在学习中养成探究的习惯，品尝成功的喜悦，享受创造的快乐。

三、有准备的教师之专业成长

霍 教育是心灵之间的对话，是人格之间的交融。教师的审美意识、言行举止等都是孩子们模仿和学习的对象，因此，教师本身就是一部生动的课程。教师要不断修炼、完善自己外在与内在的素养，提高工作能力，促进专业成长。

刘 的确是这样。古人云："工欲善其事，必先利其器。"对于一线教师来说，不断地"充电"就是"利其器"。教师要不断深入学习新的儿童观和教育观，领会新课程理念的精神实质，掌握和运用现代化的教学手段，并将所学运用到教育实践中去。

☆ 在多样化学习中成长

刘 任何一位教师，无论自己多么勤奋，倘若闭门造车，关起门来自悟，只会成为一只井底之蛙，永远不会有太大的进步。缺少了与同行的交流切磋，缺乏专家的指导，教师是不可能获得最大程度的发展的。所以，我鼓励老师们走出园门，外出参观，希望他们开阔视野，拓宽思路，不断提升专业水平。我认为教师可以在培训中学习、在阅读中学习。

霍 培训是幼儿教师专业成长最主要的方式之一，也是一种高效率的教师学习方式。一般幼儿园的培训包括：教师之间的学习与培训，即教师相互分享学习经验；专家培训，即请专家为一线教师讲解相关的理论知识。同行的分享一般是站在实践操作的角度，为教师提供一些可直接用于教育教学中的实践策略；专家的讲解，站在一定的理论高度，开阔教师的视野，帮助教师将实践经验提升到理论水平。

刘 我不仅重视专家的理论培训，也重视教师之间的经验分享。我尽可能为老师们提供更多走出去学习的机会，同时每位走出去学习的老师都会将自己的学习体验带回来与园内同事分享，这样不仅使外出学习的老师更加高效地吸收了学习的内容，也使得园内每位老师都有所收获。

霍 幼儿园是孩子、教师、家长一起成长的乐园。幼儿园有责任教育好孩子，让孩子成长；也有责任提供机会让教师成长；当然还要提供机会让家长跟随孩子而成长。

刘 我们幼儿园给老师们提供了很多培训的机会。比如，每周四下午 5 点都安排了园务会议，会上除了总结上周的工作、介绍下周的工作，最重要的是让外出参加培训的老师们给全体教职工分享学习心得。因为园里外出培训的机会非常多，几乎每一位老师每个学期平均都有一次外出学习的机会。园务会的目的就是让参加培训的老师对全体教职工进行再培训，一个人外出，回来分享给大家，就可以让大家一起学习了。在这个过程中，主讲老师也可以得到锻炼。可以说，这种方式对每位老师都有促进作用，包括主讲老师。因为在与全园其他老师分享知识和经验之前，主讲的老师要重新学习外出培训的内容，列出讲座的提纲，做成 PPT，还要结合我园工作中的实际问题与需要，提出有效的建议。培训过程气氛热烈，接受培训的老师也会对主讲老师的讲座做出客观民主的评价，这就形成了互动式的学习氛围。这样，每个老师都能学到更多的知识，了解更多的信息。

培训与研讨

孙 那就是说，每位教师都能在周四进行园内“充电”，而且平均每个学期都有外出参加培训的机会，是吗？

刘 是这样的。为了给老师们提供学习机会，我们幼儿园会有对象、有计划、有措施地开展培训活动。培训活动的形式也比较多样，比如专家讲座、教师演讲、课例观摩等，都是为了拓宽教师的视野，促进教师专业能力的发展。总的来说，可以概括为6个字：请进来，走出去。

孙 刘园长你能具体解释下“请进来，走出去”这6个字吗？

刘 “请进来”是说只要我们觉得好且对方愿意来的教授、专家和优秀幼儿教师，我们都尽量请到园里来，为我们的老师授课。比如，园里长期与幼教专家保持紧密联系，除了霍教授之外，华东师范大学朱家雄教授、吴刚教授，南京师范大学许卓娅教授，北京师范大学梁志燊教授，华南师范大学冯夏婷教授，香港蔡伟忠博士，台湾刘纯芳博士等多位学者、专家都是深圳实验幼儿园的座上客。除了专家学者，园里还邀请了北京师范大学分享阅读、北大数学启蒙课程、中国台湾彩虹屋、中国台湾智慧鸟、日本铃木等教育机构的老师来园讲学。这样就为老师们传递了最前沿的教育信息、教育方法和教育理念，希望能够促进教师教育水平的提高。

“走出去”是指我非常鼓励老师们外出参观、培训，每个学期都会安排老师外出培训，除了本市、本省以及全国性的培训，有时候还会有出国学习的机会，现在园里就有刚从加拿大和我国台湾地区脱产进修回园上岗的老师。近年来，我不定期的选派园里的老师作为朱家雄教授和许卓娅教授的访问学者。我们幼儿园还与日本馆山寺保育院结成对子，相互交流与学习，一线教师都有机会轮流到日本进行业务交流。同时，我们规定每学期组织全体教职工外出参观学习至少一次。这个暑假，园里的老师参加了北师大首次在深圳开办的学习班，效果非常好。这些培训和学习能开阔老师们的教育视野，使其广泛吸收先进教育资讯，专业水平不断提升。

孙 老师们会不会觉得学习是个苦差事？他们是自觉自愿去学习的吗？

刘 学习的确是个苦差事。所以，作为园长，就要做好带头和示范。我和副园长杨梅就带头完成了北师大博士生课程班的学习，并取得了结业证书。之后，我们又联合北师大在实验幼儿园和彩田幼儿园创设了一个研究生班的学习点，方便深圳幼儿教师的学习深造。现在，我自己还在清华院报了国学学习班，一个月学习两次，共两年。可以说，在学习方面，我尽量为老师做好示范，同时，我感觉在这个过程中自己也很受益，并慢慢地把学习变成了自己的内在需要。

霍 人的最高需求就是实现自我价值。教师积极地从多个角度拓宽自己的知识面，不断提升专业素养，本身就是在提升和实现自我价值。

刘 是的。我非常鼓励和支持园里的老师参加各类专业进修，并对参加学前专业本科学历进修的老师给予全额报销。在这样的鼓励和支持下，有的老师完成了“管理教练技术”培训，还有一批老师正在参加心理咨询资格进修。目前，部分老师正在攻读研究生。我园给老师们提供的培训机会是非常多的，我希望老师们能珍惜这些机会，通过学习给自己留点儿东西。不但自己学，还要相互学，更要把学习变成自己的需要，把学习当成生活的一部分。

孙 时代在发展，知识也在不断地更新。引导教师不断地充电，是教师自身专业发展的需要，更是幼儿园可持续发展的需要。刘园长平时工作繁忙，能坚持带头学习，真是令人敬佩。

刘 古语有云：“其身正，不令而行；其身不正，虽令不从。”要想让教师充电，作为园长，我必须做出表率。园长是幼儿教师心目中的标杆，园长的思想、行为，直接影响着教师的心态和行动。所以，我首先要带头去学习。虽然很忙，但这样长期坚持给自己充电，无形之中就会潜移默化地感染每一位教师，达到“润物细无声”的效果。

霍 莎士比亚曾说过：“生活里没有书籍，就好像没有阳光；智慧里没有书籍，就好像鸟儿没有翅膀。”读书对于幼儿教育工作者尤为重要。儿童的好奇心和探究能力非常强，看到不懂的就会向老师发问。这就需要教师利用闲暇时间多看书，广涉猎，丰富知识和见闻，以备不时之需。

教师办公室一角

案例 3–8

在阅读中体验成长[1]

每年的寒暑假都是教师阅读充电的好时机。深圳实验幼儿园每年都会在放假前为教师购买一些经典的好书，有的是学前教育必读书，有的是老师们自己喜欢的书。老师们可以阅读园所推荐的书，也可以自行选择其他书。每位老师都会在阅读后写下自己的读书体会与大家分享。

豆老师来幼儿园不久，可以说是一位年轻教师。她说每次阅读都能带给她不一样的体验。有一次，她自己选择阅读了朱家雄教授的《触摸可能的世界》一书。她说，起初是这本书的名字吸引了自

[1] 本案例由深圳实验幼儿园豆翠莹老师提供。

己，读后发现其中有很多令自己受益的地方："引领孩子触摸可能的世界，本质上是一种面向未来，使人适应变化的教育，更是一种发现和探索未知世界、实现可能生活的教育；他们坚信，真正的教育应使人的心灵变得更加自由、更加富有创造力。使人学会学习、学会探索是引领孩子触摸可能世界最可靠的途径之一；每个孩子均具有天赋的、独特的内在潜能，这种潜能代表着一种原始的可能，能否唤醒、发现这种可能，能否拓展这种可能，将可能转变为现实，进而在'实现'的基础上，产生新的更大的'可能'，是当代教育面临的最大挑战之一……"

她不仅摘录下自己喜欢的语句，还将这些理论学习的内容与自己的教育教学实践相结合："这本书让我在设计教学活动时有了更多的思考：同样一个活动，教师如何去设计、去把握，是使活动有效的第一步。我要在以后的工作中多观察幼儿，多思考：孩子的兴趣和爱好是什么？孩子的一般心理特点以及普遍的认知方式、思维方式是什么？在活动中他们能获得哪些新的经验？等等。我试图发现和探索在设计教学活动中幼儿是怎样学习的，他们的学习方式、学习特点及规律是什么，以便为幼儿的有效学习提供更好的支持与帮助……"

孙 刘园长，在实验幼儿园很多地方都有书。一进门，就看到门厅两边摆满了成人与孩子的书；走进老师的办公室也看到很多书；走到三楼还看到你们幼儿园自己的图书馆。看来幼儿园很重视阅读，是吗？

刘 是的。我一直觉得书是最廉价的知识宝库。阅读是学习知识、开阔眼界的最佳途径。我自己也非常喜欢读书，觉得很受益，所以也希望老师们能够养成阅读的习惯。不仅要看专业书，也要多读专业之外的书。比如，《乔布斯传》的中文版刚刚面世时，我就跟杨梅副园长说："给老师们买几本来看看吧，不要总是看专业方面的书籍。""两耳不闻窗外事"也不符合现代教师的标准。这种为教师提供阅读环境并择优推荐阅读的方法，对教师的学习和进步可以起到事半功倍的效果。

☆ 在实践探索中成长

霍 实践活动既是教师发挥自我价值的教育阵地，也是他们体验专业成长的靓丽舞台。所有的学习如果不能应用于教育实践中都只是“纸上谈兵”，所有的研究如果脱离了教育实践，那就是一种“虚有其表”的形式主义。教师专业成长的关键因素永远离不开他们的教育实践。

刘 的确如此，下面可以看一下我园老师的一个教学案例。

教师自导自演的童话剧

案例3–9

今天，我要加倍重视自己的价值[1]

——谈《新龟兔赛跑》的创作

儿童剧刚刚开始时，年级组的几个老师既发愁又不失开玩笑地说："我们这辈子还是第一次这么'专业地'创作儿童剧。"是的，儿童剧让我们老师学到了很多很多，也许我在儿童剧中所遇到的事情也是其他老师所遇到的，因为我们都在做同一件事——创造条件让我们的孩子在其成长中获得成功的体验。

我们班的儿童剧《新龟兔赛跑》，除了五个特定的角色外，其他孩子全是亲友团。我原本以为只要把几个特定的角色排练好，其他角色跟着音乐一合就行了。可是对于小班孩子来说这不可行。《新龟兔赛跑》最大的难题是：所有的孩子自始至终都在舞台上表演。同时指挥29个小班的孩子在舞台上准确地从头表演到尾，对于刚刚担任班主任的我，是对组织协调能力的严峻考验。

记得第一次全班孩子合在一起表演时，孩子们像一群小鸭子，我成了一个"赶鸭人"，赶了这头，跑了那头。我试着让"亲友团"自由发挥，可是其景象却似一群野蜂飞舞，这样排练不仅起不到好效果，还会让孩子形成不好的习惯。于是我改变了策略：分批排练。当把五个特定的角色排练完后，我把重点放在了"亲友团"的排练上。先熟悉位置，然后两个老师分工合作，一个带着兔子亲友团做动作，一个带着乌龟亲友团做动作，而且要让孩子非常清楚自己什么时候说话、什么时候做动作、什么时候停，停下来的时候又不要乱跑。这对于小班的孩子来说是件很不容易的事，可是他们做到了。

[1] 本案例由深圳实验幼儿园陈佩霖老师提供。

当我们的剧本最后定稿时，我也从“赶鸭人”磨炼成一个镇定自如的“总指挥”，指挥棒指到哪儿，哪儿就开始演，手往哪儿放，哪儿就停，双手一挥，大家齐演，这种感觉真好。

上场前我们也不忘做好演出前的最后准备：把孩子们都叫到老师跟前，通过讨论，孩子们意识到一出戏里每个角色的重要性，只有每个人都把戏演好了，我们这出戏才能成功。孩子们真的非常出色：亲友团一声高过一声地喊加油，老乌龟和小乌龟风趣幽默的表演，兔妈妈和小胖兔深情的一段对话，赢得了台下雷鸣般的掌声。当最后切光时，孩子们都忍不住喊了起来：“我们胜利了！”我们老师和孩子们久久地相拥在一起，那一刻，我们觉得四个月的努力是多么有价值！

儿童剧的演出让我们老师受益匪浅。我真不敢相信自己在儿童剧中能做那么多的事，能取得这样好的成绩。今天我要加倍重视自己的价值，只要用心做事、用心思考，不敢做的事就变得容易了，不敢走的路也变得不陌生了。

孙 刘园长，听说你们幼儿园经常举办活动，并且提出“让教师在活动中成长”的思路。

刘 这种提法主要是受到多元智能理论的启发。我想，不仅孩子的发展符合多元智能理论，教师们的专业成长也应该是多元的。所以，我们也应该注重对教师实施全面多元的综合素质的培养。

孙 后来就确定了“让教师在活动中成长”的思路吗？

刘 是的。组织活动不但促进了儿童的成长，更促进了教师的成长。由于我们幼儿园经常组织大大小小的活动，比如每年的科技节、合唱节、艺术节、运动会、春游、秋游等，教师有很多机会参与组织，于是我们就确定了“让教师在活动中成长”的培养思路。这种培养模式主要体现为一种“包干负责制”，也就是将某项活动的策划、筹备、组织执行、主持等工作轮流交给指定的教师负责，在“一肩挑”的过程中实现能力的攀登。一次成功的活动，是对负责教师的一次全方位的考验和锻炼，会使教师的综合素质和能力得到迅速的锻炼和提高。比如，负责活动的教师要独立进行活动的策划，需要有全盘思考的能力；要整合各方资源，需要有沟通、协调能力；要合理分配任务，有序推进活动的顺利进行，需要具备组织能力、领导能力；要在遇到困难时拿出解决的办法，需要有处理突发事件的能力；要对整个活动负责，需要有强烈的责任心，等等。实验幼儿园经常举办这种活动，就给了每一位老师锻炼和提升的机会。

孙 除了刚刚提到的结合课程开展的这些活动外，你们幼儿园还有其他让教师成长、锻炼的活动吗？

刘 也有的，主要是一些评比活动。评比活动也能让教师快速成长。比如园内两年一次的“青年教师新秀”评比活动，可以说是全面练兵和展示教师整体素质的“战场”，包含师德师风、技能技巧、教学策略、现代化教育手段、半日活动、说课、观察笔记、教育反思等很多方面的评比。这些平时必练的“硬功夫”都纳入评比的范畴，也就促进了教师专业水平的整体提升。园内还有半日活动观摩、各学科观摩等活动形式。

园外评比活动主要是参赛。园里虽然只派一名老师去参赛，但实际上会集合全员的力量给参赛的老师提供支持。比如，欧阳老师参加深圳市教师技能大赛，我们会对她先进行细致的培训，她有任何需要都可以向园里提出。我希望教师通过参赛感受到团队的力量，并获得专业的提升以及对职业的认同感。

霍 有些有经验的教师到一定程度就会有一些职业倦怠的表现，感觉职业发展遇到了瓶颈。这时候就需要有更大的平台让他们去施展才能。

刘 是的。有时候需要我参加的一些活动，如果可以代替的话，我就会让园里的一些资深老师去参加。比如，最近有一个讲座活动需要我去，我就把机会让给了董老师，她很愉快地接受了任务，听说凌晨3点就爬起来找资料、做课件。这对于老师们而言，是挑战，也是专业提升的机会。

霍 为了促进教师的专业发展，要制定一些适应教师发展水平的目标和要求，同时提供平台，让教师通过自身努力，去克服困难，解决矛盾，展现自己，获得提升。无论是大型、小型活动，还是各种评比活动，都为教师提供了学习和成长的舞台。

☆ 在研究与反思中成长

霍 研究与反思是教师专业发展中必不可少的内容，很多一线教师虽然都想尝试做一点研究，但是空有理想，却不知该如何付诸行动，也不清楚它将为自己的教育生涯带来怎样的成长体验。长期以来，研究成了专业理论研究者的专门领域，是高校和科研院所做的事情，一线教师始终是教育研究的旁观者，是教育理论的消费者。实际上，要促进教师的专业发展，必须注重研究，让一线教师成为研究型教师。

刘 教师参与科研这一块，我非常支持，但我并不期待我们园里的老师所做的科研多么具有前沿性、专业性，我只是希望他们能够把自己在教学过程中遇到的问题用研究的态度来分析，也用研究的态度对待一日生活的各个流程，希望他们把自己遇到的问题拿去研究，这样，每个老师每学期能有一份东西，不一定去申报课题。比如，我当年带班的时候对幼儿的阅读非常感兴趣，所以就在这方面进行研究，收集数据，进行统计分析，学期结束时就有一篇论文成果。再如，我们园的董老师用三年的时间对家长工作进行了梳理，第一年她研究如何与家长互动、建立感情，第二年研究如何引领家长，第三年研究如何让家长主动参与，做好孩子的教育工作。这对于一线教育工作者来说，就已经做得非常好了。

霍 研究是一种态度，一种品质。教师工作的复杂性需要教师具有研究的态度。幼儿有其独特的年龄特征和心理特征，他们的思维、认知、情绪情感等方面都处于高速发展之中，幼儿教师是幼儿的引导者、支持者和帮助者，也是思维的启发者、情感的发动者、情绪的激励者。这就要求教师要对儿童的心理特征有所研究，在如何保障儿童身心健康，促进其习惯养成和智力发展等方面，既要知晓理论，又要知晓方法。教师要结合儿童年龄特征、个性特征、家庭文化特征等方面进行研究，同时结合自己的教育实践积极开展教育教学研究工作，而不是为了课题而研究。

刘 我们教师不仅在研究中学习，同时也在反思中成长。叶澜教授曾经说过："一名教师写一辈子教案不一定成为名师，如果一名教师写三年教学反思有可能成为名师。"[1] 一名教师的成长，就是从新手逐渐向专家型教师转变，这个转变过程就需要反思。要学习，要研究，要促进专业发展，必须注重反思，做一名反思型教师。

以班级为研究小组的微课题结题了

[1] 叶澜. 教育概论 [M]. 北京：人民教育出版社，2006：26.

案例 3-10

小班角色游戏区的观察与反思[1]

【初始环境】

娃娃家

【环境创设】

娃娃家设在阳台上，用柜子与积木区隔开。卧室有床、被子、娃娃各一件。小客厅有方桌、凳子等。厨房有电饭锅、炉灶组合、橱柜，用筐分类摆着杯子、锅、碗、勺子、布料做的点心、各种水果和蔬菜的塑料模型等。用地板胶铺着地面。墙面周围挂着围兜、钥匙，贴着认知图片、照片等。

【幼儿行为记录】

①楠楠拿着电饭锅，不停地把许多包子往锅里塞。

②宸宸把地上的包子和蔬菜扔进垃圾箱里。

③延延手里拿着两个瓶子，楠楠想要瓶子便伸手去抢。延延就是不肯给，老师引导之后才给了楠楠一个瓶子。

④小朋友对娃娃家的材料充满好奇，兴趣十足，孩子自己玩着自己的，没有进入游戏情境中。

⑤做分区计划时，许多小朋友都很想去娃娃家玩，但只有一个娃娃家，没玩到的小朋友很失望。娃娃家门口总有几个宝宝张望着，看有没有空位。

【幼儿行为分析】

①小班的幼儿缺乏与同伴交往的经验，对游戏环境还不够熟悉，不知道如何与同伴互动游戏。

[1] 本案例由深圳实验幼儿园陈兰芳老师提供。

②幼儿对老师提供的材料比较感兴趣，但材料多而杂，容易使幼儿注意力分散，无从下手。

③幼儿对厨房十分感兴趣，但他们缺乏生活经验，如：食物扔进垃圾桶里，食物摆满地。

④只有一个娃娃家不能满足幼儿的需求。

【教师反思与调整】

①教师可充当某一角色介入游戏情境中，和孩子一起玩，既可以了解幼儿所需，也可以和幼儿进一步交流沟通，自然地帮助孩子丰富相关生活经验，如吃不完的食物可放进冰箱里让它保鲜，不浪费食物，物品放桌上，不扔在地上等。

②教师对各种材料进行了分类整理，并减少了部分材料，拍了照片，通过投影仪让幼儿看，让他们学习娃娃家的材料如何收拾和摆放，培养幼儿的好习惯。

③在卧室里移动了床的方位，开辟了一块空地，增设了两个娃娃家。阳台的为 1 号娃娃家，卧室里的有 2 号娃娃家和 3 号娃娃家。

刘 为了促进教师的成长，我们提倡教师在实践中反思、在反思中实践，反复轮回。在日常工作中，我自己也非常重视对工作的反思。但我们在这方面还需要继续努力。现在我要求我们园老师必须写反思，一开始要求他们每天写，但是大家反映班里事情很多，实在没有那么多时间，后来就改成了每周写教学反思。

霍 反思包括课前对教学设计的反思、课中对教学过程的反思和课后对教学效果的反思。课后，老师们可以用这样三个问题来反思自己的一日生活流程或者活动：你认为自己的活动怎样？是否达到了预期的目标？怎样做会更好？

“你认为自己的活动怎样？”这个问题是让教师在每一次活动结束之后，首先审视自己的活动过程与活动效果，进行总结与反思。“是否达到了预期的目标？”这个问题是让教师评估自己的活动时抓住关键问题，启发教师深入地思考，引导教师总结活动经验，发现活动问题，使评估、指导活动成为一个教师与管理者共同研究探讨的过程。“怎样做会更好？”这个问题可以引导教师进一步展开思考，启发教师自己来解决教学过程中的问题。让教师在评估活动中有所提高是我们的重要任务，我们巧妙地给予点拨与指导，使教师在自我反思的过程中消除挫败感，产生积极地自我提高的能动性。

刘 这三个问题的确为老师们提供了重点反思的角度。最近我们园常用的是微格教学法，就是拍一段教学视频，在教研时播放给大家，老师们观察之后，指出哪里好，哪里需要改进，并提出自己的策略。你是怎么考虑的？如果是你，你会怎么做？先自己思考，然后分组讨论，之后小组派代表发言，最后大家尽量达成一个共识。当然，教无定法，也不能说谁对谁错，只是谁的更合适而已。

由于活动课程是我们的特色，因此，每次活动告一段落后的反思性总结就成为我园的一个亮点。我们会根据活动的时间、地点、规模召开不同形式的总结会，但是不管哪种形式，总少不了对本次活动收获与存在问题的反思，以及对下次活动的建议等。反思可以说是教师发展中的原动力，他们在不断反思中前进。

霍 教育反思是教师以体会、感想、启示等形式对自身已有思想、行动，对自己的教育教学行为所做的批判性思考。反思包括两种意思，第一是要进行回顾性思考，第二是要进行反向思考，质疑性、批判性思考。[1]反思涉及教学的各个方面，可以让教师对自己的教育教学有较为完整的认识，有利于改进日后的教育教学行为。

刘 反思后就会有所创新，有了创新，就有了教学动力，这个动力应是教学的“活水”。凡是教育教学中存在的问题，几乎都可以成为反思的

[1] 朱玉东．反思与教师的专业发展 [J]．教育科学研究，2003(11)：26–28.

对象。反思之后，教师要将反思的成果形成文字，形成对教学的一种研究素材，从而推向理论研究的高度。

☆ 在团队激励中成长

霍 团队之间的相互学习与影响不仅为每一位教师的专业成长创设了资源条件，也为教师的专业成长注入了动力。幼儿园管理者如果善于利用这种力量，将会使教师内部形成一股相互学习、相互促进的良性氛围，不仅可以带动新教师的学习与成长，也可以激励老教师不断提升自己的专业素养，避免教师职业倦怠现象的产生。刘园长你在这方面有什么管理经验吗？

刘 谈不上经验，我们先来看一个案例吧。

师徒结对暨名师工作坊启动仪式

案例 3–11

师傅是我的引路人[1]

作为一名新手教师，踏入工作岗位，总有许多忐忑。我很庆幸来到了深圳实验幼儿园，在这里，大家互帮互助，不分你我，尤其是经验丰富的老教师们，更是不厌其烦地、手把手地教我们，让我们这些新手教师尽快成长。去年，师徒结对，我选择了陈兰芳老师做师傅。我们每天都会交流，针对一日活动组织、家长工作等，师傅甚至对于我的个人生活也给予了细心关怀。

记得上学期，我要对福田区开放体育公开课，接到任务的时候，我有点儿茫然，赶紧向师傅求救。师傅帮我厘清思路，跟我商讨课例，选择了平衡练习“山羊吃青草”。我先备详案，师傅帮审阅、批改，经过了一轮又一轮的修改，确定了最终的程序，我就开始试教。

一堂成功的课例需要不断地试教，不断地磨，每次试教师傅一定会亲临指导。第一次试教可以说是一团糟，我自己思路不清晰，指令错误，而且在活动过程中也没有起到引导作用，孩子没有得到提升。我的心情糟透了，师傅宽慰我，帮我分析原因。第二次试教，我的思路理顺了，但是语言不够简练，在活动过程中没有观察孩子，不会捕捉孩子的闪光点。师傅首先肯定了我的进步，然后又帮我分析可以进一步改进的地方。第三次试教，我的思路很清晰，孩子们在我的带领下玩得尽兴、玩得投入。师傅还是先肯定了我的进步，但同时也告诉我如何更好地去捕捉孩子的闪光点，简练地总结，提升孩子的经验。在一次又一次试教后，我的课例终于成型，在最后的公开课中得到了专家和老师们的认可，我的心情就像孩子们一样，成功啦！

[1] 本案例由深圳实验幼儿园李晓宜老师提供。

链接 3-1

多样化的教师专业成长路径
——访谈副园长杨梅

孙 杨园长，作为幼儿园的副园长，你是怎样看待实验幼儿园管理情况的？是民主的吗？

【杨梅，以下简称“杨”】在刘凌园长的带领下，我们幼儿园的管理一直是很民主的。所以，我们每个岗位的人都能充分发挥自己的作用。像我作为教学副园长，不仅要管好教师教学方面的问题，教师的成长、教师的生活等方方面面的具体工作也都是要考虑的。

孙 你们幼儿园一直都在追寻一种优质的教育，我们知道优质的教育离不开优秀的教师。但是，你们幼儿园也有很多年轻教师，他们的经验不足，很需要专业上的引领与指导。那么，怎样才能尽快让年轻教师适应工作呢？

杨 是啊，这几年连续进了20多个新教师，以后还要大量补充新教师。因为可能还会开设一个分园。随着新教师的增多，园里也越来越重视青年教师的引领与培训工作。比如，我们园每年都要为青年教师安排上岗培训，为每一位新入园教师进行“新教师入职指引”培训，让新教师尽快了解园里的办学理念、规章制度、文化建设等；在专业上，也会以一日活动为契机，让新手教师把一天的环节搞明白，带好班，在实践中提升自己的专业水平。

孙 那园里主要通过什么方式让青年教师尽快成长呢？

杨 主要是“师徒结对”。我觉得给每一位年轻教师配备一名有经验的教师实施“一对一”的指引很重要，可以从思想上、专业上对新教师进行引领。园里现在实行的是“ABC模式”，A是指最优秀的教师，B代表有一定经验的教师，C是指年轻的新教师。最优秀的教师带有一定经验的教师，有一定经验的教师带新教师。对于一些很有潜力的新教师，也会实行“AC模式”，即最优秀的教师带有潜力的新教师，让新教师的学习与成长一步到位。

另外，在每个班级“三教一保”的搭配中，我们实行了“班主任行政带班制”，就是让班主任站在管理者的角度来带领新教师。具体是这样分工的：班主任每周只带一天班，其他四天交给另外两位老师各带两天，而班主任需要做的就是观察和指导，哪些地方做得好，哪些地方做得不好，马上就指出来。实施下来，我们发现这样对新教师的成长是很有好处的。不仅每个班级都有师傅，年级组长、备课组长也在带新教师。这样，新教师从横向、纵向都有师傅，成长起来就更快了。

除了这些方式，我们还在年级组内实施培训。周一中午一点钟是年级组的教研活动，教师有任何问题都可以提出来，大家共同研讨。我们也通过QQ群进行网上讨论，比如刚开学的时候，一位小班老师提出“面对刚入园不适应总是哭闹的孩子应该怎么办”这样一个问题，大家在QQ群上展开了激烈讨论。有的老师认为应该把孩子带离班级，这种做法对使孩子停止哭闹很有效；还有一种观点认为，即使再哭再闹，也不能离开班级，因为班级就是他们的家。我们觉得很多方式都可以作为促进教师专业发展的平台。

对于新教师的专业提升，考虑到教师都有学前教育的专业基础，所以最重要的是实操。让他们进步最快的主要是三个方面：一是园长、副园长、优秀教师等直接进入他们的班级，与他们交流、沟通，可以说是手把手地教；二是各班之间相互观摩；三是班上有经验的老师的指导。我们的新教师是一种被包围的状态，班上有人管，年级组有人带，园所管理者对他们也非常关注，所以他们的成长也是很快的。

孙 老教师在帮助新教师的过程中也应该会有些进步吧？

杨 这个问题让我想起了“大自然中的雁阵精神”。我们大家都知道，在北方，每当到了秋天，一群群的大雁都会有规律地向南方迁徙。雁阵中都会有一只领头雁，它要带领后面的整个雁群向着正确的方向前进，它就需要飞得更快，付出的也更多。是什么支撑它不断前进的？应该是一种团队的力量！

联系到我们园的“师徒结对”制度，我想，老教师在带新教师的过程中，肯定也会受益。现在园里新进的教师都具有本科以上的学历，他们大多具有扎实的专业理论基础，而老教师实践能力较强，理论与实践相结合，必定双方都会有进步，慢慢地我们的教师团队也就成长起来了。

孙 教师个人的专业化成长与教师团队的专业化成长是相辅相成的，大家充满善意地在一起研讨，就会碰撞出思想的火花，互相提醒和启发。每个人，不管是新教师还是老教师，都可以从团队其他成员身上学到单凭自己难以学到的东西。教师团队的建设方面，你有什么心得？

杨 我们前几年主要把教师分为三个梯队，分别是新手教师、骨干教师、专家型教师。现在我们将其分为四个层级，新手教师（3年以内）、成熟教师（3—10年）、骨干教师（10—15年）和专家型教师（15年以上）。当然，这个划分也不一定要按照年限，也可以从教师的职称等其他角度来划分。我们称最高层级为专家型教师是我们希望他们朝着这个方向去努力。

我们力图对每位教师进行有针对性的培养。刚刚我们讲过了对新手教师的培训，我就不再多说了。对于骨干和专家型教师，重点还是在教学方面。虽然说“一日生活皆为课程”，但是对有组织的教学活动和无组织的教学活动还是要区分一下的。区域活动中材料的提供、区域的规划是比较统一的，但是除了投放一些必备的材料，教师还应有自己的思考。到底区域活动是自选区域、自选材料、按照自己的意愿来呢，还是说我要规定今天来这里，明天必须去那里？我们最早认为区域活动是教学活动的延伸，其实它也是五大领域的综合载体，能达到五大领域的目标。骨干教师应该知道这些，比如，必备材料应该投放什么，班级特色材料要投放什么，以及各个环节之间的过渡等。比如，单就“离园”这样一个很小的环节，深入进去也有很多可研究的，像怎么组织孩子收拾书包、怎么组织剩下来的几个孩子、玩些什么、怎么跟家长总结孩子的一日生活等。有组织的教学活动中也有很多要求，比如教学目标怎么制定、教学中有什么策略、内容怎么选择等，这些都需要老师在教学活动的实践中去体会、去回答。

对于专家型教师，我们希望他们把自己这么多年来的经验进行归纳、汇总，并形成自己的特色。专家型教师有自己对教学或教育的理解，不能人云亦云，另外还要让自己的教学形成一定的特色风格。培训部现在所做的工作就是对我们园的专家型教师进行资源输出，因为我们毕竟是深圳实验幼儿园，应该承担一定的社会责任。

刘 新教师从毕业走上工作岗位直到成熟是一个逐步发展的过程。师徒结对、专业引领的方式，请骨干教师、优秀教师带领新教师积极实践、研究、积累经验，能够使他们较快地适应教育教学和幼儿园工作环境，掌握解决教学实践和班级管理问题的有效方法。

孙 师徒结对这样的方式使师徒都能够感受到自身的重要性，也能较深地体会到领导对他们的重视。首先，对于师傅而言，他们首先感受到自己的言行、指导对新教师的影响力，就会更加严格要求自己，为新教师做出榜样，这就充分地调动起师傅的积极性；其次，新教师找到“师傅”

后，也就找到了学习的榜样。

刘 榜样的力量是无穷的，通过老教师手把手地教授，一点一滴的引导，新教师会很快适应本职工作。这样师徒结对的模式，真正起到了一帮一、一对红，相互督促、共同进步的作用，使新教师的教学水平不断提高，并形成自己的教学风格，逐渐成为幼儿园骨干教师，更使老教师的专业经验进一步内化和提升，逐渐成为专家型教师。

四、成为幸福成长的有准备的教师

传递爱与幸福的教师

刘 在前面我们曾谈了“有准备的教师”意味着什么，并从课堂之外的准备到课堂之中的准备两个方面与大家分享了如何成为有准备的教师。很多实践工作者都在自己的教育战线上尝试着成为有准备的教师。

☆ 有准备的教师是幸福的传递者

孙 我们在幼儿园能感受和体验到有准备的教师是用自己的人格魅力去影响孩子、用自己的爱去感染孩子的。

刘 如果幸福成长是我们的培养目标，那么这一目标的实现正是教师将自身的幸福体验传递给孩子的过程。所以，有准备的教师也是幸福的传递者。

案例 3–12

不经意间的触动[1]

几年前，我曾听到幼儿园两个小朋友的对话，对我触动很大。

一个小朋友说："杨老师最喜欢我了，每次看见我都笑。"另一个小朋友说："不对，杨老师最喜欢的是我，他看见我也总是笑，而且还常常摸我的头呢！"两个孩子说完，咯咯咯地笑了起来。

我站在她们身后，听着她们的谈话，感动极了。没想到老师不经意的一笑，却让两个纯真、可爱的孩子真切地感受到了老师的爱，享受着幸福，同时也深深被老师的快乐所感染。

刘 我一直相信幸福是会传递的。孩子们在幼儿园是不是幸福，很大程度上取决于老师是不是幸福的。孩子都喜欢爱笑的老师。所以，作为老师，我们要多给孩子微笑，早晨见面给孩子一个笑脸，笑着和孩子们说话、组织游戏，即使批评孩子，也要尽可能地面带笑容。我认为，微笑能

[1] 本案例由深圳实验幼儿园杨梅老师提供。

在老师和孩子们之间架起一座沟通感情的桥梁。

孙 对于孩子来说，老师灿烂的笑其实就是爱，是关心，是鼓励，是宽容，它能给孩子带来亲切感。孩子会觉得被接纳，被尊重，被喜欢，自然而然就会很开心、很快乐。

霍 当然，微笑也会通过孩子再传递给老师。每次在幼儿园，当我看到孩子们的小脸蛋带着笑，听到孩子甜甜的笑声，我就会发自内心地觉得非常快乐、幸福。一线老师成天和孩子们打交道，玩游戏、学习，感受孩子们的成长。我相信，老师们的快乐肯定有很大一部分是源于孩子的微笑、孩子们的快乐。

刘 每个人在工作、生活中难免都会遇到一些不如意的事，不可能天天开心，面带微笑。幼儿园要求老师尽量不要把生活、学习、工作中的情绪带到班里，影响自己对孩子的态度。作为园长，我想我有责任让老师们获得更多的幸福。而且，要想让老师成为幸福的传递者，首先要让老师收获更多的幸福。

霍 听说刘园长提出了“享受生活、幸福工作”的口号，希望老师们幸福快乐地投入日常教育工作中，并且要让老师们在获得幸福的同时把这种幸福的情感带给孩子们，做一个幸福的传递者。

刘 是啊。我认为让老师幸福快乐的方法就是让他们生活、工作得很体面。让老师体面地生活、体面地工作，是前任园长王琪琪提出来的，我自己非常认同，所以也一直在想办法为老师们谋福利。首先，园里保证他们的收入不低于同行；其次，工作环境也要舒适，心情才能愉悦；再次，就是体现在一些细节上，比如为每位教师都配备工作服。这一举措主要考虑到两方面，一方面是为了方便工作；另一方面，园所里大部分都是女教师，女教师们经常要为穿什么发愁，为她们配了工作服，她们就不用每天早上纠结穿什么了，这样就能把更多的精力放在工作上，同时自己也不需要买太多衣服。

福利不仅仅限于提高工资水平，还包括工作环境的创设以及其他一些福利。我觉得教师的专业成长更加重要。教师的专业成长可以内化为教师的能力，这是到哪里都能使其立足的东西。所以，在专业培训上我们的投入是大量的。

金钱只能满足一时的快乐，通过努力取得成就更能让老师感受到幸福。比如，我通过努力出去做了一次讲座，我上课很成功，或者家长会上的展示得到了家长的认可，那种幸福是发自内心的，会让人越发地对自己的职业有认同感。通过这些努力，我希望老师们能够从工作中收获更多的幸福，然后把幸福传递给孩子们。

霍 听了这些，我感悟到一句话：幸福与人分享就成了两份幸福；教师把幸福与孩子们分享，就成了很多份幸福。教师把幸福传递给孩子，就和孩子建立起了良好的师幼关系。

刘 是啊。李子勋说过“关系大于教育”，我想他讲的不是过度亲密、依恋的关系，而是和孩子建立一种自由和谐、彼此尊重的关系。这种师生间的幸福传递有益于师幼关系的建立。

孙 “幸福会传染”，这是哈佛大学和加州大学圣地亚哥分校的研究结果。该研究以近 5000 人及其亲属、朋友和同事 50000 多人为研究对象，发现个人的幸福主要来自于集体，一个人是否幸福在很大程度上取决于他的朋友或周围的人是否幸福，或者他的朋友的朋友，甚至是朋友的朋友的朋友是否幸福。[1] 这个发现表明，一个人的幸福会像水波一样荡开来，影响到周围的人。

刘 在幼儿教育活动中，我期待教师幸福的微笑能作为新型平等师幼关系的“代言”，成为进入幼儿心灵的“通行证”。教师幸福会使幼儿受到潜移默化的影响，能让教师跟孩子们建立起亲密的关系。西方有句谚语说得好：“教师就是面带微笑的知识。”让教师成为悦己悦人的幸福传递者，让幼儿园成为制造积极情绪体验的“沃土”，让幼儿体验幸福、真诚与和

[1] 你微笑世界也会微笑：快乐会传染 [EB/OL]. [2012-04-05]. http://en.dict.cn/news/view/801.

谐，最终形成健全的人格，这是教育的理想状态，也是教育的正解。

☆为有准备教师之幸福成长搭建支架

孙 在刘园长看来，教师是幼儿学习活动的支持者和引导者，是快乐的传递者，同时也像孩子一样是学习者。只要不断学习，每一位教师都能成为优秀教师。

刘 我希望老师们每一天都开心快乐，感受到生活充满阳光，工作过程是一种享受而不是一种劳役，是自我实现而不是单纯的付出。只有老师们发自内心地开心快乐，才会把这种快乐传递给孩子，才能有专业上的不断成长，才能成为优秀的教师，才能创造出优质的课堂，才能为幼儿提供优质的教育。

树荫下的幸福时光

霍 有人曾说过，教育是心灵与心灵的沟通、灵魂与灵魂的交融、人格与人格的对话。教师在教育中起到关键的、决定性的作用，没有好的教师，就没有好的教育。同时，一所幼儿园的成功在很大程度上也取决于教师队伍的质量。拥有一支团结稳定、充满爱心、富有创新智慧和满怀幸福感的教师队伍，是一个园所发展的关键和获取进步力量的源泉。

刘 每一位教师都是重要的。“人才资源是第一资源”，一所现代幼儿园必须以人才为本，以教师为本，建设一支高素质的师资队伍，积淀厚实的人才底蕴。这里还体现了管理者尊重人才、爱惜人才的内涵。人才有着自己独特的思考能力，不会轻易盲从他人的想法。因此，管理者不能以自己为权威，限制教职员工的做事风格，要充分尊重他们的自主性与创造性，这也是对“惜才”的真正诠释。

☆ 成为幸福成长的有准备教师

霍 幼儿教师之所以成为人们心中天使的化身，是因为幼儿尤其需要细心的呵护，幼儿园教师的爱心尤为重要！有足够的爱心，教师才会保证自己实施的教育恰当和有效，也才能在这项爱的事业中立足，从而在人生道路上闪耀出属于自己的美丽光芒。

案例 3–13

我的成长[1]

我是一位 1987 年中专毕业的幼儿教师，自认为有“孩子缘”就会比其他教师多一点天资，因为热爱孩子，所以能满怀激情地和孩子们在一起。1992 年来到深圳实验幼儿园，从没有离开过一线的我一干就是 20 多年。日复一日与娃娃们朝夕相处，除了细心照顾他们

[1] 本案例由深圳实验幼儿园匡欣老师提供。

的吃喝拉撒，更要耐心地做些琐碎的事务性工作，还要承受来自同行和家长给予的压力甚至是委屈。久而久之，我产生了倦怠感，失去了以往的热情与干劲，变得迷茫。

2006年夏天，细心的刘凌园长找我促膝谈心，询问我的追求目标，我向她表达了想在一线做出成绩，又担心瓶颈期里难以保持激情的矛盾想法。刘凌园长肯定了我目标的明确性，肯定了我一贯敬业爱岗的精神和雷厉风行的工作状态，同时鼓励我刻苦学习专业知识，要努力成为教师的领头人，并承诺接下来会为我们创造很多提升业务能力和综合素质的学习机会。此后，类似这样的谈话多了起来，有时在餐厅，有时在会议室，有时在旅行中。我们不仅是上下级同事关系，更是生活中要好的朋友，虽然有时也会因为工作产生小摩擦或争吵，但无论怎样，我每一次都能从她的眼神里有所领悟……也不知从什么时候开始，刘凌园长越来越喜欢“压担子”给我，我每次都竭尽全力去完成每一件任务，在此过程中，我养成了每晚阅读的习惯，掌握了用理论指导实践的具体方法，积累了丰富而宝贵的一线经验，勇于冲出幼儿园与同行竞争和交流，我的内心世界开始变得强大起来。2008年，我以名列前茅的成绩考入广东省学前教育讲师团，成为一名优秀的培训师，并且在全园无记名投票中以最高票数获得了参评“广东省南粤优秀教师”的机会。当刘凌园长真诚而充满期望地向我表示祝贺时，我暗自下定决心：一定要完成园长的夙愿——做教师的领头教师，为实验幼儿园争得更多的荣誉。从此，每天中午或下班后我利用点点滴滴时间对一日活动各环节进行分析和研究。暑假间，我提前一周上班，带领班级老师一起开展环境创设，手把手地指导青年教师。我还大胆地将我园“传统式家长会”创新为“体验式的家长会”，并在全园甚至全省、全国推广。同样是日复一日地做着一线平凡的工作，但我站的高度不同了，领略着别样的风景。2010年，我获得“广东省特级教师”称号，刘凌园长无比激动地祝贺我说：“非你莫属，实至名归。”我深知，没有实验幼儿园这方舞台，没有刘凌园长“以人为本”的先进管理理念，没有团队协作，就不可能有我人生质的改变。

每位对事业有着强烈追求的教师，都期望能从一个普通的教书匠转变为一个富有育人意识的教育家。这不仅需要教师自身的努力，更需要一位敢担当、富有智慧、充满人格魅力的领导。我们敬爱的刘凌园长，就是极力促进骨干教师不断成长的，不可多得的好园长。

和孩子们在一起的广东省首批学前教育特级教师匡欣

霍 有人说，教育是温柔的征服，爱是这种征服最有效的方式。因为幼儿教育是爱的教育，所以，优秀的幼儿教师首先要有爱心。教师不仅要爱漂亮可爱的孩子，也要爱长相一般甚至有缺陷的孩子；不仅要爱聪明机敏的孩子，也要爱发展速度缓慢甚至迟钝的孩子；不仅要爱听话的孩子，也要爱调皮的甚至有问题行为的孩子；不仅要爱家庭背景富裕、社会地位高的孩子，也要爱一般家庭甚至困难家庭的孩子。

刘 如果教师没有爱心，我想是不适合在幼儿园工作的。以前我如果发现一位教师在专业上弱一些，就会非常焦虑，希望能快点促进她的专业成长。但是家长想的往往和我们不一样，孩子喜欢这个老师，家长对其评价也好，如果我基于专业性的考虑把这位老师换走，家长还会不同意。这让我越发觉得，爱孩子是最重要的品质。至于专业，我觉得有了职业认同感，专业水平和专业能力是会不断提升的。所以，相比“对孩子的爱”来说，专业是第二位的。

孙 另外，教师对孩子行为、心理的敏锐度也很重要。教师看到孩子的行为后，会分析孩子行为背后的原因。比如，教师要对家长说今天他的孩子又跟同学打架了，就应该既能向家长清楚地描述事实，又能分析孩子这个年龄阶段的特点，了解孩子的行为背景，并给家长提出建议。这也就是描述事实、分析原因、指明方向三个过程。这三个过程做好了，就做到了“先用敬业感动家长，再用专业指导家长”。

霍 除了对幼儿有爱心之外，优秀的教师还应具备这几个方面的素养：首先，接受过学前教育专业的系统学习，了解孩子的发展、幼儿园课程与教学等方面的理论知识；其次，还应具备几种能力，比如与孩子交往的能力、创设和利用环境的能力、组织能力、开展家长活动的能力等。

孙 如果让刘园长对教师讲一句话，你会说什么呢？

刘 我大脑中第一时间想到的就是希望他们不断学习。新教师要学习，老教师更要学习，学习是伴随一个人终生的，只有学习才能不断成长。不但要向书本学习，在团队中互相学习，还要向我们的孩子学习。我认为，无论任何时候都应该将师风师德建设放在首要的位置，教师道德品质与爱心都应该作为最重要的教师评价标准。心中有爱，教师才会自觉地学习儿童教育的技能，了解儿童的发展规律；心中有爱，教师才能全面关注和公正对待每个儿童，包容孩子的个性差异；心中有爱，教师才能及时关注孩子身体与情绪的细微变化和需要，并不断反思，完善和提升自己；心中有爱，教师才能用源自生命的热情激发孩子的潜能，引导儿童形成更加自信和富有创造的品质。

霍 幸福成长的教师，除了爱心，还应该让儿童体验快乐，并让教学更加有效。幸福成长的教师首先是有准备的教师。经历了适宜的培训并拿到了相关的资格，这是教师上岗的前提条件，但并不是有准备教师的全部，有准备的教师需要在经过深思熟虑后准备教育的各个环节，追求“润物细无声”和“无声胜有声”。比如，环境创设是教师重要的工作之一。教室的环境如何布置，选择怎样的玩具和游戏，都需要教师精心设计和挑选。教学是孩子们在老师精心提供的环境中的自主学习，是孩子们对老师精心制作的材料的自由探索。表面上看来进行自由教学的老

记下我们童年的幸福

师，实质上是儿童发展环境的创造者，是儿童在对环境进行探索时的观察者和引导者。

刘 幸福成长的教师还应该是不断整合各个领域教育目标并实施有效工作的人。教师的多种角色定位体现在以下几个方面：一是关怀儿童成长的环境（学习型社区）的创建者；二是儿童发展与学习目标的确定者；三是为了实现重要的发展目标而对课程进行精心策划的决策者；四是儿童发展与学习的评价者；五是与家庭建立互惠关系的合作者。

第四章
实施富于文化内涵的管理

人人有事管、事事有人管，这或许就是以人为本管理的核心所在。

文化很大，大到能左右幼儿园的荣辱兴衰；文化又很小，小到我们如何对待墙上挂歪的一幅画都是需要用心去琢磨的。

我追求的是水到渠成的柔性管理。

管理是一门科学，因为它需要规范；管理是一门艺术，因为它需要沟通。

一、理解幼儿园的文化管理：一种人文交融的管理行为

霍 我们一直在谈儿童的幸福成长，这是我们作为教育工作者一直追求的目标。为了这一目标，教育工作者要树立正确的儿童观，要为儿童建构自主学习的课程体系，要做有准备的教师……这些教育工作与教师的专业成长均离不开“管理”。

刘 管理是保障我们所有教育工作有效运转的幕后推手。没有科学有效的管理，任何目标都将只停留于理想的层面，因为教育不是一个人的行为，而是一个团队的行为，是教师、家庭、园所共同努力的过程。这种在团队工作中，合理设计并保持某种特定的环境，从而使团队能够高效地实现既定目标的工作过程就是管理。它既包括对人的管理，也包括对物的管理，还包括对事件的管理。管理的要素是多方面的，包括了人、财、物、事、信息、时间和环境等。管理是一个动态的过程，是以人为主体，组织核心要素的过程。[1]

孙 管理对于幼儿园的工作来说非常重要，儿童幸福成长这一目标的实现必定离不开幼儿园合理有效的管理方式。刘园长你是通过什么样的管理实现儿童幸福成长目标的?

刘 在多年的幼儿园管理实践中，我总结出这样一条经验：文化管理是实现幸福成长目标的最佳方案。所谓文化管理，它是科学管理新的发展趋

[1] 秦明华，等．幼儿园组织与管理 [M]. 上海：复旦大学出版社，2008：3.

势，是管理适应现代社会经济发展大趋势的必然选择。[1] 如果说科学管理可以保障幼儿园各项工作高效有序地开展，那么文化管理就是从文化的高度来管理幼儿园，以文化为基础，更加强调人的能动作用，强调团队精神和情感管理。儿童幸福成长这一目标本身就蕴含着更多的情感因素，更加强调人的生活品质、人的主观情感体验，单靠科学管理或者说制度上的管理是很难实现的，只有采取文化管理的方式，才能为幸福成长提供能源、创设平台。

☆彰显园本文化的价值

运动会掠影

霍 幼儿园文化管理是站在文化的高度管理幼儿园的各项工作，是以文化为基础的管理，使文化成为幼儿园各项工作的推动力。可以说，幼儿园文化管理的核心在于彰显园本文化的价值。

刘 幼儿园文化是指在幼儿园长期的教育实践中积累和创造出来，并为其成员认同和遵循的观念体系、行为规范准则和物化环境风貌的一种整合和结晶，一般可分为精神文化、物质文化和制度文化三种形态。幼儿园

[1] 文化管理 [EB/OL]. [2012-02-10]. http://baike.baidu.com/view/941746.htm.

文化在一定程度上决定着幼儿园的精神面貌，是凝聚和激励全体保教人员进行教育教学改革的精神力量，是幼儿园得以持续发展的巨大内驱力。[1]幼儿园文化在幼儿园发展中既可以凝聚成员的力量，引导幼儿园的发展方向，调动成员的内在动力，又可以塑造园所成员的行为规范，支持园所制度的形成与落实。

霍 幼儿园文化管理正是充分发挥了文化的这些作用与价值，使人与文化形成双向互动的关系。也就是说，在幼儿园文化管理中，文化激励并约束、指引着幼儿园的每一个人（教师、家长与孩子）向着共同的目标努力，同时在这一过程中，每个人又都是文化的创造者、继承者与改造者。在幼儿园的文化管理中，幼儿园文化与人之间是相互促进、共同发展的关系。

刘 是的。在幼儿园的管理中，尤其要防止脱离文化的管理。管理脱离了文化，不但不能发挥文化的价值，还会使文化随着时间消退，幼儿园就容易演变成缺乏文化底蕴的幼儿园。幼儿园脱离了文化，其情感管理的作用就很难发挥，只能依靠制度实施管理。单纯的制度管理往往缺乏人情味，是冰冷的，没有温度，是死板的，缺乏灵活性。因此，这样的管理模式很难使人感受到幸福，也就无从谈起以儿童幸福成长为目标了。因此我们说，彰显文化价值的幼儿园管理是保障儿童幸福成长的最佳方式。

☆ 强调对人性的尊重

霍 说起管理总会涉及三个问题，即谁在管、管什么、如何管。一般的管理都是有专门的管理者在管，他要运用自己的管理学知识制定相应的制度，设计相应的管理方案，然后召集、组织并分配人员在他的带领下实施他的方案，他还要经常监督、检验相关人员各项工作的落实情况，以确保大家的工作都在他的计划中有效地进行着。这样的管理者是事务的全权

[1] 线亚威，等. 幼儿园文化建设指导策略 [M]. 北京：高等教育出版社，2011：3.

负责人，被管理人员只需要服从并按照管理者的方案实施工作。这样的管理是一个有序且需要监控的过程，它是高控的，降低了人的能动性与创造性，使人与机械的作用等同。

刘 幼儿园文化管理应更加强调对人性的尊重，原因在于学前教育是一项爱心事业，需要教职工更多的发自内心的认同。体现尊重的管理有赖于文化价值的发挥，如果文化成为组织成员行为规范的塑造者与约束者，就不需要强硬地推行死板而教条的规章制度，也不需要太多人为的监控行为。这样，人与人之间的关系就不再是管理者与被管理者、监督者与被监督者的关系，而是一种合作伙伴、分享者的关系。可以说，文化管理中人与人之间的关系将更加和谐，相互之间更加信任。一个和谐信任的团队关系将有助于幸福温馨的环境氛围的形成。

霍 此外，文化影响并塑造着团队成员的行为规范，使之更有利于目标的达成，而且这种影响不是单向的，在这个过程中，人也会影响文化的继承与发扬。这样，人就不是被动的执行者，而是主动的创造者。所以，我们说文化管理中一直强调的是对人性的尊重。

☆重视团队精神的建立

刘 我们一直都很重视人本主义思想在幼儿园管理中的运用，我们常说幼儿园的各项工作都是以人为核心的，因此我们希望人的主观能动性与创造性得以发挥。但人本主义只是强调了对人性的尊重，而忽视了在团队中的人与个体化的人的区别。管理是一种团队行为而非个体行为，管理在于每个人都要向着同样一个目标努力，不仅需要工作的分工，更需要合作，它需要实现对个体行为的某些限制。因此，单纯地强调以人为本的管理将可能会导致低效的行为结果。

霍 文化管理正好弥补了这些不足。文化在人的行为上的约束是一种深层次的约束，一种源自价值观念上的约束，一种对做人做事理念的塑造。因此，文化管理不仅尊重了人性，更加注重团队精神的建立，注重团队共同目标的确立，并推动团队中的每一个成员为之努力。

刘 我的方向就是建设一所文化管理下的幼儿园。我常说，我不是管理者，我是为大家服务的人、提供资源的人。幼儿园一直提倡的管理理念就是“事事有人管，人人有事管”，每个人都是幼儿园的主人，每个人都在为幼儿园的发展主动奉献自己的力量，因此，很多时候我在不在幼儿园，都不会影响工作的开展，每个人都会有序地将工作做完。很多工作不需要园长监督，也不需要园长做过多的评价，因为每个人内心里都有一个很高的标准，这个标准有时甚至超过园长的期待水平。这个标准正是实验幼儿园的文化在每个人心中定制的一把“尺子”。

孙 幼儿园文化管理的前提是园本文化体系的建立与运用。文化体系可能比一种外显的规章制度的建立要慢一些，然而它一旦建立起来，并在幼儿园的管理中发挥作用，就会迅速促进幼儿园各项组织工作的开展，并形成一种多元互动的良性循环。

霍 幼儿园文化管理的最终目的是实现幼儿园的教育目标，因此，幼儿园管理的核心又集中于解决如何使课程更加有效、如何支持教师的实践工作、如何为教师的专业成长铺设平台、如何建构家园一体化的教育模式等一些具体问题上。

歌唱祖国

二、幼儿园文化管理与课程：实践其有效性与适宜性

刘 在幼儿园文化管理模式中，一般没有绝对的权威者，每个人的意见都会得到尊重，因此任何事情都会采取一种民主决策的方法。那么，这种管理模式如何保障课程的有效实施呢？

霍 课程实践的有效性与适宜性需要两方面的保障：一是丰富的课程资源准备；二是有效的课程评估与改善系统。幼儿园的课程是在有准备教师的教育计划下，幼儿与环境及人互动的过程。这个过程是否有效取决于它是否可以帮助儿童实现发展的目标或者说是否可以实现教师的教育目标；这个过程是否适宜取决于它是否符合每个孩子的年龄特征、个性特征、文化背景等。

刘 保障课程有效且适宜的管理绝不是一个人或者一部分人可以做到的，而需要全园教职工的共同参与。其中班级管理是保障课程适宜性实践的关键因素，因为班级教师可以很方便地获取幼儿在课堂实践中的表现信息，同时他们与幼儿互动的内容也是课程的重要组成部分。而班级之外的管理，包括行政后勤等相关部门参与的管理是保障课程有效的关键因素，因为他们可以为幼儿提供丰富的课程资源。为了便于分析，在这里我们将班级管理之外的管理界定为园级管理。

☆保障课程有效性实践的园级管理行为

刘 园级管理为课程实践提供了丰富的外围环境与资源库，是课程实践中不可缺少的保障体系。园级层面对课程的管理主要是实现课程的有效运行。何谓有效？主要是看课程实践行为是否可以促进儿童的发展，并且这种发展是以幼儿园培养目标为导向的。

孙 每所幼儿园或者每所教育机构都会制定自己的培养目标，并依

据这个培养目标制定相应的教育方案。而课程实践方案是整个教育方案的核心部分。那么，从园所管理层面讲，如何去保证课程实践方案的落实呢？

霍 如果课程实践方案的目标是实现培养目标，那么其他的实践行为就是课程实践能够实现培养目标的保障。因此，园级管理行为既是课程有效实践的资源与环境的准备，也是一种评估与改善课程实践保障其有效性的管理行为。我们可以从环境与资源的准备行为和课程有效性的评估与改善行为这两个方面来进行分析。

刘 是的。我们先来说说环境与资源管理的准备行为吧，我认为主要包括以下几点。

（1）园所整体环境的规划与管理

园所整体环境体现了幼儿园的教育理念，营造着一种表征幼儿园文化的氛围，对幼儿起到一种隐性的教育作用。因此，很多幼儿园都会重视对园所整体环境的规划与管理，他们称之为“门面”。我们在这里将幼儿园外围（班级以外）整体环境称为室外环境。这些环境包含了大门、围墙、楼梯、走廊、门厅、宣传栏，还包括户外活动的大型玩具区、器械区、沙池、水槽等。可以说室外环境的范围很广，是全园幼儿共享的环境，同时还可能是与社区居民共享的环境。

多功能厅

户外活动区

孙 一般情况下，班级教师除了规划户外运动使用的场地外，很少将室外环境纳入自己的课程规划中。甚至许多幼儿园重视室外环境的创设可能也不是出于对幼儿教育目标的考虑，而是因为它代表着幼儿园的形象。

霍 的确有这样的现象存在。实际上，室外环境对孩子的发展起到了潜移默化的影响，因此，在文化管理中，室外环境的作用非同小可，它可以说是文化传播的使者，也可以说是儿童幸福成长的乐园。文化管理对于课程实践的贡献之一就是将幼儿园室外环境与课程目标融合在一起，对于室外环境的规划与管理不走形式主义，而是从儿童发展的角度出发。

刘 实验幼儿园采取文化管理模式的原因之一就是教师们对待室外环境的方式。我们一直很重视室外环境资源与儿童发展的关系，除了我们亲身体会到的儿童在户外开展的混龄社会交往活动外，还有室外环境中的学习资源。2011 年深圳市福田区成立了六家特色教师工作室，我园将“室外学习环境开发与利用研究”申请为工作室的研究主题之一，并以此命名成立了“刘凌、杨梅幼儿园室外环境开发与利用特色教师工作室”。

工作室的研究内容主要包括三点。①自然环境开发利用：引导幼儿关注自然、感受自然、融入自然，形成欣赏、尊重环境及生命万物的品质。②室外学习活动设计：充分利用室外环境进行五大领域的各类活动。③混龄交往平台创设：在大自然的环境中，孩子间会自然产生和谐与和平，从而促进幼儿社会交往能力的均衡发展。

工作室的研究目标是：①努力开发幼儿园室外环境中的潜在资源，在实践研究中检验其与幼儿学习发展的关系；②设计不同的活动形式，因地制宜，合理利用幼儿园室外环境资源；③进行五大领域学习内容与室外环境资源整合的行动研究，创建相关课程资源库。

孙 室外环境在课程中的作用一直以来都被忽视了，需要有人带头帮助大家转变理念。你们工作室的研究就像一粒种子，将会发挥越来越大的影响。

刘 2011 年 12 月，工作室揭牌仪式在深圳实验幼儿园举行，标志着工作室的正式成立以及对“室外学习环境开发与利用”研究的起航。来自深圳市福田区九家不同性质的幼儿园加入工作室的研究中来，他们先从自己幼儿园的室外环境着手，开发室外每一处环境中的资源，将其运用到儿童的教育中，将其与儿童的教育目标联系起来，同时我们借助他们的力量，对我园的室外环境开展了行动研究，使我园的室外环境资源得到充分的利用和开发。2012 年年初，我们又设立了工作室的网站，与幼教同人分享研究过程，使越来越多的幼儿教育工作者意识到室外环境的教育价值。

工作室成员合影

工作室揭牌仪式

孙 是否可以这样理解：室外环境资源的开发与利用实际上也是园本课程实践的准备环节？

刘 完全可以。室外环境资源的开发与利用是否合理，影响着园本课程实践的方式与质量。下面来谈谈环境与资源管理的准备行为的第二点。

（2）园级环境资源合理使用的管理

刘 园级环境资源可以作为课程资源的一部分，它为孩子的学习提供了更加丰富多彩的内容，然而这部分资源毕竟是全园幼儿共享的资源，如何合理地加以利用，保障所有幼儿都有机会与这些资源互动，就成为资源管理中需要解决的问题。

霍 为了解决这一问题，通常的做法是编制场地使用的时间表，每个班级服从安排与管理。而文化管理不是让师生成为制度的服从者，而是成为制度的创设者；规则不是某些权威人士制定出来大家服从的，而是大家共同协商的结果。因此，在文化管理中，园级环境资源的管理与使用会交给师生共同承担。

刘 是的。幼儿园相关负责人只需要将资源场地尽可能地分隔成不同的区域，对这些区域的布置与使用就不劳他们费心了，教师会将这些机会还给孩子们。因为环境的创设与布置同样是课程实践中的重要内容。

孙 我就曾亲眼看到了这样的场面：孩子、教师、家长忙得不亦乐乎，一起动手布置幼儿园外围环境。他们集思广益，将幼儿园外围环境中每一块资源都挖掘出来，使其变得好玩，并拼出幼儿园室外环境的地图，放在明显的位置，这样每个孩子都能了解室外每一处环境的好玩之处。室外环境与班级环境一样被分成了不同的游戏区，如攀爬区、沙池区、种植园区、球类区、平衡区……每个区还进行了创意的规划，并提供了不同的玩法。有些孩子和老师一起成为区域的服务人员，帮助来到这个区的孩子进行一些游戏性的锻炼；有些孩子承担安全巡视员的角色，将可能出现的安全问题汇报给老师。孩子们承担了不同的角色，感受到了不同责任带给自己的不同体验。

刘 每天清晨，孩子们来园的第一件事就是去选择自己在户外的游戏场地或材料，来园早的孩子可以玩到自己喜欢的不同室外游戏。因此，在文化管理模式中，幼儿园室外环境资源使用的管理是民主的，是孩子与教师共同协商、共同参与的。下面谈谈环境与资源管理的准备行为的第三点。

（3）卫生保健资源的管理

刘 在文化管理模式下，幼儿园卫生保健管理工作与其说是管理，不如说是为幼儿健康发展提供的一种服务。幼儿园设有卫生保健部门，指派专人负责相关的工作，比如保健医生。他们每天为孩子做晨检，定期组织孩子与教师进行身体检查，定期检查班级或办公室的卫生情况以及每一个人的个人卫生情况等。文化管理模式更注重每个人的积极参与以及自主自我的管理，因此，卫生保健专门人员不是管理者，而是服务者。他们为大家提供更加专业的卫生保健知识以及相关的资源，每个人都会自觉地管理自己，孩子也不例外。卫生保健专业人员的工作目标是促进幼儿的健康发展，因此，我认为他们的工作也是课程资源管理的一部分。

霍《3—6岁儿童学习与发展指南》强调了健康在儿童学习与发展中的重要地位，并指出，“为促进幼儿身心健康发展，成人应为幼儿提供合理均衡的营养，保证充足的睡眠和适宜的锻炼，满足幼儿生长发育的需要；创设温馨的人际环境，让幼儿充分感受到亲情和关爱，形成积极稳定的情绪情感；帮助幼儿养成良好的生活与卫生习惯，提高自我保护能力，形成使其终身受益的生活能力和文明生活方式”。可见，为了实现“健康”这一发展目标，不仅需要班级教师为幼儿提供身体锻炼的机会以及心理健康发展的人际氛围，还需要幼儿园为幼儿提供卫生保健相关的资源。因此，卫生保健相关的资源管理也是幼儿园课程管理的重要内容之一。

孙 卫生保健人员在幼儿园一般会提供这样一些服务：常规的晨检，一般疾病的预防与救护，定期心理健康测查，饮食卫生检查，科学食谱搭配建议，保育工作规范化指引，等等。

刘 虽然卫生保健工作的专业性体现在保健医生等专业人员的管理上，但作为课程资源管理的一部分，它还在于每个人的自主管理。首先，教师对卫生保健内容的管理主要以班级保育教师为主，他们不仅要负责班级的整体环境及个人卫生，还要负责培养班级幼儿的良好生活习惯。他们会与保健医生配合，定期向保健医生学习相关的卫生保健知识，更好地为班级服务。

孩子们对卫生保健的管理尤为重要，因为他们才是课程发展目标的第一主体。在文化管理模式下，一个鲜明的特色便是孩子们不是被管理者而是管理者。他们为了自己的健康成长自觉地负起管理卫生保健工作的责任。他们不仅可以做值日生检查班级卫生情况，还可以参加食物的评选活动，为自己的早餐或午餐打分。他们不仅需要学习独立的生活技能，还可以组成互帮互助小组，互相指导生活上遇到的问题。在这种模式下，他们的做法和意见都会受到尊重，为了共同的健康成长目标，他们可以采取自己喜欢的做法，可以有创新的点子，也可以在班级中成为帮助他人的积极分子。

霍 最后是家长对卫生保健的管理。发展适宜性教育实践指出，适宜性的教育内容要符合孩子的文化背景，这里的文化背景主要是孩子的家庭生活背景。因此，家长的参与为幼儿的成长提供了更加适宜他们的课程资源。尤其是在卫生保健方面，家长更有话语权。他们了解孩子的生活习惯，也会对孩子生活习惯的养成产生重要影响。

刘 在这方面，我们园的具体做法是：家庭与园方共同组成“伙食委员会”，一同商议孩子的饮食搭配问题，一同检测幼儿的饮食健康与卫生情况。下面这张结构图显示了家长是幼儿园管理成员的一部分，共同为孩子的健康成长负责，参与幼儿园卫生保健的管理工作。

精心制作餐点

津津有味

孙 卫生保健工作不仅关注孩子的身体健康，还要关注孩子的心理健康。在这方面实验幼儿园是怎么做的?

刘 从两个方面着手：一方面，深圳市相关专业部门会定期为幼儿园孩子进行心理健康的排查工作，并为每个家庭提供相关的教育建议，如果发现孩子存在一些心理方面的问题，家长可以和教师一同面对，咨询相关的心理专业人士，提供特殊的教育服务，一同为孩子的健康成长努力；另一方面，在保健医生的牵头下，班级教师与家长会定期跟进孩子的心理健康问题，遇到困难还可以随时与教研室的心理学研究生共同探讨。下面谈谈环境与资源管理的准备行为的第四点。

（4）安全保障方面的管理

霍 安全问题是幼儿园不容懈怠的最重要的管理以及教育内容之一。幼儿园文化管理模式关于安全问题侧重于两个方面的管理内容：一是提供安全的学习与发展环境；二是提供学习机会让孩子形成自我保护的意识。

刘 首先是关于安全环境资源方面的管理。为了保障环境方面的安全，幼儿园需要在各个环节加强管理，让每一个角落、每一个时间段都有专人负责安全管理。从幼儿园大门开始，幼儿园门卫以及社区巡警等相关人员会时刻关注周围环境中的安全问题，预防并消除关系到孩子的安全隐患；在幼儿园内部，走廊、庭院等位置都会有人时时巡视，预防孩子出现安全事故；在班级里，教师将每一处环境都设置成安全的环境，比如桌子的硬角贴上软膜、没有尖锐的物品、安全插座设置、安全护栏设置等。总之，大家共同配合，保障幼儿园从内到外每一处环境都尽可能是安全的。这是常规的安全环境设置方面的问题。

其次是应对突发情况的安全防护。生活中总会存在很多不稳定的因素，比如火灾、地震、不法分子入侵等天灾人祸，会带来的安全问题。因此，不管是常规的还是突发的各种情况，都需要我们为孩子设置好安全防护管理工作。

消防安全演练活动

链接 4-1

应对突发事件的紧急预案

（一）成立突发事件领导小组，落实各部门职责

1. 成立由园长、后勤分管副园长、保健人员、各班班长、保安人员组成的领导小组；

2. 按照各自的分工进行工作。

（二）日常工作要求

1. 领导小组要定期检查，发现安全隐患及时处理；

2. 幼儿入园、离园时，保安人员要在大门口巡视，幼儿入园、离园后及时关闭大门，防止无关人员进入幼儿园；

3. 幼儿园大门保持上锁关闭状态，有外人进入时，必须查明身份，做好记录后方可入内。

（三）事件应急处理

1. 突发事件当事人应立刻通过电话报告园长；

2. 园长、保健医生等相关人员迅速赶到现场，按照职责进行工作；外来因素造成的突发事件要报告主办单位领导；

3. 如是意外事故，保健医生简单处理后速送医院；如是外来人员造成的事故，迅速拨打110报警；

4. 紧急疏散幼儿和工作人员到安全地带，确保幼儿和工作人员的生命安全；

5. 在等待救援的同时，严格控制闲杂人员和家长进入幼儿园，避免出现混乱状态。

深圳实验幼儿园

2012年9月

孙 每个学期的安全预案就是幼儿园帮助幼儿预防各类突发事件的一种安全管理措施。据媒体报道，近几年在我们国家发生过的几次大灾难中，生存人数最多的就是那些经常进行消防演习的学校。因此，这种安全预案工作是安全管理中必不可少的重要内容。

霍 最后是要创设学习机会帮助孩子增强自我保护的意识。不管我们再怎么精心，如果孩子不懂得自我保护，危险也总会靠近孩子。只有懂得了自我保护，体会到生命的意义，孩子才能真正做到安全成长。

刘 是的。我园会在每个学期始末定期实施两次“安全教育周”，通过特定的、密集的教育活动帮助孩子形成安全意识与自我保护意识。在这期间也会根据需要随机实施安全教育。不管是何种形式，安全管理都是孩子健康成长的关键保障，因此我们说，安全管理也是课程管理的内容之一。

（5）课程资源库建设与管理

文化管理模式下的幼儿园希望给孩子创设的是一个充满各种可能的丰富的环境。当然这种环境也是安全和卫生的，前面提及的管理行为就为环境的安全卫生提供了保障，而环境的丰富性、挑战性才能使得孩子在与环境的互动中获得学习与发展的机会。因此，为孩子提供具有发展可能性的环境资源也是课程管理工作的重要内容。

幼儿园建立了课程资源库，将各种适用于幼儿学习与发展的环境、文化以及知识的资源存储在里面。这个资源库有两个层面：一个是现实的物质的层面，即专门存储活动材料、表演道具等资源的房间，以及存储各类图书的图书馆等，都由专人管理；另一个是虚拟的电子版资源库，将教师优秀的活动设计、组织过的活动录像等资源分门别类地放在计算机中（上传到网站上）用于教师共享，也有专人负责管理。这些资源就为教师设计课程、组织实施各类活动提供了资源保障。

孙 能看出来，刘园长带领团队在课程的资源管理和内容开发方面做得很好，且颇有收获，体现了深圳实验幼儿园提倡的“三人行”课程理念。下面再来探讨一下课程评估方面的内容吧！

霍 评估是课程有效实施不可缺少的一步，因为评估为课程每一步方案的设计与有效实施提供了参考依据，也为师幼在课程实践中的行为提供了动力，更是对评价课程实践是否能够完成课程目标提供了标准。可以说评估是课程实践的导向与动力。如何对班级课程实践实施评估就成为园级课程管理非常重要的内容。

刘 总的来说，园级课程管理在评估方面的管理行为主要包括：对于课程设计适宜性的评估，对于班级环境适宜性的评估，对于教师在课程实践中有效教育行为的评估，对于班级一日活动环节设计的评估，对于幼儿发展情况的评估，等等。这些评估的目的一方面是激励教师提高实施课程的有效性，另一方面为促进改善课程实践行为提供专业的指导。

针对不同的评估内容与评估目标，幼儿园相关人员会采取不同的评估方法。比如在班级环境的评估中，如果是考察环境是否适宜儿童学习与发展需要，以及教师是否对环境进行了适时的调整，我们可以采取跟进班级一日活动，观察在活动中幼儿与环境材料的互动情况等方式来判断；如果是要考察环境材料的整体创设问题，可依据相关的量表，实施观察、测量与评估。再比如，在一日活动环节设计的评估中，我们除了可以观察孩子在一日环节中的表现外，还可以观察教师在每个环节中所发挥的作用，以及教师之间的分工与合作情况等。

孙 最后还要说一下对于幼儿发展情况的评价。这方面的评价以往多采用量表测查，比如测查儿童的身体、动作发展指标，以及孩子的认知行为发展指标等。然而这种方式往往会低估儿童的发展情况，测查结果对于课程进一步实践的指导性价值也不高。

霍 因此，建议幼儿园采取形成性评价的方式，如“作品取样系统”等类似的评价方案。在课程实践中收集孩子表现的数据，并随时进行整理、分析，这样教师就可以更加真实地了解孩子的发展情况，更加有针对性地实施个性化的教育。

刘 课程的评估是课程实践的内容之一，所以我们会将课程评估方案的制定以及评估方式的选择看作是课程管理的重要内容。

☆保障课程适宜性实践的班级管理行为

霍 相对于园级课程管理来说，班级课程管理更加具体，更加贴近课程的实践行为。既然课程的主体是儿童，那么如何体现儿童在班级课程中的主体地位，如何体现儿童在课程中的自主学习，而非为了完成教师的任务？

刘 班级课程管理的目的是使每个孩子都能获得适宜性的发展，都能在课程中获得主动的发展。我们幼儿园一直跟随皮亚杰的认知发展理论，提倡儿童的主动学习，提倡儿童在课程中的主体地位，体现在多个方面：①师幼共同创设班级文化；②儿童参与制定班级规则；③儿童自己解决矛盾和冲突；④尊重儿童的主体地位和民主选择权。

霍 每个班级都有自己的文化，尤其在文化管理模式中，文化具有重要的意义。创设班级文化首先要理解班级文化。有学者认为，文化是一系列的期望、语言、日常生活环节以及大家在一起形成的集体身份认同。[1]也就是说，班级文化反映了每个人在班级中的角色与身份、行为与表现，以及整体的环境氛围是民主和谐的还是高控紧张的。文化管理模式希望给孩子提供一种民主和谐、家一般温馨的班级文化氛围。这种文化氛围不是教师个人的行为，而是每个孩子及家庭行为的总和。因此，在这样的班级文化中，教师、孩子与家庭都会很轻松地融入班集体中。

刘 在这样的班级环境中，随时可以找到代表每个家庭的标志，比如家庭成员的合影，以及允许教师或幼儿展示个性的空间。在这样的文化氛围中，师幼之间是合作的关系，大家会一同协商建立班级规则，而不由教师一人决定。每个人都会为维护班级规则而努力，教师不是唯一的“执法者”。这样的班级文化也就保障了民主与平等的师幼关系，让教师有机会成为“有准备的教师”。

[1] 刘艳珍，马鹰．幼儿园组织与管理 [M]. 北京：北京师范大学出版社，2011：55.

图书在环境中随处可见

霍 这种文化的创设还是要从教师的准备开始。教师需要用开放平等的眼光看待每一个孩子以及每一个家庭；教师需要使用适宜的价值观对每个孩子的行为做出判断；教师需要适时地将某些权力交还给孩子或家庭；教师需要与每一个孩子及家庭建立互助和谐的关系……

刘 这种文化的形成，关键也在于教师对待每一个孩子与课程的态度。教师需要把课程看作是孩子的学习行为，而不是自己完成教学任务的行为；教师需要善于将家庭成员纳入课程实践中来；教师需要合理地发挥自己在课程中的作用，正确地看待自己与课程的关系……

霍 在文化管理模式中，教师需要关注的是自己与孩子、与家长的关系，而不是班级的规则是否得以落实。然而，班级规则仍旧是班级实践中很重要的内容，决定着课程的有效实施，以及班级的安全等。因此，教师很难将自己的注意力从规则中转移出来，教师看到的可能是规则对于自身教学工作与组织管理的重要性，而不是规则对于儿童发展的重要性。如果教师意识到建立规则与维持规则是孩子学习与发展的重要内容，他们就不会那么关注规则本身了。也就是说，规则同学习环境一样，都是孩子发展的一种机会与媒介，教师只需要适时地组织与指导，以此促进孩子的学习与发展即可。

刘 比如在规则建立的过程中，孩子从中学到的不是规则的内容本身，而是对关系的一种理解。如果他们理解了自己与环境材料之间的关系，他们就可以正确地操作环境材料，与之有效互动；如果他们理解了自己与同伴之间的关系，他们就可以掌握同伴交往的技巧，实现与同伴之间的有效互动了。或者说，每一次孩子对规则的破坏不仅反映出他们对这种关系的不理解，也反映出他们对这种关系的一种探索行为。如果在这种探索中可以得到教师或同伴的理解与帮助，他们就能够做到理解规则并最终遵守规则。

案例 4—1

为什么妞妞的脸被挡住了？[1]

小三班的孩子们在排练舞蹈。他们都跳得很开心，没有在意什么队形，也不在意观众会看到谁、看不到谁，因为他们不理解自己与空间位置的关系。舞蹈中的“站位”是一个抽象的概念，如果只是将这种规则告诉他们，虽然也可以达到让观众看到每个孩子的效果，但孩子们就成了规则的服从者，他们依旧不理解这种关系，就不能主动地遵守规则。

匡老师为了让孩子们理解“站位”这种规则，就从观众的角度拍了孩子们在舞蹈中的一些照片。在午餐前，孩子们除了回顾跳舞的开心，还欣赏了自己的照片。他们发现一个现象，就是妞妞的脸

[1] 本案例由深圳实验幼儿园沈敏老师提供。

总是看不到。于是，匡老师就组织大家开始讨论这种现象。

经过大家热烈的讨论，他们知道了跳舞时怎样站队才能让每个孩子的脸都被观众看到。

第二天，尽管老师没再强调什么，孩子们都已经注意到了这点。于是，他们相互提醒，不仅组成了很好的舞蹈队形，更理解了一种空间位置关系。这就是他们在对规则的理解中学到的。

孙 遵守规则可以让孩子有效地实践自己的行为，同时，儿童理解规则本身也是一种学习。

刘 其实，在班级课程实践中，规则无处不在，它们是指引孩子有效学习的标尺。如果儿童只是服从规则，那他们就只是记住了规则的内容，并不一定理解规则背后的原因，因此丧失了很好的学习机会，从而使其养成顺从被动的学习习惯，缺乏主动创造的激情。因此，我提倡教师要有意识地引导儿童理解规则，一同建立规则。

孙 如果儿童在建立规则过程中出现冲突和矛盾呢？

刘 除了上面提及的建立规则以外，冲突的解决也是孩子很好的学习机会。因此，班级文化管理将冲突解决也视为有效的课程资源。教师的作用在于如何通过冲突的解决促进儿童的发展，而不是关注冲突解决本身。有效地解决冲突有利于儿童更好地了解人与人之间的关系，以及掌握正确的处理人际冲突的技巧。

霍 幼儿园班级文化管理很注重儿童在课程实践中的主体地位，而这种主体地位的重要体现之一就是儿童的选择权。因此，在班级管理中为儿童提供更多的民主选择权，是儿童获得主动学习能力的重要管理行为。

选择权可以在很多环节中得以体现，比如在就餐环节，可以提供不同种类的食物供儿童选择；如果这样很难实现的话，还可以为儿童提供不同分量的食物供他们选择。尤其是在分区环节，教师可以为儿童创设丰富的学习环境，创设供儿童自主选择学习内容与方式的机会等。

刘 在文化管理模式中，为了保障课程适宜每个孩子的个体差异性，我园的班级教师会将管理的权力交给孩子们，与孩子们一同协商，民主管理班级的环境与规则等，一同解决在班级课程实践中遇到的冲突与各类其他问题，并为孩子们提供更多自主选择的权利与机会。

三、幼儿园文化管理与教师：培养其团队精神与专业素养

霍 儿童的幸福成长需要一种有准备的环境，这不仅是物质层面的环境，还包含一种精神层面的人文环境。这样一种传递幸福的人文精神环境不是靠一两位优秀的专家型教师就可以实现的，而是需要一个团队共同创造的。

刘 如果只是运用传统的行政制度实施管理，虽然可以保障工作的有序有效开展，但无法很好地创设一种人文精神，因此，我坚持用文化管理的模式塑造具有合作分享精神的教师团队，以此激发教师的内在动力，使其主动成长为敬业、专业的有准备的教师。因此，幼儿园文化管理在教师方面发挥的作用就是：塑造合作分享型的教师团队；培养专业、敬业型的有准备的教师。前者是从教师队伍的层面的来讲的；后者是从教师个体专业成长的层面来讲的。

教师团队拓展活动

案例 4—2

蒙住双眼，你还敢前行吗？[1]

周四的傍晚，幼儿园的孩子都接回家了，但是老师们都还在幼儿园，他们正在进行着这样的活动——

一组老师眼睛被蒙住，另一组老师搀扶着他们，两个两个走过许多设置的障碍，最后还要走上孩子的滑梯，在各种大型器械中钻、爬、绕，然后滑下滑梯。游戏结束后大家讨论：你们各自的感受是什么？

被蒙住眼的老师说："我有些害怕，这时我得依靠我的同伴，我要根据他的语言提示，一步一步地走稳，我要完全信任他。"搀扶的人说："我觉得我肩上的担子非常重，我必须把每个障碍描述得非常清楚，把他下一步的动作提前说到位，因为他的安全全部在我的身上，让我觉得责任重大。"

主持人说：大家可以讨论一下，我们的孩子就如同被蒙住眼的同伴，他们是如此的弱小，你的行为是否让他们信任？我们这些同事，是否组成了一个相互信任的团队？你们要怎样做才可以得到孩子、家长、同事的信任？

这就是教师主题沙龙"信任"。接下来的几周，我们还分别进行了"责任"、"尊重"、"合作"等主题的沙龙活动，通过各种游戏、讨论，大家用体验、分享等各种方式去理解什么是团队、什么是专业。

在我们幼儿园，文化管理有多样的方式，但每一种方式都是把人性放在首位，都是去挖掘教师的内在驱动力，得到教师内心的认可和内化，从而形成团队的力量。

[1] 本案例由深圳实验幼儿园吴培老师提供。

☆ 塑造合作分享型团队的管理行为

孙 现在已经告别了个人英雄主义时代，团队合作非常重要，在幼儿园中也不例外。刘园长你是如何打造合作分享型教师团队的？

刘 幼儿园文化管理模式下人与人之间的关系是一种合作分享的关系，一种相互尊重的关系，因此，教师队伍层面的管理目标即为塑造一个合作分享型的教师团队。围绕这一目标，我是这样做的——

首先，创设分享交流的多元平台。

塑造合作分享型团队的管理行为之一就是构建分享交流的多元平台，让这个团队有更多的机会可以相互交流，分享经验。现代信息技术的进展为这一行为开创了条件，比如幼儿园可以创建 QQ 群、内部资源网站以及数据化办公平台等。

孙 一个优质的团队绝不是孤军奋战的结果，一定是大家齐心协力、团结一致的结晶。要促成这种合作就需要创设相应的平台。

刘 我在很多幼儿园都看到了这些交流平台，但关键还在于教师对这些平台的运用情况。文化管理模式下的教师团队是积极主动地参与到园

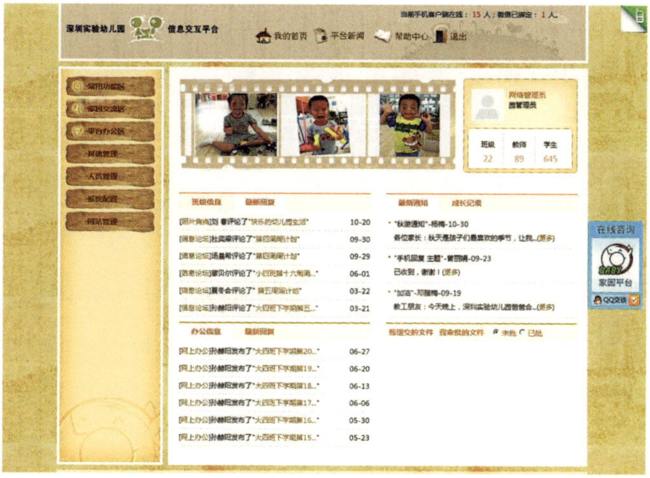

信息化办公平台截图

所管理中的，他们会主动在 QQ 群上围绕在班级实践中遇到的问题展开讨论，会将对幼儿园具体工作的建议放在公共交流平台上。

霍 在文化管理理念下，大家都感觉自己是园所的主人，从而主动对幼儿园的管理负责。园长也只是幼儿园管理人员之一，他会听取大家的建议，为大家提供丰富的教育教学资源与平台。

刘 其次，提供民主决策解决问题的机会。

在传统理念下，我们一定会认为孩子没有能力参与重大决策行为，他们只需要听从教师或者家长的安排就可以了。他们将孩子视为没有能力的附属品，他们不尊重孩子的思考，忽视孩子的想法。而在文化管理理念下，成人尊重孩子的想法，认为孩子有能力为自己的行为负责或做出判断，只要成人为其提供丰富的背景信息。所以在文化管理理念下，幼儿园会提供很多民主决策解决问题的机会并允许儿童参与。举个例子：我园在 2011 年面临园所搬迁问题，在整个过渡期间，召开了多次园级会议以及家长会议、家委会会议，听取大家的意见，此外，还在班级中开展调查活动收集孩子们的意见。一所注重文化管理的幼儿园一定是将孩子的利益放于首位的，幼儿园的行为不应该是教师与家长独断独行的，我们首先应该尊重孩子们的意见。这就是文化管理理念与传统管理理念之间最大的不同。

霍 既然文化管理赋予每一个人管理者的角色，那么每个人都有机会参与园所重大问题的决策，每一个人的意见对于幼儿园来说都是重要的。这里的每一个人不仅包括教师，还包括每一个孩子及其背后的家长。

刘 再次，形成具有专业成长力量的团队。

我们的团队有一股力量，这股力量促使教师在专业道路上迅速提升。这力量源自一种“无私”的团队气质。当你需要帮助时，每一个人都会停下自己的工作来帮助你，这样，一件看似困难的问题就会在大家的帮助下迅速解决了。它使我们领教到了集体力量的伟大。

孙 有人说教师的专业成长不仅是一种能力，更是一种氛围。因此，一个专业性强的团队将会孕育更多专业人才的产生。对这个观点刘园长你怎么看？

刘 专业性强是氛围，也是平台。提升专业需要不断为教师创造机会，让他们开阔眼界、接触前沿信息。我园的每位教职工每年都会有机会到国内各地乃至其他国家去学习，他们又会将学习的过程与收获同集体一起来分享，这样，一个人的收获就变成了几十个人的收获，促进了团队的进一步提升。所以我们说，只有这种团队才有力量不断地向着更加专业的水平迈进，这种具有“无私”精神的团队正是文化管理理念下形成的具有专业成长力量的团队。

孙 听说深圳实验幼儿园为深圳幼教输出了近 20 名园长，是这样的吗？一所幼儿园为什么可以培育如此多的专家型教师？

刘 是的，建园以来，我园已经为深圳各大幼教机构输出了近 20 名园长或副园长。分析下来，关键在于我们注重分享型团队的建立。如果每一个人的行为都会获得他所在团队的支持，他的自信水平以及成长速度就都会提高。而个人的成长又会带动更多人的成长，最终会增强这个团队的力量。因此我经常说：“大家好才是真的好。”我相信教师如果无私地奉献于团队，最终受益的还会是自己。

☆培养专业、敬业型教师的管理行为

孙 教师专业成长一直是保障教育实践优质化的重要内容，也是保障儿童幸福成长的关键所在。刘园长，你是如何培养教师的专业精神与敬业品质的？

刘 教师作为儿童心灵成长的引领者，专业并不是唯一要求，更需要一种敬业精神。因此，幼儿园文化管理的一个重要目标就是培养专业、敬业型的教师，或者说是有准备的教师，因为我们认为有准备的教师是可以为儿童提供有效教育教学的教师，必定是专业、敬业型的教师。 作为园长，我主要从以下几个方面去努力。

第一，提供教师成长的学习型平台。

2011年教育部印发了《幼儿园教师专业标准（试行）》，一方面认可了幼儿园教师的专业地位与角色，另一方面也为幼儿园教师这一职业提出了更具专业性的标准。幼儿园教师专业成长成为当前学前教育亟须解决的问题。我们知道，在国外成为幼儿教师不仅需要较高的学历，还需要经历丰富的职前培训。而在我们国家，幼儿教师不仅学历普遍偏低，而且职前培训力度不够，教师专业化只能靠职后的培训与学习来弥补。根据调查，我们发现很多幼儿园没有为教师提供学习与培训的机会，尤其是一些民办幼儿园。这就使得幼儿教师的专业化过程举步维艰。在我园，一方面我们为园所教师提供各种培训、观摩、阅读的资源与平台，提升幼儿园教师团队的专业性；另一方面，我园还与东莞等地的许多幼儿园合作，派出匡欣、董玉玲等园所骨干教师到这些地区的薄弱幼儿园去实施实践型培训。这样，我们就将本园的优质经验扩散到了其他地方。

第二，支持教师的创意想法与尝试。

文化管理理念下的管理模式尊重每位教师个性与特长的发挥，让每位教师都能感受到自己在职业中的创造力量。因为教师既是课程的组织实施者，也是课程的设计者与创造者。教师的一切课程准备行为都可以带有创造的成分，比如班级环境的创设与材料的投放、活动的设计与组织等。幼儿园园长与其说是管理教师，不如说是为教师服务。这种服务应该是一种投入激情的精细化服务，不仅需要为教师提供课程实施所需要的资源，为他们的专业成长提供平台；还需要耐心地倾听他们对教育的想法以及他们在教育实践中遇到的困惑，和他们一起寻找解决的理论与实践策略；更需要支持他们具有创意的想法。后者十分关键，因为很多园长为了“规范化”的管理，可能会采取“一刀切”的管理模式，不尊重教师个人在教育教学上的想法，让教师失去在课堂实践中的激情，被动执行园所的安排。这样是很危险的，一方面可能会导致教师职业倦怠感的形成，另一方面，没有得到尊重的教师也很难去尊重儿童，形成一种恶性循环。因此，专制的管理模式很难出现民主型的“有准备的教师”，甚至都无法培养出具有正确儿童观的专业型教师。

孙 我理解了。支持教师的创意想法是文化管理理念不同于传统理念的又一明显标志。这种支持不是简单的倾听，而是采取行动、提供资源、创造平台，让教师的想法得以实现，让教师可以在实践尝试中获得成就感，进而促使他们进一步的思考。

霍 我们常说“条条大路通罗马”、“教无定法”，很难说谁的做法就是绝对权威、绝对正确的教育行为，只有经过班级实践考察、有实践依据并不断思考的一线教师才有发言权。专家为教师提供的理论依据也只有与他们的班级实践结合才能发挥作用。因此，我们对教师的尊重、对教育的尊重应该体现为我们要站在他们的角度，支持他们的实践行为。教师是实践大师，理论研究也需要通过这些实践大师去发挥其真正的作用。

四、幼儿园文化管理与家园一体化：拓展教育视野，建构家园共同体

霍 “三人行”教育理念中除了教师和幼儿，家长也是影响儿童幸福成长的重要因素。我们知道，家庭是幼儿园服务的对象，幼儿园的很多实践教育行为多多少少会受到家庭观念的影响，同时，我们很难用制度的方式去约束家庭教育行为，因此，家长工作一直成为很多幼儿园工作中的难点与重点。

刘 是的。只依靠幼儿园的力量，儿童的幸福成长是很难实现的，因为家庭教育环境也是儿童学习与生活的重要组成部分，它同样影响着儿童学习与发展的情况。因此，只有建构家园一体化的教育模式，才可以最终实现儿童幸福成长的目标。

孙 经常听很多园长说：“如果家长支持的话，很多工作开展起来就容易多了；不管我们怎么努力，如果家长不配合，我们的教育就很难说会

起到什么效果。”于是有很多说法，如“5+2=0”（意思是幼儿园五天的教育加上家庭两天的教育等于没有教育）等，被幼儿教育工作者用来形容家园不一致的教育行为给自己教育工作造成的困境。

刘 所以说，我们需要一种可以将家庭教育与幼儿园教育纳入同一轨道的管理模式，扭转两种教育不一致的困境。我认为，幼儿园文化管理模式可以为我们提供有效的管理行为策略。

☆建构家园共同体的管理行为

孙 我们很清楚建构家园共同体的重要意义，但我们依旧困惑的是怎样一种模式是促进有效教育实践的家园一体化模式以及如何建构这种模式。

刘 目前，家园一体化已经成为幼儿教育工作者研究的热点话题。综合各项相关的研究，家园一体化即家庭参与到幼儿园的管理与教育教学中来，成为教师教育的合作伙伴，在一致的教育观念下实施对儿童的教育。可以说家园一体化教育模式是一种新型的家园合作关系。为了保障家园一体化教育模式的形成，我在园里提出以下管理策略。

第一，提供家园相互学习的机会。

一方面，幼儿园作为专业的教育机构，可以为家庭教育提供专业的指导，这是家庭向幼儿园学习的方面之一。优质的幼儿园还可以为家长提供更多的学习资源。我园的一位家长是某公司的高管，她说自己也会将幼儿园某些管理理念用到自己公司的管理中，这说明她不仅认同幼儿园教育，还认同幼儿园其他方面的工作。家长这种认同与学习的心态为家园共同体的建构奠定了良好的心理基础。

另一方面，幼儿园也可以向家长学习。家长的职业五花八门，可以为幼儿园提供广泛的资源，并开阔幼儿教师的教育视野。我们经常会组织教师去参观家长开办的公司。有一位家长曾白手起家自创事业，目前他已经把公司治理得井井有条，并成为有名气的高端企业，我们就组织干部去他的公司参观，学习他们的文化管理理念。我觉得每个家长都是我们教师学习的宝贵资源，同时，教师这种虚心学习的态度，有利于增进良好的家园关系，促进家园共同体的建立。

霍 教育不仅是一种科学，更是一种艺术，还是一种生活，它可以涉及广泛的知识面和深刻的哲理。因此我们常说，教育者需要跳出教育看教育。教育者不仅需要深入的专业理论知识与实践技能，更需要广泛的文化素养。开阔的眼界从某种层面上说可以代表一种人生的修炼，因此，向家长学习正是修炼教师人文素养的一种途径。

刘 第二，创设家长专业成长的平台。

提升家庭教育水平、帮助家长获得科学育儿方面的专业成长是未来十年深圳教育改革与发展规划的方向。当我们意识到家庭教育有着任何教育都无法取代的意义时，作为教育者的我们不能无视家庭教育中存在的种种问题。如果我们追求教育理想，担起幼儿教育赋予我们的神圣使命，那么指引家长的专业成长将是必不可少的一步。我们幼儿园将教育做得再好也不过陪伴孩子三年、影响孩子三年，而正确地引领家长则可以让孩子受益终身。如果我们只是做好自己的本职教育工作，而不去管家庭教育的情况，那么我们还是不具备任何教育理想。我们的目标是为孩子们播下一生幸福的种子，而不只是让他们在幼儿园简单而快乐地度过三年，从而完成我们自己的工作任务。

霍 如果幼儿园的教育只是为了完成自己的工作任务，那么它也发挥不了什么价值，我们也就不可能追求适宜性教育、有效的教育了。何谓有效？就是真正促进孩子的发展。我们的教育如果不与家庭教育一致，不能从孩子的实际家庭文化背景出发，就很难有效。因此，教育不是教师一方面在发挥作用，需要专业成长的也不只是教师，必须创设机会带动家长一同获得专业成长。

刘 帮助家庭获得专业成长的方式很多，比如我们常见的“亲子教育大讲堂”、“家长学校”等，组织家长参与亲子教育培训，学习一些家庭教育的理论与实践策略。除此之外，还有一种形式，那就是招募家长进入班级做助教，让家长在班级实践中了解幼儿的年龄特征，向教师学习如何教育孩子、与孩子互动。

班级中的家长助教

链接 4-2

深圳实验幼儿园家长助教工作制度

一、助教人员：孩子的爸爸妈妈或其他直接教养人。

二、报名方式：开学初，家长自愿选择助教的具体时间，中间如有变动，提前与班级老师沟通。

三、助教次数：每学期每位孩子的爸爸或妈妈至少来园做助教 1 次，多则不限。

四、着装要求：家长在园助教期间，需着休闲装、休闲鞋，还要穿幼儿园提供的“家长助教”制服。

五、提前了解：家长助教需向班级老师了解助教流程规范，并提前查看“本周周计划安排表”，了解当日活动流程安排。

六、做好准备：家长助教可根据自身特长准备教学活动与孩子分享，并在开始助教前与班级老师交流，做好相关准备。

七、客观观察：家长助教来到班级，需客观地观察全体孩子和自己的孩子，不妄加评论和传播自己所见的其他孩子的情况。

八、交流记录：助教结束后，家长助教需与班级老师交流助教过程中观察到的信息，并做好书面记录。

孙 很多家长以为家长助教是为了帮助教师，因为班级孩子多、教师少，如果家长帮忙照顾孩子的话，就能增加成人与孩子的比例了，这样，孩子在幼儿园就会更加安全。实际情况是这样吗？

刘 这其实是对家长助教的一种误解。持有这种观念的人大概不了解幼儿教育，他们认为孩子在幼儿园就是接受照顾，吃好、玩好、安安全全就可以了。其实他们低估了幼儿教育的作用，就如同他们低估了孩子的能力一样。持有这种观念的家长，也不理解孩子的学习与发展，看不到孩子在早期发展中蕴含的巨大潜能，他们认为孩子的发展就是长身体，学习就是学知识。

孙 持有这种观念的家长不在少数，就连一些自己也是中小学或大学教师的家长也可能会这样看待幼儿期的教育。

刘 这的确是错误的认识。幼儿园教育是为了促进儿童的发展，因此家长助教的作用也不仅仅是照顾孩子这么简单。在我们规范的管理下，不仅可以使担任助教的家长增进对孩子的了解、对学前教育观念的了解以及对教育方法和策略的了解，还可以让他们更加理解、认同幼儿教师的教育工作，为家园共同体的建立创造条件。

案例 4–3

用爱收集阳光[1]

——深圳实验幼儿园小二班助教有感

孩子放学路上。“宝宝，爸爸今天去当助教你开心吗?”宝宝肯定地回答:“很开心!”想了一下，宝宝问:“爸爸你几岁了?”爸爸笑着回答:“今年十八岁，明年十七岁!”宝宝坚定地说:“不是，你是四岁半!”两人相视而笑。“那我们是同学了，你小班、我中班，哈哈!”笑得很开心!

第一次与几十个孩子在一起生活半天，孩子们带给自己的不仅仅是天真、活泼、可爱的美好印象，他们像一朵朵含苞待放的鸢尾花，在辛勤园丁的悉心照料下，茁壮成长着!

为了配合幼儿园的家园互动，深圳实验幼儿园推行了家长助教活动，活动在去年开展得很不错，今年 3 月份继续进行。小二班妈妈们积极响应，活动开展得如火如荼。每天两位家长轮流接力，3 月底第一轮助教接近尾声，陈兰芳（芳芳）老师提议爸爸们参与助教，爸爸们也积极响应，我也当仁不让、踊跃参与。

一个上午的时间，学到很多。从小二班整个教案以及教学流程来看，芳芳老师是做了精心准备和安排的，一个环节接着一个环节，紧凑而不凌乱!特别是对着这样一群个性张扬的“小皇帝”们，有自由，也有约束。我惊叹于老师有这么高超的驾驭能力，就像一位魔术师，把 31 个孩子带得恰到好处!

在小二班的教室里，孩子们穿梭在生活区、教室区、盥洗区和娃娃家活动场所。在我看来，这个小天地就好像银河星系那么

[1] 本案例由深圳实验幼儿园陈兰芳老师提供。

广阔，孩子们像一颗颗晶莹璀璨的恒星，光彩夺目。每一颗星星按照自己的轨迹在运动，散发出自己的光芒。不同性格的孩子选择各自的分区活动，构建起各自的星系：有狮子座、猎户座、摩羯座……各自灿烂，引人入胜！活动永远那么有序，背后潜藏着我们作为家长所没有注意的细节，每一个节目安排、每一个教案、每一个活动设计、每一首曲子，都隐藏着强大的魔力。就算是孩子们时不时来一段小插曲，也好像星空下的流星，擦出一道道亮丽的风景线。

我深深地感觉到，深圳实验幼儿园的“实验幼教模式”融合了很多幼儿教育的理念。例如，它有蒙台梭利幼教的特点：①以儿童为中心，反对以成人为本位，视儿童为有别于成人的独立个体；②“不教的教育”，主张由日常生活训练着手，配合良好的学习环境、丰富的教育，让儿童自发地主动学习，自己建构完善的人格；③教师扮演导师的角色，对孩子的心灵世界有深刻的认识与了解，对于孩子的发展状况了如指掌，适时为孩子提供恰当的协助与指导；④完全人格的培养，通过环境的设计、教具的操作，使孩子一步步建构完善的人格；⑤丰富的教材与教具，这些教具并不是教师用来教学的工具，而是孩子工作的材料，孩子通过这些工作，从重复操作练习中建构完善的人格。同时，卡尔威特教育习惯的培养、自我动手能力的培养以及赏识教育等理念都融进了“实验幼教模式”里面。

更难能可贵的是，深圳实验幼儿园有一个稳定的管理团队和教师队伍。他们有先进的办学理念，并积累了丰富的经验。深圳实验幼儿园有完善的管理系统，每位老师有充分发挥聪明才智的平台，他们敢于改革创新，形成了以各个班集体、各个年级组为团队的创新组织。深圳实验幼儿园更注重细节……这一切，都让

"实验幼教模式"的金字招牌熠熠生辉，吸引着关注孩子成长的家长们的支持。

通过家长助教活动中对幼儿园生活的了解，我比较推崇小二班近期推行的计划，让孩子自己有目标，按目标去做事，事后还有检查、评估，培养孩子做事有目标、有计划、有结果，也有评估反馈，让宝宝们从小养成良好的做事习惯，为今后的发展奠定基础。

在小二班，老师们极具爱心、细心和耐心，无论是"开心果"芳芳老师，还是细心认真的蒋老师，娇小而多才多艺的晓晓老师，或者是文静、阳光的戴维老师，都给了孩子们无尽的关爱，像阳光雨露一样滋润着孩子们的心田。

悠扬的音乐声响起，到了宝宝们的午饭时间。做了一上午的家长助教，我感觉既充实又有点倦意。坐在教室钢琴旁，听到舒缓的音乐，顿觉轻松。再看看戴维老师，问他："每天与这么多孩子在一起什么感觉？"他莞尔一笑，闭嘴不言。但从他的笑容上可以看出，面对着这种"幸福的负担"，这个大男孩老师心里是充满阳光的。

用爱收集阳光，
你、我、大家。
让爱充满阳光，
点燃希望……

深圳实验幼儿园小二班　晞晞家长

2011 年 4 月 1 日

刘 第三，创设多元的家园沟通平台。

为了在家园一致的条件下实施教育，多数幼儿园都十分重视家园的沟通。通常家园沟通的方式有建立家园信息平台、家园 QQ 群，定期组织家园活动，以家委会为媒介的家园沟通等。家园沟通的方式很多，然而有效的家园沟通一定要以孩子的发展为共同目标。如果家园沟通的目标不一致，也是很难实现有效沟通的。从家长的角度来讲，他们希望更多了解自己孩子的教育，因此很希望与教师进行有效沟通；而从教师的角度来讲，他们希望家长可以认同自己的教育、配合自己的教育，因此也需要同家长进行有效沟通。

家长学校

孙 既然双方的出发点都是为了孩子，又都希望有效沟通，那为什么有的沟通无法产生积极的效果，特别是有些年轻教师会把家长工作当成难题呢？

刘 教师与家长沟通是一种艺术，也是一种心态。我经常对教师说："用专业引领家长，用敬业感动家长。"家长工作做到专业和敬业这两点就一定会有效。对于年轻教师，如果你做不到专业，那你就要敬业。对一个一心爱护自己孩子、为自己孩子的成长着想的人，家长是不会拒之千里的。我的教师团队就是凭着敬业和专业这两个词进行家长工作的。

孙 所以说，幼儿园的家园互动交流平台固然重要，但更重要的还是教师自身对待教育的态度。

刘 第四，提供家庭参与幼儿园管理决策的机会。

家庭参与幼儿园的管理与决策是幼儿园文化管理模式下的重要内容，其中家委会、家长督查委员会等家园合作机构，成为家园共育的坚固桥梁。

链接 4-3

深圳实验幼儿园家委会简章

第一条 深圳实验幼儿园家长委员会是代表全园家长参与幼儿园教育及管理工作，促进幼儿园、家庭、社会紧密结合的群众性组织。

第二条 家委会的工作宗旨是：发挥模范带头作用，充分调动家长的积极性，及时改进与完善幼儿园的各项工作；发挥桥梁与纽带作用，促进家园双方的沟通和联系，协调家庭与幼儿园教育的一致性，以便能形成教育合力，为孩子终身发展奠定坚实基础。

第三条 家委会拥有以下权利与义务。

1. 权利

（1）知情权：有权获知幼儿园保教、管理工作及其他有关情况。

（2）评议权：有权参与园务计划、发展规划的审议并提出相应意见。

（3）建议权：有权提出有利于提高幼儿园教育教学质量的意见、建议，幼儿园应在合理期限内予以答复。

（4）监督权：有权对幼儿园管理、教育等工作进行监督。

（5）决策权：有权参与涉及学生、家长利益等事项的决策。

2. 义务

（1）以正确的理念做好家长的沟通工作，及时向家长传达园方的计划及意见。

（2）向幼儿园及时、客观地反映家长的意见，并协助幼儿园解决有关问题。

（3）发动全体家长的力量和资源优势，协助幼儿园顺利完成各项活动。

（4）带头参加各种会议和学习，积极发动有关人员参加幼儿园组织的活动。

（5）发挥桥梁纽带作用，促进家园信息交流，协调教师与家长关系。

深圳实验幼儿园

孙 是否有这方面的事例呢？

刘 前面提到的幼儿园园所搬迁就是一个很好的例子。2012 年上半年，我们开始进行搬迁前的动员。有部分家长不能理解，有的担心新园有装修污染的问题，有的担心高空抛物的问题，还有的家庭面临距离太远、上幼儿园不方便的问题，等等。我们本着理解、尊重、坦诚、一切为了孩子的态度，与家委会多次讨论具体解决方案，及时公开搬迁工作进展，支持并配合家长对室内环境进行检测，调动家长资源对新园进行完善，最终平稳完成搬迁过渡。

☆创设家园合作平台的管理行为

孙 听说深圳实验幼儿园比较擅长组织家园亲子活动，让家长在活动中体验与孩子在一起的快乐，以及增进家长与班级教师和其他家长之间的关系。是吗？

刘 我们比较重视这一点。在组织亲子活动时，家长会放下自己的工作，融入班级活动中来。教师会营造一种温馨和谐的氛围，增进教师与家长以及家长与家长之间的关系。可以说，家园亲子活动是家园合作最主要的一种形式，是教师进行家长工作的主要手段。这种家园亲子活动很多，有节庆期间的活动、园本传统活动（运动会、艺术节等）、班级家园活动等。

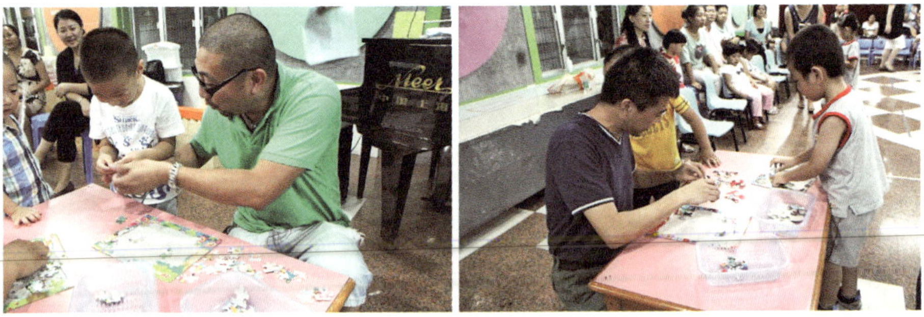

小班家园亲子互动

霍 当我们对课程有一个全新认识时，我们会意识到课程不仅局限于班级教室内，也可以拓展到户外，还可以拓展到家庭。家庭成员也可以为课程实践做准备，如在方案教学中，家庭成员会在某个阶段参与到活动中去，或者成为孩子参访的对象，或者成为孩子的服务者，或者成为孩子的指导者，等等。有准备的教师在课程实践中一定会将家庭视为课程的重要资源，总会想办法将家庭纳入课程实践中，比如让孩子回家和家长一同完成活动任务、征求家长对课程方案的建议、在课程实施中利用家长提供的资源等。

刘 我们幼儿园发起了“家园共育‘六个一工程’”活动，希望可以通过这种形式让更多家长发挥自己的教育作用，和幼儿园一同促进孩子的成长。

链接4-4

家园共育“六个一工程”启动倡议书

亲爱的家长朋友：

很高兴在新的一学年里与您携手，一起为孩子的幸福成长而努力。

“家园共育”是我园一直倡导的理念，也是我们的孩子幸福成长的关键。因为幼儿园影响孩子三年，家庭成就孩子一生，您在孩子成长过程中起着不可取代的作用。为了让您能更好地了解并参与到家园共育中，我园现正式启动家园共育“六个一工程”，具体活动方案如下。

项　　目	要　　求
做一名合格家长（乐学）	家长需参加幼儿园的家长学校及家长会，三年时间里参加完所有家长学校及家长会的家长，将在孩子的毕业典礼上获颁毕业证书。
建一个书香家庭（悦读）	请家长在家庭中开辟阅读的区域，如图书角、书房等，经常与孩子一起阅读，并拍摄照片，于十一月份的读书月活动中进行展示。

续表

建一个成长档案（品味）	以家长为主，教师引导家长为孩子做好成长档案，记录孩子成长的轨迹，幼儿园将每学年组织交流、展示、观摩。
成一名专业人士（为师）	请家长参加故事妈妈团或每学期至少来园参加一次助教活动，丰富孩子的体验，同时也亲身感受孩子的成长。
走一次成长之旅（常行）	请家长假期里与孩子一起外出旅游，增广见闻，亲子同乐；幼儿园将开辟专区展示精彩的成长之旅照片。
开一个教育博客（倡言）	每个家长每学期至少写一篇育儿心得（幼儿园将进行征文活动）；有条件的家长可以开一个教育博客。

备注：幼儿园每学年将进行“家园共育‘六个一工程’”建设评比活动，选出优秀班级及个人，在六一晚会中进行表彰、颁奖。期待您的支持与参与！

深圳实验幼儿园

×年×月×日

刘 不管是何种形式，我们都是希望实现家园共育，希望通过我们的努力改变幼儿教育在家长心目中的形象，让他们合理地认识早期教育，真正重视孩子的早期教育。我想这也是我们当前学前教育改革的目标之一。

霍 幼儿园课程改革不要仅局限于园内的改革，即提升课程质量与教师的专业性，更要注重园外的改革，即改变家庭与社会对幼儿教师的认识、对学前教育形式与价值的认识。

五、感受富于文化内涵的管理：幸福成长的教工之家

教职工联谊活动

孙 幼儿园管理最重要的核心就是“人”，幼儿园老师们在一起就像一个大家庭。刘园长你作为两所幼儿园的园长，在教职工的管理上具体是怎样做的呢？

刘 我注重以人为本的精神。在我看来，教职工的事就是天大的事，要用心聆听、关心教职工，积极地通过各种文化活动，增强凝聚力和归属感；要注重价值观的引导，让教职工快乐工作，以园为荣；要精心创设幼儿幸福生活学习的校园文化，开创幼儿身心健康、教师敬业爱岗、团队和谐向上、教职工专业能力普遍提升的大好局面。

☆幸福缘于“以园为家”的体验

刘 每个教职工都有自己的家，温暖的小家是心灵的港湾，是人生的加油站。家是以爱为圆心、一家人手牵手为半径走过的一个圆。当教

职工在园所也能感受到家庭般的幸福时，他们在工作中也一定是富有热情与激情的。

在活动中体验一家人的幸福

孙 作为园长，你肯定非常希望增强园所对教师的吸引力和归属感。如何做到这一点呢？

刘 我想首先需要把握住教师的心理需要。幼儿园里女教师多，她们天生就感情丰富、心思细腻，同时也比较脆弱，她们内心都有一种对安全感的强烈渴望，也就是需要一个心灵的港湾。

教师每天要在幼儿园工作至少 8 小时，因此也需要在这里得到一份安全感和归属感。只有心里踏实了，才能找到最佳的工作状态，更好地释放能量。有人说“家是心灵的归属与安顿”，家是归属对象的代名词。如果让老师感觉到，幼儿园就像自己的家一样，归属感就会更加强烈。

“家”对于女老师来说是一个有着特殊意义的关键词。办学校，办的就是一种氛围。营造一个家的氛围，最重要的就是管理者要实施人性化的管理，要使用各种手段调动教师工作的主动性和创造性，多一分交流、少一点儿指责，多一分共识、少一点儿强制，多一分理解、少一点儿疑虑，多一分包容、少一点儿限制，让老师们时时刻刻都能感受到温暖。我们还以活动为抓手，以柔性管理为溶剂，发挥我园活动课程的优势，通过丰富多彩的教师活动来赢得教师的情、留住教师的心。

其次，园里打破部门和级别的界限，实施无边界管理，实现无障碍沟通。用沟通来消除人与人之间的隔阂和误会，形成和谐宽松的人际氛围，使教师之间能相互尊重并真诚互助，体验在家里一般的放松和愉悦。

再次，选拔优秀的干部队伍，在班级、年级、部门等各级团队中扮演像家长一样的角色，使各级“小家庭”成员遇事有人管、困难有人帮，使每个人感受到家庭般的温暖。

孙 幼儿园老师常常反映，孩子越来越难带；中小学老师也反映，现在的孩子越来越调皮；大学老师也说，大学生越来越不拿学习当回事儿了……有人说，现在的年轻教师大部分是90后的独生子女，他们怕吃苦，责任心不强，缺乏团队意识。你怎么看？

刘 我觉得，这种现象不能从教师身上找原因，对幼儿园来说，应该加强园所的管理，增强教师的团队意识，增强他们的凝聚力。“活动”是最行之有效的办法，因为在“活动”这种形式中，不管是教育者还是被教育者，不管是管理者还是被管理者，都能直接体验，这就有利于他们的反思。我们幼儿园会定期开展多种层次的、内容丰富的文化活动，以此来巩固小家、凝聚大家，让教师围绕我们的大家庭产生凝聚力。比如，我们定期开展家属联欢活动，邀请老师的家属加入我们的大家庭，共同创造和体验快乐；我们成立了“风信子”教师合唱团，在合唱排练和参赛的过程中，体验协调行动、荣辱与共的团队精神；组织开展教师趣味运动会等一些有趣的团队活动，使教师体验到无拘无束的快乐；还提供经费，开展形式多样的工会小组活动……

霍　归属感是教师对幼儿园精神文化内涵的高度认同。归属感一旦产生，会调动教师的内部驱动力，从而形成自我激励。因此，培养教师的归属感是教师和园所的共同需要。经济学界有一种观点：新经济就是“心”经济，就是情感经济；谁能征服消费者多变的心智，谁能融化员工干涸的心灵，谁就将在未来的市场竞争中脱颖而出。[1] 虽然幼儿园不生产物质产品，但是要为孩子和家长提供优质服务，就需要考虑如何以爱心换信心，如何使教师长久保持良好的工作状态。这其中，以情动人、制造群体感动是关键。领导的基础不是权力，而是权威，权威是建立在爱、服务和牺牲基础上的。

☆ 幸福缘于教职工收获的关心

全体教职工及家属合影留念

[1] 幼儿园人性化管理 [EB/OL]. [2012-05-10]. http://www.qfjy.net/NewsRead.asp?NewsID=3254.

案例 4-4

“教职工的事儿就是天大的事儿”[1]

孙维求老师还清楚地记得她刚来深圳实验幼儿园的时候遇到的一件不尴不尬的事情。那天，孙老师正在上幼儿园的女儿临时放假一天，而孙老师和她的丈夫都在上班，孩子没人接，也没人照顾。孙老师在办公室连续打了几个电话找朋友帮忙，却发现朋友不是在上班就是在外地，都爱莫能助。“不然请假吧。”孙维求这样想，可是接下来的一课是她精心准备的与孩子们的见面课，领导们还要听她的课，于公于私她都不想放弃。一时间，一向很有办法的孙老师也陷入了进退两难、束手无策的尴尬局面。正当孙老师坐立不安的时候，刘凌来到了她的身边，轻声对她说：“你就是孙老师吧？没关系的，我家阿姨在家，把女儿放在我家里吧。”没等孙老师反应过来，刘凌已经拨通了电话，让阿姨把孙老师的女儿接回了家。孙老师终于可以安心开始她的见面课了。事后，孙老师说：“那时我刚到这里几天，谁都不认识，举目无亲，生活、工作繁杂无头绪，刘凌的热心让我一下感到，这里真的好，有困难会有人及时出手相帮，真是温暖的大家庭。从那以后，我也努力像她那样，只要身边的人有需要，我都会尽力帮助。我想，实验幼儿园温暖和谐的氛围，应该就是有许多像刘凌这样的热心人慢慢营造出来的吧。”

“还记得我怀孕的时候，有一天心情很烦躁，刘凌和园里几位老同事就主动提出陪我逛东门老街。那天，无论我们走到哪里，刘凌都是抢在众人前面去叫出租车，说是为了重点保护我；人多的时候，刘凌也总是和同事们一起把我围在中间，生怕我被别人撞到；为了逗

[1] 本案例由深圳实验幼儿园郑春娟老师提供。

我开心，刘凌还跟几位老师一起七嘴八舌地给我未出生的孩子起了许多令人哭笑不得的名字……这些往事如同一幅温馨的画一直留在我的脑海里，让我感到幸福。”陈兰芳老师这样说。

“记得在一次竞聘年级主任岗位时，我落选了，晚上，就收到了刘园长的短信：‘祝贺你以前无古人的高票当选了班主任，呵呵。你的发言很成功，我永远支持你！太阳每天都在，迟早会照在我们头上的。’我被她逗乐了，沮丧的情绪也一下子被驱走了，取而代之的是信心和感动。刘园长就是这样默默地关爱着每一位老师，让每一位老师都能快乐工作，健康生活。”赖方方老师这样说。

……

“教职工的事儿就是天大的事儿”，这话说起来铿锵有力，豪气干云，可做起来却是纷繁复杂，毫无头绪。因为教职工的事儿太多了，大到结婚生子，小到吃饭睡觉，都是教职工的事儿。领导们不可能事事都知道，也没有精力事事都过问，所以这也不能怪领导们说得豪情万丈、做得波澜不惊了。然而刘凌不同，在教职工的事情上，她从来都是做得多说得少。

刘凌对教职工的关怀体现在点点滴滴，用一句诗来形容就是“随风潜入夜，润物细无声”。似乎并不需要你向她招手，她就知道你的所求；似乎并不需要你向她倾诉，她就能听到你的心声。当你需要搀扶的时候，你的身边总会出现刘凌的手；当你需要安慰的时候，你的耳边总会听到刘凌的声音……这就是刘凌的关怀。不管教职工的事儿是大是小，她都会伸出及时的双手。

孙 刘园长说“教职工的事儿就是天大的事儿”，园长要了解每位教职工的需要。幼儿园里人员很多，你是怎样做到了解每个人的需要的？

刘 也不能说了解每一位教职工的需要，只是我会尽量去了解。记得当初我忐忑地接过深圳实验幼儿园园长这个职位时，我的老领导叮嘱我：

“要像关怀和帮助孩子一样关怀和帮助你的教职工。”在接下来的十几年里，我通过亲身经历领会了老领导的那句话，并把自己这么多年的经验总结为“也需要”这几个字。其实，教师也需要聆听，也需要帮助，也需要关怀，也需要支持，也需要平等对话……

孙 聆听是你了解教职工需要的主要途径吗？

刘 可以这么说吧。作为一名园长，聆听是我做得最多的一件事。这些年来，我不断地去聆听教职工们的困惑和不解，聆听他们的成功和喜悦，他们的委屈和不满，同时也聆听他们的想法和建议。通过聆听，我自己也收获了很多，了解了教职工们的想法和目标，和许多教职工都成了朋友，更大的收获则是我得到了许多好的建议，使我能发现自己工作中的疏漏和不足，以便及时地调整方法、改变策略，让事情向好的方向发展。

孙 记得一位年轻的作家曾经说：聆听不仅是最坚实的沟通桥梁，也是最有效的进步阶梯。

刘 对此我是非常认同的。比如，如果不是许多老师告诉我长时间的工作让他们身心疲惫，“清新氧吧”的设置根本无从谈起；如果没有那么多老师告诉我家访中发现许多家长的观念有问题，实验幼儿园也绝对不会有家长学校、家园一体化这样的特色……虽然这么多年来，我形成了许多不错的习惯，但是我相信聆听一定会是那个陪我走到最后的习惯。因为不仅我需要去聆听，教师们也需要学会聆听。

孙 除了聆听，还有其他方法了解教职工们的需要吗？

刘 也有啊。聆听能够了解的内容也是有限的，所以我还经常通过观察、谈话等方式了解他们的需要。其实，期待关怀和关注绝不是孩子们的专利，不管何时何地，每一个人的内心深处都期望在困难时能有一双手来扶持，在迷茫时会有一盏灯来引路，在成功时可以有人一起分享喜悦……园长对于教职工的真正意义，也正在于此。

孙 能举几个例子吗？

刘 记得有几位刚毕业的小姑娘第一次来幼儿园报到时，都是一副茫然不知所措的表情。初来乍到，很多东西都非常陌生，甚至住的地方都没有找好。面对她们，我想我们能给的只有关怀和指引。比如，关怀她们的衣食起居和思想动态，帮助她们树立对我们幼教事业的信心；还要向她们传输实验幼儿园的教育理念，指导她们的工作方向和工作方法，让她们尽快找到自己的角色，融入我们这个团队。现在，当年的小姑娘们都已经成为我们园的顶梁柱了。

2008 年汶川地震的时候，我的第一反应就是给四川籍的教职工们放假，并想一定要给老家是灾区的老师争取工会补助，让他们能回家探望一下家人，给家人些帮助，这让很多同事的家人都很感动。做园长的，一定要关心体谅园里教职工的生活，他们才能安下心来做好他们的教育工作。

霍 平等对话是做好一个园长不能缺少的心态。如果园长不能和教职工们平等对话，那么所谓的聆听、观察和关怀就都失去了原本的意义。因为园长处在一个管理的岗位，在与教职工的谈话中或多或少会给他们带来许多无形的压力，但是这绝对不能成为不平等对话的理由。平等对话其实很简单，就看领导者是否在意对方的感受。

刘 是的，我举个例子。记得有一次，一个年轻老师在工作中犯了点儿错误，就来向我解释。我听完之后，就问她："你感觉你的表现很差劲儿吗？"当时她特别认真地点头。接下来我就告诉她，其实就个人表现来说，她的表现已经很好了，我在她这个年纪时，做得比她还糟糕。接着，我还很夸张地把我当年的狼狈状况向她描述了一遍，她一下就笑了，立刻把自己做这件事前前后后的想法都跟我讲了一下。她觉得园里第一次把这么重要的事情交给她是对她的考验，她一定要靠自己的能力把事情办好。这和我当年的想法一样。因此，我把老领导当年怎么批评我的话又跟她讲了一遍。为了让她没压力，我还特意学老领导的口气讲当年那句话："拿不准不要紧，来问我们这些有经验的嘛！难道我们比你多活的这些岁数光吃饭了呀？"她边笑边点头，显然是明白了我的用意。在这次谈话中，我一直不想给她太多压力，所以采用了很委婉的方法，也取得了很好的成效，我认为这就是平等对话的作用。

我做事有一个特点，在别人看来可能是“淡定”。当我面对已经发生的问题时，比如事情搞砸了、做事失败了、东西损坏了等，我会马上告诫自己：事情已经发生了，不要急，要冷静。接着我会安慰当事人，和他一起想补救的办法。这种冷静处理问题的风格是在实践中磨砺出来的。

刚上任园长那年，深圳市教科院组织其他园的老师来听课，指定要听某个老师的课。我将这个消息告诉这个老师，她当时欣然接受了。而当教科院组织的人员快来我园时，她却说自己不能上课了，因为准备得不成熟。我当时听了，第一反应是不强求，并告诉她，我会去想办法的。正好这时她同一个办公室的老师说，自己可以开放一日活动。当时，我立即同教科院的老师们沟通，他们也同意换人。可喜的是，这次开放活动很成功，获得了好评。事后，原计划上课的那个老师主动找到我，表示很感谢我的理解和尊重。从此之后，老师们更加配合我的各项工作。

孙 如果园长一味地批评指责，甚至直接拿出自己当年的成功案例来对比别人工作中的失误，就会让教职工产生一种仰视感、距离感，也会打击他们的自信心，可能他们以后不会犯类似的错误，但是也绝对不会再大胆做事了，那效果肯定没有平等对话好。而且教师是一个自尊很强的群体，他们更需要平等的对话。

孙 园长和老师做朋友其实并不难，只要时时关注老师们的需要，时时伸出自己的双手，也就可以赢回很多双手了。

心理学家马斯洛认为，人有一系列复杂的需要，按优先顺序可以排成阶梯式，分别为生理需要、安全需要、社交需要、尊重需要和自我实现的需要五个层次。刘园长对于教职工的关怀和帮助，反映在了解他们的不同需求上。

霍 没有了解的工作是盲目的，没有关心的工作是无情的。对于园长来说，一个教师就是一个世界，在每个教师的心灵深处，都有一根独特的琴弦，熟知其音域，便可奏出美妙的乐章。最忌在教师敏感、微妙的内心活动面前表现得粗心大意、视而不见，在教师最需要人帮助的时候，没有伸出援助之手。只有了解、关心教师，才能创设良好的心理环境。

☆幸福缘于拥有展示自我的舞台

给教职工展示自我的舞台

案例 4–5

我有我精彩[1]

深圳实验幼儿园的老师们说，幼儿园是他们展示自我的舞台，在这里可以尽情发挥、尽情歌唱。让我们来听听实验幼儿园教工的心里话：

【保育员杨秀红】没有来实验幼儿园时，我是一个只会搞卫生的普通的保育老师。自从来到实验幼儿园这个温馨的大家庭，领导给了我很多机会，比如讲故事比赛、手工比赛、技能技巧比赛等。孩子分区活动我负责美工区，每天陪孩子们画画、剪纸、折纸，结束后做小结；还有每天配合老师的教学活动。这在很多幼儿园是没有的。我本人都能感觉到自己的进步与提高。

【教学副园长杨梅】记得去年春天的一天，刘园长对我说："深圳一杰教育在西安有个一天的讲座，你去吧。"领命之后细细一想，天哪，一天的讲座，也就是说我需要讲 6 个小时，这怎么可能呢？但我已经接受了任务，只好硬着头皮准备。我到处找资料，请教一些专门做培训的老师，光是稿子我就准备了 28 页。刘园长不断地鼓励我，结果是我成功地进行了 6 个小时的讲座，反响也不错。事后我在想，如果没有刘园长对我"压担子"，可能到现在我都不知道自己居然也可以像"专家"一样，侃侃而谈 6 小时！这就是我们的刘园长——敢于"压担子"，善于挖潜力。

【清洁员罗禾根】我是一名普通的清洁员，开始是清洁公司外派到幼儿园搞卫生的，负责全园的卫生，后来大家觉得我卫生搞得好，就把我招聘进来，成为幼儿园的一名员工，这对我来说是梦寐以求的事情。

[1] 本案例由深圳实验幼儿园郑春娟老师提供。

不管是领导还是同事，对我的工作和生活都十分关心，不仅尽心尽力帮我解决了孩子从农村到深圳学校读书的问题，英语老师每天中午还义务辅导孩子学英语。幼儿园还给我配了一台电脑，教我学会用数码相机，还让我参与其他工作，如向参观人员卖书、管理仓库、复印资料等，让我与时代接轨，不断成长。

我觉得卫生是幼儿园的脸面，所以做卫生是非常动脑筋的，我想给孩子、教工、家长一个干净舒适的环境。

范围太大，我就把工作安排得合理一点，以节省时间。比如，需要每天清洁一次的，从一楼到四楼做；需要一周清洁一次或两次的，就安排好：周一刮大厅玻璃，周二擦楼道护手，周三、周四扫蜘蛛网、擦玻璃，周五清洗户外地面。这样，我就可以做到心里有数，不会留死角。

个别重要的地方，如洗手间的卫生，我也做了科学的分析和安排。怎样才能让这几平方米的地方任何时候都保持干爽，没有异味？我发现用洗手间有几个高峰时段，第一是早上家长送孩子进园时，第二是下午家长来园接孩子时，还有就是有培训活动和接待参观的时候。我就在这些时段增加清扫洗手间的密度，先用湿拖把拖，再用干拖把拖，这样，用厕的人不会因地板湿滑而摔倒，同时还要及时清理里面的垃圾，观察纸巾的使用情况，让人感觉到上洗手间也是一种享受。

另外，我还不断提高自己的技能，科学地运用洗地机、吸水机，合理科学地使用清洁用品。虽然做清洁员很辛苦，但是我做得很开心，很热爱自己清洁员的岗位。

在这里，每位教工都很尊重我，大家对我很和蔼，尤其是在我身边的后勤团队，他们辛勤工作、相互合作，工作效率高，他们是最棒的。在这个团队工作，我感到很开心，感到很幸福！

霍 我相信，一个追求生命意义的人才可能是一个有生命境界的人。追求生命的境界，是一个不断超越自我的过程。在以人为本的管理中，管理的最大价值，不在于做了多少事，而在于发现了多少人和培养了多少人。对于人的管理，绝不仅仅是用具体的规章制度来约束和规范的，更不是管理者居高临下的控制和干预，它有更重要的内涵，就是发现和肯定教师的优点，把教师的发展作为核心。这就需要管理者有一双敏锐的眼睛，从一般中发现特殊；还需要我们感情是真诚的，从平凡中去捕捉非凡。可以说，从每一位老师身上发现的闪光点和与众不同点，都能让老师体验到他自身的价值。

刘 确实如此。首先，我们要做到信任和放手。放手让大家干，本身就是一种高度的信任。只有获得信任后，努力才是发自内心的，能使工作达到事半功倍的效果。还要在日常工作中增强教师的责任感与精英意识，让老师具有一种“我是社会精英，是人群中最优秀的一分子”的意识，从而在专业水平、敬业精神、良好习惯的培养上，不断完善自己。

孙 支持和鼓励也是作为领导者应该做的。

刘 对。我们团队管理的出发点，也就是核心价值观，就是“尊重人、信任人、激励人和发展人”这几个字。

孙 此外，很重要的一点还有干部的带头示范作用，干部团队要有很高的人格修养，这样就可以不断地引导其他人向上发展。

刘 我们还会尽力为教职工创造外出学习的机会，也算是一种激励政策或是一种福利。我们不断在园内形成统一的发展愿景，让大家向着一个方向努力，充分发挥我们团队的力量。这样不仅让我们的工作很高效，我们的老师也都感受到做每一件事都不是一个人在做，而是团队作战。我们每个老师都把我们幼儿园当家一样，老师在这里很有归属感，做事也就很积极。

孙 积极努力、精彩展现也是实验幼儿园的口号“人人有事管，事事有人管”的一种落实吧。

刘 实验幼儿园就是一个大家庭，孩子、家长、教职工都是其中的一分子。“我有我精彩”，不单单是为教职工，还有我们的孩子和家长。在这里我主要想说说我们怎样为家长提供各种各样的机会，让他们一展潜能。比如，我们吸纳有意愿和才能、热心为大家服务的家长加入家委会；各大活动中让家长也参与，激发他们的潜能，展现他们的风采，同时也是在为幼儿园这个大家庭添砖加瓦，贡献力量。

上一届刚毕业的一位大班孩子的家长，有一天深有感触地跟我说：“自从加入家委会，当了我们组的小组长，每学期组织亲子活动，参加幼儿园的一些大活动，积累了很多组织策划的经验，发现原来自己还是有这方面才能的。所以，单位竞选时我也积极地去参选，凭着在家委会积累的工作经验和锻炼的胆量，还真的竞选成功了。”在我们幼儿园，家长不仅经常为幼儿园的发展出谋划策，这也是他们体验孩子幸福成长的一种经历。

我记得我们曾组织过一个亲子课堂活动，是一个比赛，目的是提高家长在孩子心目中的地位和形象。要比赛就会有输赢，赢得比赛的家长和孩子自然高兴，可输掉比赛的孩子会不会对自己的家长不满？考虑到这个问题，我们决定让每个家长发挥自己最具特长的地方。说起来简单，可做起来很难，在思考很久之后，老师们决定分组比赛，而且让每个家长的参赛项目都不一样。这样一来，虽然上面的问题解决了，可老师的工作量却增加了。有些家长喜欢唱歌，有些家长擅长手工，还有些家长爱好下棋……最难办的是有个别家长不知道自己擅长什么。为了解决好这些问题，老师们挨个统计，忙前忙后帮助家长们想办法，令许多家长都十分感动。活动也非常成功，比如，工艺组比赛的家长们有的做了栩栩如生的草蜻蜓，有的做了精致的花篮，还有的折出了非常漂亮的纸飞机……文艺组的家长和孩子也是“八仙过海，各显神通”，一位爸爸的《东方红》居然唱出了艺术家的风范，一位妈妈带着女儿转呼啦圈赢得了满堂彩，还有一位爸爸和儿子表演相声，也逗得大家大笑……总之，活动是非常成功的，许多小朋友在活动后，都抢着让父母抱，大喊着："爸爸妈妈真棒！"这样的活动也让家长们感到自己对孩子的影响是巨大的，也都在不知不觉中提升了自己的修养。后来，在总结工作时发现，为了这个简单的活动，园里一共有 8 位老师整整忙了三天，确实将工作做到了细处，也取得了良好的成效。

霍 作为管理者，刘园长在挖掘人的潜力上极大地延伸了"尊重和信任"的维度，创设了一个能充分调动积极性的环境和氛围，通过有效的管理手段满足孩子、教职工、家长自我实现的需要。

刘 谢谢霍老师的肯定。在我们园所，教职工作为社会人的觉悟不断升华——只有得到尊重的生命才会怀揣感恩之心尊重别的生命，传递关爱。这对增强教职工和家长的归属感有极大的激励作用，也唤起了每个人的内驱力，激发了他们的主动性、创造性，从而更好地促进幼儿园工作质量的提高。

☆幸福缘于园所文化赋予的自豪感

刘凌与孩子们

案例4-6

我是幸福的实验人[1]

我在深圳实验幼儿园的20多年间，感触最多的是：做实验人，的确很忙，但心情是很愉悦的；做实验人，压力很大，但机遇是最多的；做实验人，经常要承担重任，但成长是飞速的；做实验人，制度是很严格的，但管理是人文的。

我常常利用假期提前做工作，不是为了表现，也不是为了讨领导的开心，而是实验幼儿园“领头羊”榜样作用的影响和熏陶，使得我也把主动工作、认真工作变成了一种自觉的习惯，这种习惯已成自然。

在实验文化长期的熏陶中，我学会了“知足常乐”、“助人为乐”、“苦中取乐”，从刘凌园长那里，我领会到了“只要有一个追求目标，一切为了目标而服务，一切的事情就会不以为然了”。正如那句“众里寻他千百度，蓦然回首，那人却在灯火阑珊处”的诗词所言，这就是追求目标的最高境界吧。

刘 优质的幼儿教育需要优质的教职工队伍来支撑。所以，作为园长，我们要想办法培育这样的教职工队伍，并管理好他们，这是一件很艰巨的任务。我们幼儿园也是一直在朝着这样一个方向努力。我常常跟教职工们讲一句话：“我们不能改变皱纹的出现，但我们可以改变皱纹的方向。”我们希望培育出幸福的孩子，首先就要有幸福的教师。我认为幸福是一种能力。所以，在实验幼儿园的文化中，我们一直强调教师学会追求幸福、创造幸福。我们要求我们的教职工以多做贡献为快乐，以提供优质

[1] 本案例由深圳实验幼儿园匡欣老师提供。

服务为尊严。每位教职工要把自己的工作当作事业，努力使个人价值与幼儿园的目标价值一致。只有当我们有了共同的目标、共同的愿景时，我们的团队才能变得优质，每个人也会是幸福的。

霍 所谓教师团队文化建设，就是教师价值取向与观念意识的一种整合。它有助于推动团队和个人都和谐发展；它也可以帮助教师构建一种新的职业价值观，让他们追求一种高位的自我价值的实现。在这个过程中，他们可以体会到尊严以及自身的价值感，享受到幸福，形成一种正能量。这种具有正能量的价值观一旦形成，就能让每一位教师在学习和发展中显示出生命活力和创新品质，变得自信，有效能感，并最大限度地凝聚教师的团队力量，也就是“1+1 ＞ 2”。

刘 我园在 25 年的办园历程中，一直在倡导“以艰苦工作为荣，以努力创造为乐，以多做贡献为最大的自尊”的价值取向，并已经深入人心。现在我们园内已经形成了一种“乐于奉献、精细服务、追求完美、永不满足”的团队文化。

孙 这种文化也进一步强化了教师的职业认同感与使命感，让教师在工作中更加投入、积极、主动。

刘 我们园还很重视团队建设，比如组织班级、工会的小组活动、集体活动，外出旅游、参观等，还有每个学期的交流、分享和党员民主评议活动。我每学期还会跟教师面谈，告诉老师哪些地方做得好，哪些地方做得不好。老师们都理解，如果我找他谈话，指出他的缺点，这是表示非常重视他，想培养他，所以发现小问题就要告诉他、制止他，帮助他改进。

深圳实验幼儿园的品牌是一种文化的积淀，是靠敬业得来的，所以我们格外重视老师的敬业精神。但是敬业不是加班工作，我们不提倡加班，希望老师可以提高工作效率，这样他们就有时间回归自己的生活。但是，园里的老师都是追求完美的，对自己的要求也比较高，非常敬业，所以经常会有加班的情况。

孙 听说老师的敬业也感动着家长，让家长有了一种大爱精神，他们想到的不只是自己的孩子，还有全班乃至全园的孩子。去外地旅游，家长会想着给班里的小朋友每人买个小礼物；看到好玩的玩具，甚至会想着买来丰富幼儿园区域的环境；幼儿园开展各大活动，他们都热心积极配合。

刘 是的，这样的家长有很多。比如我们上一届的家委会主席，让我特别感动。今年他的女儿虽然上小学了，但是我们开家委会，他还是赶过来向新一届家委会成员传授经验。

霍 有人曾说：一流的学校靠文化管理，二流的学校靠制度管理，三流的学校靠权力管理。一所幼儿园，除了要有一定的组织形式、“硬性”的规章制度以外，还必须有一种“软性”的协调力和凝聚力，这种无形的“软约束”力量，就是幼儿园在管理实践中根据自身特点积淀而成的园所文化。

刘 我一直坚信，没有文化的校园是没有灵魂的，也是没有品位的。一所优质幼儿园经过岁月的沉淀，往往会形成具有独特内涵的校园文化，潜移默化中影响着一代又一代人。深圳实验幼儿园在二十多年的发展历程中，自身的校园文化影响了一代又一代人。它养育了健康活泼、自信大方的孩子；造就了敬业、专业的教师。这些文化深深地融入实验幼儿园每个人心中。校园文化不是一种手段，它应该具备的是一种召唤性的力量，让这所幼儿园的师生都能感受到一种责任，秉承这个精神，就会有所追求。

孙 “人才之华为精，创新之源为气，文化之魂为神”，一所优秀的幼儿园应该把文化看作是幼儿园的灵魂，看作是幼儿园凝聚力和活力的源泉，看作是幼儿园的核心竞争力，并不断用文化来为幼儿园强身健体，对教职工进行精神洗礼。

霍 幼儿园文化是幼儿园全体成员在整个幼儿园生活中所形成的具有独特凝聚力的园风园貌、制度规范和精神气氛等，其核心是幼儿园在长期的办园过程中所形成的共同的价值观念、思想观念和行为方式。[1]园长在管理过程中，始终应该关注园所文化的构建，并且根据不同发展时期的不同目标定位，不断地完善与发展，利用园所文化提升凝聚力，使幼儿园的发展始终具备深厚的文化底蕴和精神力量。

[1] 线亚威，等．幼儿园文化建设指导策略 [M]．北京：高等教育出版社，2011：3.

第五章 为了更多“288个世界”的幸福

人的生命的价值就在于在多大范围内、多大程度上，给人以积极的影响，这其中有三个变量：影响人群的广度、对人影响的深度和对人影响的积极程度。一个人生命的价值就是这三者的乘积，而生命的意义是我们对生命价值的内心体认。一个追求生命意义的人，才可能是一个有生命境界的人。很幸运，作为教师，我们天然就具备这三个变量。那么，我们用什么去影响更多的人，给他人带来更积极、更深刻的影响呢？那就是我们的专业。作为以创全国一流幼儿园为愿景的组织成员，专业是我们履行岗位职责的保障，是我们飞向教育使命的翅膀，是我们引领社会、示范社会的责任。

一、责任与使命：一种“胸怀大志”的情怀

霍 几乎每一位教育工作者都拥有自己对教育的理想，而这种理想若少了一种责任感与使命感，就只能称为空想了。可以说，这种教育赋予我们的责任感与使命感，是我们实现教育理想的驱动力。

刘 理想为“志”，责任为“意”，追循教育使命的“意志”帮助我们一直战斗在一线教育阵地上。我自己深受“实验”精神的鼓舞，相信自己可以为幼教事业的春天增添色彩。我的理想就是让更多孩子获得幸福成长的机会。

霍 说到这里，我想起一位伟大的教育家蒙台梭利。蒙台梭利在教育事业上胸怀大志，表现为将“实现世界和平”作为自己的教育理想，并为此而努力，开创了蒙台梭利教育法。当我们在中国的实践教育岗位上探寻这样的教育家时，我们认为能够胸怀大志，并且愿意为之努力的教育者就是中国未来的教育家。我们发现，有些教育工作者一味地埋头于自己实践工作中，却少了一种“大志”；有些教育工作者空谈教育理想却不愿意挑战现实的各种困境，慢慢地被现实吞没。而令我们惊喜的是，还有这样一些教育工作者，他们始终怀抱着一种教育理想，始终在自己的教育岗位上努力着，他们愿意尝试各种方式去挑战现实中遇到的各种困境，愿意承担教育赋予他们的责任与使命，他们一直有一种“胸怀大志”的情怀。

刘 与幼教结缘就是与爱结缘，因为幼教事业就是爱的事业。深圳实验幼儿园是深圳市一所示范性的公办幼儿园，一直是深圳幼教的“领头

羊”。幼儿园发展到今天这种地位，也就给了我们承担更多社会责任的机会。作为幼儿园的领航人，我希望能以世界的眼光审视当前的幼教发展，以博爱的胸怀拥抱整个世界，拥抱所有的孩子，为孩子撑起一片幸福快乐的天空，让他们所有的梦想都能自由翱翔。

公益演出筹善款

爱心捐款回报社会

青海祁连支教

汶川支教

☆ 爱，是一种事业

刘 从事幼教工作近30年了，我始终坚信“有了爱就有了一切”，幼教工作就是一门爱的学问，幼教事业就是爱的事业。“给孩子终身幸福”是我们幼儿园的立园理念。终身幸福不是让孩子记住多少单词、背过多少成语，而是要给孩子良好的习惯、健康的体魄和上进的心灵，因为这些才是跟随孩子一生的东西。从深圳实验幼儿园的孩子们身上，可以看到他们近乎完美的童年：他们的水彩蜡笔可以画出天边的彩虹，他们那稚嫩的嗓音可以变成清澈动人的歌声，甚至于他们那些纯真的生活都可以变成舞台上的话剧……

要让每一个孩子都享受成功的快乐。让“288个”孩子和他们的家庭都有一份属于自己的骄傲。过程比结果重要，因为把幼教当作爱的事业，我始终享受每一件事情的过程。也正是这种爱的执着，让我做成了一些事情。

☆ 爱，没有疆界

孙 可喜的是，深圳实验幼儿园的成功，没有成为园长爱的事业的“藩篱”。在深圳实验幼儿园的实践受到社会各界认可和赞誉以后，刘园长你开始不遗余力地推广深圳实验幼儿园的课程和教学方法，是吗？

刘 是的。深圳实验幼儿园和乳源县的一所幼儿园结成了平行学校，每年我们都会把一些书本和教学经验送到乳源县。除此之外，我们还把每一天都作为公开课的日子，实施开放式办学。我们应该把我们的每一个学习过程都展示给我们的同行，展示给所有人看，让社会知道我们都做了些什么。这不是让大家来学习，而是让大家来批评和反驳，这样大家才会有提高。让大家得到提高是我们的责任，看到大家有了提高则是我们的快乐。

孙 听说前来深圳实验幼儿园观摩的全国各地的参观团络绎不绝。去年年底，一个来自浙江的数百人的幼教同行观摩团，兴致勃勃地观看了深圳实验幼儿园一年一度的亲子运动会，同行们评价都很高。

刘 这些年来，实验幼儿园的教学、科研项目也挺多的——幼儿品德教育研究、幼儿美育教育研究、幼儿园最优化课程模式探讨、幼儿园课程整体改革研究、幼儿体育教育研究、幼儿现代科技教育研究、现代教育技术在幼儿教育中的应用、幼儿体能教育研究、中小幼科技教育研究、尝试教学理论研究与实践等，这些研究取得了丰硕的成果。追求，没有疆界，因为，爱，没有疆界。

☆ 爱，更是一种责任

孙 我发现刘园长在阐释幼儿园的教育理念、教学风格和教育理想时，在获得荣誉时，总是把成功归功于前辈、同事和幼儿园，总是要感谢孩子们的家长一直以来默默的支持……

刘 过去终归已经看到，我要怀着感恩的心承接。面对未来，我们更要强调不断学习新理念，给自己充电，并孜孜不倦地追求改革和创新。这就是责任。责任不只是领导派给你的任务，它还是你应该做的一切事情。责任是要用眼去寻找，用心去体会的。心系“实验”，心向社会，这是一种大局意识，这是种社会责任。

孙 深圳实验幼儿园被列为国家幼儿教育示范基地，被授予深圳市先进事业单位等称号。刘园长你也当选为深圳市政协委员、深圳学前教育专业委员会理事、中国学前教育研究会委员、深圳市人民政府教育督导室兼职督学、深圳市教育局兼职监察员以及深圳市专家工作联合会会员等，被深圳市人民政府授予“先进教育工作者”、“优秀教师”的光荣称号，被评为“深圳市精神文明建设先进个人”、深圳市“优秀共产党员”……你是怎么看待这些荣誉的？

刘 面对着种种荣誉，我始终很淡然，这些荣誉只是社会对我们的一种认可，我们需要做的还有很多。

链接5-1

互帮互助献爱心[1]

2004年10月30日，一个普通的休息日，韶关市乳源县桂头中心幼儿园往日平静的校园此时热闹非凡，原来是深圳实验幼儿园与桂头中心幼儿园正在举行“手拉手”互助活动。

事情还得追溯到两年前，当时幼儿园选派了两位老师参加市教育局组织的“支教帮困”活动，两位老师先后来到韶关市乳源县桂头中心幼儿园进行一周的支教活动，没承想，就是这次短暂的支教活动，成为牵系深圳实验幼儿园和桂头中心幼儿园的纽带。两位老师结束支教活动返回幼儿部后，感触颇深地向大家详细介绍了当地的教育情况，尤其重点描述了支教活动所在的桂头中心幼儿园的情况，在听完介绍后，全体老师的心头都涌动着一个念头：要尽我们的绵薄之力，帮助桂头中心幼儿园改善办学条件，帮助孩子们享有更好的教育条件。

2004年6月18日，在刘凌园长的带领下，深圳实验幼儿园正式启动了与桂头中心幼儿园的“手拉手”活动。在此次活动中，幼儿园共捐赠了3部电脑、近2000册各类书籍、一大批课桌椅以及200多套棉被、垫被，此外，全体教职工和孩子们也都纷纷伸出友爱之手捐助了大量书籍和衣物。

10月29日，深圳实验幼儿园教职工一行30余人带着大家的礼物和祝福启程前往乳源县。当满载着捐赠物资的卡车离开深圳时，也一并带去了幼儿园全体教职工和孩子们与家长的深情厚意。在捐赠仪式上，双方的代表发表了深情的讲话，热烈而简朴的仪式一结

[1] 本链接内容由深圳实验幼儿园杨梅老师提供。

束，老师们纷纷来到孩子们中间，亲手将礼物送给孩子们。此外，刘凌园长与几位领导还资助了16位贫困孩子，让他们重返校园，保障他们接受教育的权利。“手拉手”互助活动虽然结束了，老师们也从乳源返回了深圳的工作岗位，但是全体教职工和孩子们的互助行为不会结束，心也将一直牵挂着桂头中心幼儿园的孩子们。

与农村幼儿园手拉手

☆ 爱，需要学会感恩

刘 孩子虽然小，但他们依旧是社会的一分子。他们从小就应该了解我们周围的社会，也要为社会出一份力。也就是说，我们幼儿园也要给孩子一种社会责任的教育，这很重要。比如光讲爱护环境，孩子是感受不到的。因此，每年秋游时，我们会组织孩子去亲近大自然，宣传环保的理念，用自己的实际行动去保护自然。别看孩子小，孩子的力量可不小哦。孩子做环保小卫士，比我们成人效果还好呢。我们的孩子在红树林告诉在那里游玩的人不能随地扔垃圾，游人都不好意思乱扔了。

孙 除了环保教育外，实验幼儿园还会通过哪些方式为社会做贡献呢？

刘 最常见的方式就是捐款。2008年汶川地震以及2010年青海玉树地震，我们的家长、老师以及幼儿园都伸出援助之手。我们还会关注一些贫困地区，派老师去那里支教，并对有些农村幼儿园实施一对一帮扶。而且，从2004年开始，我们就多次举办以“288个世界”为主题的大型童话剧演出活动，将活动所得全部善款捐赠给联合国儿童基金会，在深圳市产生了很大的反响，也得到了联合国儿童基金会的好评。

霍 幼儿园不是脱离社会而孤立存在的，因此要学会感恩，要教育孩子懂得感恩。这种感恩不单单是感恩教师、感恩家长，最主要的是要给孩子一种表率，要感恩社会。没有国哪有家，要用大爱之心去影响我们的孩子。

刘 “懂得感恩”一直是实验幼儿园文化中的重要元素。我们的孩子很多是独生子女，什么都不缺，就是缺乏情感的熏陶。深圳的父母都很忙，给孩子的物质比精神多。我们在回馈社会的过程中，社会也给了我们更多的东西。我们的孩子会收获更加丰富的情感和更多的精神食粮。我们还计划组织家长和小朋友也去支教，亲身体会这种帮助他人的快乐。通过支教让孩子们明白，自己现在是多么幸福，在同一片蓝天下，有许多和他们一样的小朋友需要帮助。

孙 的确，我们需要感恩。我们这么幸福地生活在这里，首先是因为国家富强。社会的安定团结，是我们幸福的根基。我们没有理由只想着自己的发展。作为社会的公民，我们有责任去关注社会，关心帮助社会上那些需要我们伸出援手的人。

刘 从我们幼儿园的发展来看，我们希望建立一种文化，每一个人都是有大爱的。现在社会上频频爆出幼儿园出问题：老师用铅笔戳小朋友、9个人的校巴上坐了64个人……这些都说明有些老师缺乏爱心。有爱心的老师、有爱心的幼儿园，是不会这样做的。所以，不管从哪个方面考虑，我都坚持用感恩的心去回报社会！

霍 人的价值最终体现于何处？那就是我们对社会贡献的多少。价值是个历史范畴，不同时代、不同阶级有着不同的价值观，不能抽象地、孤立地谈论价值，要从个人与他人、集体、阶级、社会的关系中确定人的价值。“中国梦”的核心价值观还是集体主义，评价人的价值的标准在于人对社会承担的责任和贡献。

刘 根据马斯洛的需要层次理论，人的最高需要就是自我实现的需要，这是一种最高层次的精神需求。当我们的物质需求得以满足后，精神需求满足的程度就是衡量人类生活品质最重要的标准。深圳是一个经济发达的社会，人们的物质需求被最大限度地满足，可以说物质上的需求基本上不是我们为孩子考虑的重点了。如何让孩子体验爱、体验尊重、体验奉献、体验自我的价值，才是我们要为孩子解决的。用感恩之心回报社会，并让孩子感受到“大爱”精神，是我们幼儿园的价值取向。

二、不仅需要勇气，更需要能力

霍 幼儿教育是根的教育，虽然我们不容易看得清楚，但是它很重要。不管从心理学、教育学还是经济学的角度，都能够找到重视幼儿教育的依据。

刘 是的。正是因为幼儿教育的独特性、重要性，许多发达国家都很重视。例如芬兰，政府大力支持0—6岁的早期教育，在这个阶段给予补贴，对低收入的家庭甚至免费，6岁的学前阶段更是被纳入义务教育的范围。我们目前的国情状况离这样的理想状态还有一定的距离，所以在坚持优质办学、追求教育品质方面，我们也会经常感受到来自方方面面的压力。

孙 主要是哪些压力呢？

刘 最直接的是来自家庭的压力。有些家长认为孩子在幼儿园吃好、睡好，老师照顾好就可以了，没必要那么认真。因此，每年的新生家长会我都会做一个“童年不会再来”的专题讲座，帮助家长理解这个阶段的独特性和重要性，在观念上达成共识，班级的教师也会随机地向家长宣传正确的理念。我们来看一个案例。

案例5-1

年轻夫妇与幼儿教师间的对话[1]

年轻夫妇：其实孩子到幼儿园也学不到什么，上什么样的幼儿园无所谓，可以让孩子到一些培训机构，学点钢琴或者国学之类的。

教师：你要先考察一下这些机构可以保障孩子一天有多长时间做运动，孩子正在长身体，运动时间不够会影响发育的。孩子一天既需要一些大型器械的大肌肉锻炼，也需要一些精细肌肉的锻炼，不知道这些机构有没有？

年轻夫妇：哦，原来还要这样啊……

教师：其实孩子越小，他的学习越隐性。比如几个月大的宝宝，你给他一个玩具，他就扔掉，你再给他，他还扔掉。你可能认为这个孩子很淘气，给他玩具都不玩，其实他是在学习。这种学习对于他来说就是对这个世界的一种探索，而我们不理解。每个年龄段都有一个发展的重点，比如很小的孩子先要学会生活，学吃饭啊、穿衣啊，再大一些才可以学知识、学技能。幼儿园的作用就是如此，根据孩子的不同年龄、不同发展水平满足他不同的需要。

年轻夫妇认真听着，频频点头，而之前他们都不曾想过这些。

[1] 本案例由深圳实验幼儿园孙维求老师提供。

孙 现在像这对年轻夫妇一样看待幼儿园的人多吗？

刘 说实话，现在持这种不恰当观点的家长越来越少了，特别是我园的家长，学历、素质都比较高，他们见多识广，理解和接受新观念的能力很强，有时还会主动查找书籍，了解正确的教育方法。

孙 那还有来自其他方面的压力吗？

刘 还有就是幼儿园教育经费紧张的问题。有些不明就里的新闻媒体不断报出幼儿园收费高问题，政府出台一系列政策直指幼儿园收费，限制幼儿园收费。但拿中国的早期教育与世界其他国家对比，中国的收费是低的。很多人想不明白为什么早期教育需要投入这么多，其实这与孩子的学习方式有关，幼儿是通过环境学习、通过游戏学习的。幼儿园不能与中小学一样，通过一套固定的教材、一些备好的课，由教师传递二手知识给孩子。在幼儿园，孩子的课程全部都隐含在一日生活中，隐含在幼儿园的环境中。这意味着什么？意味着幼儿园需要创设适宜的环境，需要投放丰富的游戏材料，需要与儿童一起成长的教师，需要家长共同参与教育。做到这些，就需要不断地引进材料、开展活动，以丰富幼儿的物质和精神环境，就需要培养教师、培训家长。

孙 如果再考虑孩子是天生的艺术家、表演者，我们还需要给孩子创设有艺术品位的环境，给孩子提供舞台去展示自己……这些需要的投入是中小学不能比的。据我了解，深圳实验幼儿园是公办幼儿园，收费是非常低的。

刘 是的，我们的收费也是完全按照公办园的政策标准，非常低廉。在必要的教育开支上，首先要感谢深圳投资控股有限公司的幼教管理中心，每年都会为我们划拨一定的教育经费，其次要感谢我园这一群富有大爱的家长，他们在为孩子创设理想的教育环境上提供了主动的支持。

孙 在有限的条件下办最好的教育，需要的不仅仅是勇气与胆识，还要有足够的能力和智慧。在更深的层面来说，你所做的这一切，都源于你对孩子、对家长、对社会都有着强烈的责任感和使命感。

☆ 让“288 个世界”的幸福感染社会

“288 个世界”的幸福

孙 刘园长你身兼多种社会职务，你是如何使用这些职务来担当社会责任、为社会积极贡献力量的？

刘 能有这样的职务或头衔，我想最主要的原因是基于深圳实验幼儿园这样一个平台。我深深地知道，只有幼儿园发展了，才有个人的发展，个人的发展也能带动幼儿园的发展。我很珍惜有这样的职务，因为学习和交流的机会多了，参政议政的机会多了，对现实工作有很大的促进作用。无论是参政议政，还是督导讲学，我总是抓住每一次可能的机会，一方面为老师们搭建学习锻炼的平台，另一方面是宣传我们的办学经验和心得，希望能争取更多的社会力量关注和支持学前教育。还有一方面就是督导评估工作，虽然任务很多，但作为省级示范性幼儿园园长，我有这个责任和义务。在每次的评估工作中，我也是很有收获的，因为可以看到各种好的经验或现象，会触发我的思考和灵感，落实到行动上，就会促进我园整体水平的提升，同时，还可以把我们自己比较成熟的办学经验进行宣传与分享，带动一些需要帮助的园所少走弯路，为社会贡献力量。

孙 作为北京师范大学教育家书院的首批兼职研究员，你有什么样的体会和打算？

刘 首先我觉得非常荣幸，这对我来说，是很难得的一个学习机会。比如在这些兼职研究员中有中小学校长，有来自不同学科的带头人，他们都启发我从另一个角度来看教育，使我对幼儿教育也有了新的思考。我们还接触到了很多专家，并有机会参与一些高端的学术讲座，与高校学者、学生及其他一线教师深度互动，对我的启发特别大。当然，也是有压力的，因为工作比较忙，只能是利用节假日参与书院的一系列教育科研和实践活动。作为兼职研究员，我致力于两个方面的工作：一方面是借推广、分享经验的机会广泛听取专家同行的意见，促进我园的课程、课题研究；另一方面，也是最主要的，就是思考怎么承担社会责任，这个可以说是做教育这么多年，我一直思考的。作为兼职研究员，要在研究中进一步深化教育理念、提升管理水平，积累更多的经验，进一步提高能力，为幼儿教育事业的发展做出努力和积极的影响，我想，作为首批兼职研究员，更应该做出榜样。这个真的是有压力的，但是同时也是动力。

霍 走出教育看教育，接触和认识社会上不同的工作，视野开阔后，会不会反而对学前教育的理解更深了？

刘 还真是。学前教育一直是我的根，不管是人大代表也好、教育家书院的兼职研究员也好，不管有多少身份或角色，我首先是一个学前教育的代表，走到哪里都先要为学前教育的发展说话。中国社会很多人不了解幼儿教育，认为幼儿教育很简单，甚至有些专家认为学前教育无关紧要。随着见识和阅历的增加，我愈发感觉自己肩上的担子是重大的。作为了解幼儿教育的人，自己不能沉默，要为千千万万的孩子负责，要为人才的发展负责。都说国家需要创新型人才，这种人才最佳的培养基地在哪里？就是幼儿园啊。当我们抹杀了孩子的好奇心后，又来谈创新，不就走弯路了吗？都说社会需要讲诚信的人才，诚信从何而来？从小时候接受的教育啊，从小就欺骗孩子，还要求他今后讲诚信，谈何容易呢？从这一点来说，我们要做的事情还很多，肩上的担子也很重。

霍 一名既懂深入的理论又有丰富实践经验的教育家，在教育界发挥的作用可以说是历史性的。继续走出教育看教育，走出中国看中国，开阔眼界、深化认识，向社会传播先进的理念和经验、促进基础教育的质量提升，我想这将一直都是你的目标和方向。

刘 是的。

☆ 创设优质经验并与专家同行分享

孙 深圳实验幼儿园可以说是深圳学前教育的“领头羊”，而且你们确实也做了很多发挥带头作用的工作。想请刘园长具体说说，你们幼儿园是如何用自己的实际行动影响同行的呢？

刘 我们幼儿园属于省级示范园，自然就要发挥自己的带头作用，才称得上别人口中说的优质园、领头园。我们希望在接待同行参观、接待专家观摩指导的过程中，将本园一些好的经验、教育理念推广出去，影响更多的幼儿园，影响更多的家庭和孩子。因此，每次接待活动前，我们都会精心布置我园的环境，科学合理地编制接待安排表。在接待过程中，我们一般会向他们介绍我园发展历程、办园规模、环境创设、课程理念等内容，带他们观看中、大班幼儿的早操表演，参观园里的环境，同时也把幼儿园一整套的东西分享给他们。比如“完整课程”系列丛书、“家长工作”系列丛书、“288个世界”系列丛书、“制度管理及文化手册”系列丛书等，以及各类活动和教学活动制成的光碟，这些资料总结了我们多年的经验和心得，可以供同行参考、学习和借鉴。

另外，我们每学期都会定期为福田区以及片区[1]开放教学活动。这几年来，我和我们幼儿园的一些骨干教师对外做的讲座累计几十场，目的就是要起到带头引领作用。此外，我们还会帮扶一些民办园，我们的老师到他们那里实地示范，教他们如何布置环境、如何填写一日活动计划表等，也得到了普遍的赞赏。

链接5–2

深圳某民办幼儿园规范化审核的点滴心路（片段）[2]

一声欢呼："我们胜利了！我们成功了！"

一阵不安与彷徨："2010年接到深圳市规范化幼儿园的评估通知，园长和全园的老师都紧张起来，因为不知道从何做起。"

一双援手："深圳实验幼儿园的老师们雪中送炭，给我们吃了一颗定心丸。"

一种认可："评估中的表扬与肯定，也有你们的一份！不知用什么来表达我们的谢意。感谢你们那么细心、那么用心的帮助。"

[1] 为了方便管理和促进园所互动，深圳市福田区教育局将全区100多所幼儿园按照地域和办园条件划分为多个小组，称为片区。

[2] 本链接内容由深圳实验幼儿园沈雪娟老师提供。

接待专家和同行参观考察

孙 现在，不少名园因为每年要承担很重的接待任务而觉得应付不过来。实验幼儿园是如何解决这个问题的？

刘 要看是把接待当任务还是当成很好的机会。如果你把一次次的接待当成任务，疲于去应付，那真的是够累的。因为这时你抱着一种应付的心态，忙着去掩饰缺点，心里极不情愿，不仅自己感觉任务重，忙不过来，而且接待完后，自己依旧停留在原来的水平。这样，接待对这所幼儿园没有起到任何积极的作用。我觉得，如果你把每一次接待都当作是自己幼儿园发展的一次机会，那结果就不同了。首先我们要清楚，谁都不是十全十美的，要敢于接纳别人的批评。每个做园长的，都会觉得自己幼儿园很好，因为身在其中，很难发现缺点。有缺点其实不可怕，最可怕的就是发现不了缺点。当接待任务来的时候，也没必要去掩饰什么，而是像往常一样做自己常规的事情。接待结束后要虚心地请教，借助外人的眼睛看出自己园的缺点，并在以后的工作中不断改进。如果以这种心态去对待这些接待，我想它们应该不再是难于应付的任务，而是让自己幼儿园发展更快的良药。

孙 把每一次接待当成一次机会，说起来容易，做起来并不简单。你具体是怎么把握这些接待机会的呢？

刘 每学期，我们都要接待数十批来自全国各地的学习、交流的同行。我们总是打开所有的屋子，搬出所有资料，毫无保留地把每一个学习过程都展示出来，让大家知道我们都做了些什么。正如我前面说到的，这不是让大家来学习，而是让大家来评判，想借着他人的眼睛来找出问题。我们的老师也是很坦诚地对待接待，还是做自己平时的常规工作，他们也会在观摩过后请教一些到过他们班级的同行，都希望别人给自己提提意见，这样才会有提高。让大家得到提高是我们的责任，看到大家有了提高，才是我们的快乐。这是从我们幼儿园自身的提高来讲的。从另一个角度讲，我们是省一级示范园，除了做好保教工作之外，我觉得还应该发挥自己的引领、辐射作用。这么多年来，我们都是以一种开放的心态接纳所有来参观的同行，不论是谁，不论几个人，我们都非常欢迎，我想，这也是承担社会责任的一种表现。有人可能会觉得，像深圳实验幼儿园这么好的幼儿园，不会轻易接受他人的参观。事实上，外面联系的我们都会接待。我真心希望来我园参观的老师都有所收获、有所启发。别人向自己的学习与模仿，都是对自己价值的认可，因此不必怕别人学。同样，当我们去学习时，也会得到同行们的支持，让我们学到他们新的东西。试想，如果你自己不是开放的，总是拒人以千里之外，别人估计也不会接纳你的观摩学习。

有一次，一些幼儿园的同行来我们园里参观，负责接待的老师向我反映：“刘园长，上次我们去这所幼儿园时，他们都不允许我们拍照，我们让他们拍吗？”

我说：“没关系，让他们随意拍吧。幼儿园之间只有互相学习、开放、交流，才能发展。”我是这样想的，我也想通过这种方式去影响他们。

孙 是的。我也认为幼教同行之间要有开放的胸襟和氛围，要坚持开放、分享的理念，只有这样，才能相互促进、共同发展。刘园长，你觉得实验幼儿园最大的优势是什么？

刘 可以说就是我们的教师团队。我一直鼓励老师们要走出去学习，学习新的理念与知识。像我们一直与前沿的幼教专家保持紧密联系，不定期地派教师到国内外高校学习，这些教师又把带回来的先进理念和大家分享。正是得益于这样的学习，我们的老师才能够很快地成长起来，并形成了一支强有力的团队。我觉得幼儿园每个老师都是能人，都能独当一面。我一直为这样的教师团队而感到自豪，我相信他们每个人都会做出不平凡的业绩。而事实也证明了这一点。我们幼儿园建园20年来，一共走出了近20位各级各类园的园长，他们走出去了，也绝对都是得到各界同行认可的。所以大家总是说，我们这里是深圳市的园长基地。我想，虽然他们已经不在实验幼儿园了，但都是在为幼教事业做贡献，也是我们的骄傲。

孙 中国改革开放的实践表明：开放是发展的重要因素。中国近三十年发展的腾飞就是因为我们实施了改革开放的方针，中国自身的发展史可以证实，开放的心态与行为更能促进发展。幼儿教育也是如此。

刘 是啊。当今社会不管是文化还是经济都在日新月异地发展着，这种发展绝对不是一两个人的力量可以实现的，而需要不断吸纳与借鉴他人的力量。站在世界的角度看本园发展，有更加开阔的视野，才能迎接学前教育百花齐放、百家争鸣的发展状况。

霍 从中国学前教育的角度来看，我们既需要走出国门去看看世界的学前教育，也需要将中国的传统文化推向世界。为什么？这是由教育的性质而定的。教育培养的是未来的人，未来的人是世界的，也是中国的。要想为中国培养扎根本土、走向世界的人才，我们的老师需要有这样的眼界与心胸，我们幼儿园更需要有这样的文化氛围。

三、教育家或许是人生的一种境界

霍 我们一直在期待中国未来有更多的教育家出现，然而教育家意味着什么？正如序言中提及的，教育家是德与能的完美结合，也就是说，只有能力没有德行不算教育家，同样只有德行没在教育工作上做出任何成就、形成某种建树，依旧不能称为教育家。不知刘园长你是怎么看待教育家的？

刘 教育家有一种淡然处世的态度，有一种追求事业的决心，而绝不是一种自我的标榜。当前很多人打着“大师”的旗号到处鼓吹，结果却是出于一种商业目标，为普通教育工作者所不齿，这些人不能称为教育家。教育家不是一种人生目标。有些人以教育家作为自己的目标，却发现这条路很远很远，没有人告诉他何时才能成为教育家，这种功利的心态反而让他离教育家越来越远了，这些人很难成为教育家。所以我觉得，教育家或许只是人生的一种境界，这种境界或许源于你在事业上的一些感悟。

☆ 做教师行动的支持者

孙 教育家的影响力，最直接的是落在教师的身上。教育家是在用自己的人格的魅力、理想之光照亮教师的专业成长之路。

案例5-2

不一样的家长会[1]

2010年3月29日晚7: 30，深圳实验幼儿园大三班里歌声、笑声阵阵，原来这是匡老师的班级正在举行“感恩的心，感谢有你”体验式家长会。

“找呀找呀找朋友，找到一个好朋友，敬个礼呀握握手，你是我的好朋友，再见！”欢快的歌声中，还附带着阵阵笑声，原来是正在进行开场的游戏——“找朋友”。在欢快的音乐声中，家长们随意创编着动作，用动作表现着音乐。每一遍音乐就换一个新朋友，一遍遍音乐过后，大家脸上都渐渐泛起了轻松欢快的神情。

……

游戏结束了，家长围成一个大圆圈，老师给每位家长发一扎绿色丝带。教师把全体家长分成若干批，分别接受嘉许。在家长接受嘉许的过程中，匡老师还要把家长日常为幼儿园、为班级、为孩子们所做的点点滴滴都用生动的语言描述出来，营造出了浓浓的气氛：“让我们温柔地端详眼前的这群人，细细品味他们身上朴实无华的品格。让我们把近三年来的每一个感动化作真诚的嘉许，把您手里的绿丝带系在您要感谢的人的手腕上，或眼镜上，或衣服上，或头发上。嘉许他们的善解人意，嘉许他们的默默奉献，嘉许他们从不斤斤计较……”

这就是深圳实验幼儿园体验式家长会的场景，确实与传统家长会那种“我讲你听”的模式有很大不同。在实验幼儿园，这个体验式的新型家长会是由匡欣老师开创的。

[1] 本案例由深圳实验幼儿园沈敏老师提供。

别开生面的家长会

链接 5–3

“体验式家长会”背后的体验

孙 匡老师，你为什么会想到要改革这个家长会呢？

【匡欣，以下简称“匡”】 因为那种老师“一言堂”的传统家长会慢慢显现出弊端来，有点儿跟不上需要了。现在的家园共育，家长不仅仅是一个被动的配合者，更应该是主动的合作者和支持者。家长会应该是家园双方互动沟通，不应该是老师在那里拼命说说说，说上两个小时。很多家长就呆坐在那儿，没意思。2006 年暑假的时候，我去参加了教练技术的培训，里面体验式参与对我启发很大，让我开始有了一些想法。回来以后，我跟刘园长一商量，一拍即合。她支持我先在我们班上尝试，做“吃螃蟹”的第一人。

孙 刘园长也支持你的想法和改革？

匡 刘园长一听，开心呐。她也觉得这个家长会的形式和内容要改革，只是苦于没有好的形式可以参考。听我这么一说，眼睛立刻就亮了。那天我们聊了很久，她还召集了教研室的几位老师和年级主任，我们一起把基本的方案定了下来。然后，开学初就在我们班先试行，结果大获成功，马上就在全园推广开来，随后又传播到全市，还辐射到全国了呢。

孙 匡老师大胆创新、锐意改革的勇气源于背后有大力支持她的刘园长。听匡老师说，当初提出改革家长会的时候，你立刻就表示支持，是吗？

刘 是啊，当时听到她的想法，别提多高兴了，好像豁然开朗一样。传统形式的家长会经过很多年实践，渐渐地也显出一些弊端，我们就把这个问题抛出来，让大家一起讨论，看看有什么好办法。听说匡欣暑期去学习，我就想看看有什么好主意，没想到真的有。

孙 看来你特别支持老师们大胆创新，那你觉得幼儿园管理是否应该不断创新？

刘 幼儿园管理有法而无定法，管理者应该不断探索、研究、实践，以便总结出更好的方法和措施。这也要求管理者有一种开放的管理心态，懂得吸纳各方的意见，而不是狭隘地固守着自己的“一亩三分地”，埋头苦干。

霍 幼儿园管理需要创新，但也要尽量避免为了创新而创新。创新不是追求新奇的噱头，追求潮流，去跟风，而是保持清醒的头脑，保持开放的心态，积极吸取好的经验，依据具体情况发展及时调整策略，保持组织的活力。

刘 我常常跟老师们说，幼儿园的办学方向、教学理念是不变的，“幸福人生”这个大方向是不变的，我们要扎扎实实做一件事，在做的过程中，看到好的，想一想，可不可以为我所用。比如今年10月份我和杨梅参加了上海组织的骨干教师培训，发现了幼儿园教育教学中很多新技术的运用，其中数字故事让我们特别受启发。学习回来，我们就赶紧跟全体老师分享，让大家了解，又组织电教老师安装软件、学习制作，将来家长会、对外讲座，都是很好的表现手段。

孙 作为一位园长，你是怎么让自己保持这种创新的意识和能力的？

刘 我觉得一个成功的园长，需要扎根在实践工作中，经常与一线的老师交流沟通，虚心听取各个年龄层次、各个部门教职工的意见和建议，尤其要听取反对和批评的意见，这也是获取决策的第一手资料。同时，园长还要树立终身学习的观念，加强终身自我管理，时常对自己的管理做理性的反思与评判。管理者应最大限度地提高自己的管理水平，首先，应不断学习现代管理理论，不断提高理论修养；其次，要运用现代管理技术和手段，提高管理效率，创新管理方法，发挥管理的最大效益，从而在更大程度上为幼儿教育事业的发展做出贡献。

霍 美国著名心理学和管理专家弗雷德·菲德勒曾说过：“没有最好的，只有合适的。”并不存在一种适用于各种情况的普适的管理原则和方法，管理只能依据各种具体的情况行事。幼儿园的可持续发展，需要不断注入新鲜水源。只有保持开放、学习的心态，不断创新，才能保持教育的鲜活，才能保持管理的活力。

☆ 生命的色彩

刘 幼儿园文化是一所幼儿园成熟的标志。它是一所幼儿园最为宝贵的精神财富，是幼儿园的核心竞争力所在。精神的力量是无穷的。只有拥有优秀的主流文化，才能创造出许多的奇迹与辉煌，才能一步步地实现教育梦想。

优美的环境

孙 走进深圳实验幼儿园，就有一种亲切感，园里每个角落、每面墙壁上都充满了各种各样的信息，能感觉到那种育人的文化。

刘 这是我们幼儿园文化建设的一部分。你们感受到的这种物质文化，园容园貌是幼儿园文化最外层的部分，是看得见、摸得着的。中间一层是制度文化，如规章制度、行为规范等。最深层的是精神文化，如学校精神、校训、价值观等。在我看来，文化很大，大到能左右幼儿园的荣辱兴衰；文化又很小，小到我们如何对待墙上挂歪的一幅画。文化需要用心去琢磨，也是需要沉淀的。

孙 确实，你们幼儿园的园所文化是怎样定位的？

刘 我觉得应该是一种具有现代化、人文气息的校园氛围。

孙 具体是怎样呢？

刘 我认为关键在于一个词——“人性化”，具体说就是要创造和谐的教育环境，从大环境到小空间都能感受到美好和舒适的环境。从育人的角度说，我们要做的就是“让每一面墙都会说话，每一个角落都能育人”。每个角落都洋溢着高品位的文化，既不失童真童趣，又兼备精致与品位的文化。这样的文化不仅仅是来教育孩子的，而且让身处其中的人都受到熏陶。具体来说要反应在细节上，比如现在我们楼梯墙上挂的每位老师与孩子在一起的照片，再配上每个人的一句话。老师、孩子、家长每天耳濡目染，不仅使老师有一种归属感，时刻提醒自己的教育使命，也让孩子更爱老师，家长更尊敬老师。

孙 物质环境的创设，包含了区域、角落环境，活动室环境，公用的走廊环境，校园环境和社区环境等。

刘 这点体现在我们幼儿园每一处硬件环境的创设上，比如我们有特色的阳台、有艺术感的壁画，还有我们给孩子设置的小动物乐园、盆景区、沙漠植物区、沙水乐园、戏水池，以及小剧场、科技操作间、实验室、美工室及亲亲书屋、观察角、种植角、欣赏角。可以说，幼儿园处处体现我们的环境创设理念——人文、现代。

班级里同样具有现代化的设施设备，每个班都配置了大屏幕投影仪、电脑多媒体、影碟机、专业音响功放等。我们也特别注重班级环境的创设。幼儿园班级环境特别重要，它是老师影响孩子学习与发展的有效载体，因为孩子每天接触时间最多的就是班级环境。我一直觉得，环境作为一种文化，虽然无声却能说话。一个充满浓厚文化气息的环境，能营造良好的教育氛围，对孩子的启蒙教育有积极的作用。因此，环境文化的营造要根据教育目标、教育内容的具体要求，还要根据孩子的年龄特点来做整体的安排。我们布置环境应该从孩子的水平和需要出发，让孩子成为环境的主人。

另外，人性化的环境也是为了营造有归属感的工作氛围。在我们的洗手间里面不仅有纸，门上还放了一些有趣的故事书，大家在洗手间里也可以读书；在洗手盆前张贴有关节约的名言警句，提示节约用水。这些体现了我们环境的方便、实用两个特点。地面、墙面一尘不染，台面植物、花草也要定期更换，这体现了我们环境美观、整洁的特点。再比如，每间办公室都提出富有个性化的口号，张贴在显眼位置；开设了公共图书角，让大家随手可取书，形成良好的阅读氛围；每张办公台洁净明亮，书籍、物品、水杯摆放有序；工会组长定期买来清嗓润喉饮品，让大家在繁忙的工作之余解乏……这就是我们在环境上要给大家的。

霍 苏霍姆林斯基说：“要使学校的墙壁也说话。”在深圳实验幼儿园，你们真正做到了“让每一面墙壁都会说话”。整个幼儿园里都流淌着一种“会说话”的生动意蕴，这种意蕴内含着尊重生命的人本情怀，以及一种融审美、知性、理性于一体的教育哲学观，让人不知不觉之间受到熏陶，自始至终和优美、理智融合为一。

孙 现代教育理论认为：“凡是一切能让幼儿主动活动的机会和条件，都可以成为促进幼儿和谐发展的环境。”[1] 深圳实验幼儿园的教师在这些方面做了很多。

刘 作为一个教育机构，应该用滋养生命的观念来教育儿童，滋养生命的物理环境也不可轻视。我们要让幼儿园里时时处处充满浓浓的文化气息，让孩子在健康和谐的环境文化中感受美的氛围、接受美的熏陶、引导美的行为、得到美的升华，不断强化校园文化在素质教育中的隐性教育功能。

[1] 许丽萍．幼儿园支持性语言环境的创设[J]．教育导刊·幼儿教育，2003（Z1）：30-32.

☆ 书香气息，人文气质

孩子们的绘本馆

链接 5–4

鸟瞰书香[1]

——记一次深圳实验幼儿园观后感

来到深圳实验幼儿园最深刻的印象便是“书多”。从走进实验幼儿园门厅的一刻起，便看到琳琅满目的图书，有小朋友喜欢的图画故事书，也有教师需要的专业书籍，还有家长需要的家庭教育书籍。书的下面是舒适的沙发和茶几，几位家长坐在那里投入地读着自己喜欢的书。也许是来送孩子的家长，走之前还恋恋不舍，先坐下来读一读书。走到二楼是教师的办公室，每个教师办公桌的上方都是书籍。一位年轻教师说：“我们在这里都喜欢读书，因为读书很

[1] 本链接内容由深圳实验幼儿园文小明老师提供。

方便，你很容易就可以找到自己喜欢的书籍。”一位老教师说：“幼儿园书香的环境让我们这些老教师也很受益。一般像我们四五十岁的老师，很少有不断读书学习的。所以，到了我们这个年纪，很容易遇到瓶颈，教师职业倦怠就很容易出现。而我们幼儿园倡导‘让读书成为一种习惯’，我们接触了很多专业书籍，发现知识是学不完的，觉得自己虽然工作了十几二十年，依旧需要学习。读书还可以给人一种精神的寄托，让人不会被当今社会这种物质满足所侵蚀。”

下午从实验幼儿园走出之时已是接孩子回家的时刻，我们在门厅看到发生在一个三岁多的孩子和妈妈身上的一幕。

孩子：妈妈，你知道这本书讲了什么故事吗?

妈妈：不知道啊。

孩子：妈妈，我讲给你听吧。

妈妈：好啊。

于是在回家之前，孩子给妈妈讲了一个故事。这就是妈妈和孩子谈论的话题了。

刘园长说：书香是最能熏陶心灵的气息，我希望我们的孩子都能伴着书香成长；我希望我们的老师都能接受书香的洗礼，让教师变成一种心灵的事业；我希望我们的家长都能感染书香的尊贵，用自己的行动去影响孩子，为孩子营造温馨幸福的家庭氛围。

刘 “让阅读成为工作和生活的习惯”，这是我园一直倡导的事情。具体来说，首先领导干部要带头学习。幼儿园每年都会为教工添置新书、订杂志和报纸。我们还会通过图书漂流、读书体会交流、经验反思交流等活动，为教工、家长创设学习和交流的氛围。我们鼓励教工不仅要阅读专业书籍，还要阅读其他人文书籍，争取成为“一切知一些、一些知一切”的知识面广的教师，不仅能“在教言教”，还要能跳出教育来看教育。

我们也通过各种活动去影响家长。比如“实验扬帆快乐读书成长营”

活动，也就是每年的读书月活动中，我们都会组织亲子阅读。我们还举办家长学校，请专家来给家长讲座，家长无论多忙，都会抽出时间来参加。在深圳，每个人都很忙，但是家长学校上课时，有的家长下了班来不及吃饭，拿着面包和牛奶就匆匆赶来了。可以说，我们的家长都非常注重学习，这让我觉得特别感动。

邓小平同志曾说过：“不注意学习，忙于事务，思想就容易庸俗化。”[1]我是非常认同的，所以带动园里的教师不停地充电和学习。

霍 教师作为一种感染人类心灵的职业，永远是与精神世界紧密联系的。而精神世界的传递物就是书籍，因此，教师应该广泛阅读。当今社会倡导终身学习，教师当是领航人。刘园长作为深圳实验幼儿园的领导者，具有高瞻远瞩的眼界，始终将阅读、学习作为教师生活中的必需品，这种做法值得幼教同行去学习。

育儿讲堂上的刘凌

刘凌获聘教育家书院首批兼职研究员

刘 谢谢霍老师。我想用下面这段内容作为这次对话的结束语：

当你张开双臂拥抱孩子的时候，你是否意识到，你正在拥抱一个家庭的希望，你也正在拥抱社会的明天？社会赋予了“教育工作者”这一称号太多的期望和深意……

[1] 邓小平．在扩大的中央工作会议上的讲话 [M]// 邓小平．邓小平文选：第一卷．北京：人民出版社，1994：316.

让我们走好脚下的路，做好身边的事，在平凡的岗位上做出不平凡的事迹，因为我们是既平凡又不平凡的幼儿教师。爱心是我们的教育之本；思想是我们的精神之光；阅读是我们的智慧之源；践行是我们的必由之路。

让我们以书本为武器，以学习为路径，不断完善和提升自己，做一个有书香气息、人文追求的现代教育者，陪伴和影响孩子的成长，为孩子留下一点一滴哪怕是不足挂齿却又终生难忘的幸福记忆！

附录一

刘凌：为童年播下幸福的种子

张　婷

刘凌现在的身份是广东省深圳实验幼儿园的园长。这个园在当地很有名气，全国各地的参观、学习者很多。当同行们问起她办园的秘诀时，刘凌总是淡淡地说：“幼儿教育原本就没有什么神秘的地方，不过是为孩子播下幸福的种子，让他们度过美好的童年。”

童年可以如此精彩

刘凌很有孩子缘，因为性格好，大孩子、小孩子都喜欢跟她玩。高中毕业后，她欢欢喜喜地选择了幼师，因为她觉得“和孩子相处会很快乐”。

之后，她在家乡贵州的幼儿园当老师。

开放的深圳吸引着方方面面的人才，刘凌也慕名而来，落脚在深圳实验幼儿园，从老师到主任，2002 年，她成为这所在当地很有名气的实验幼儿园的园长。

刘凌比较“怪”，当不少幼儿园拼命扩张，四处招揽学生的时候，她却不为所动，只招收288个孩子，一个不多，一个不少。这让许多家长不理解，千方百计想让孩子进来，但都被刘凌婉言谢绝了。她说："288个孩子正好，我最大的愿望是给这288个孩子创造只属于他们自己的精彩世界。"

为什么是288，而不是其他数字？记者问过刘凌多次，她都笑而不答。

288个孩子，288个天性，如何让这些孩子既能展示自己的个性，又贴上实验幼儿园快乐的标签，拥有最美好的童年？这可不是件容易的事。瞧，小然刚入园，老师们就犯愁了。

小然整日哭闹不已，洪亮的哭声穿透了整个楼层。他由于表现"突出"，被老师们当成了重点关照对象，最后不得不被送到了园长刘凌手里。刘凌对小然妈妈说："别担心，孩子入园时，这种表现也正常，我们会帮他适应这里的。"家长将信将疑。

后来的几天，小然俨然成了刘凌的小尾巴。"老师和妈妈一样，都喜欢你。"喂饭，穿衣，和他做游戏，刘凌无微不至。果然，没过多久，孩子就特别喜欢幼儿园，甚至生病也要盼着早点儿好起来，赶快回幼儿园去。

教孩子，刘凌有绝招，"没有一种通用的方法可以适用于所有孩子，也没有一种方法可以一成不变地用于一个孩子的一生，关键看孩子的反应和效果"。以万变应百变是刘凌的经验。

一年后，小然升入中班，恰逢幼儿园开展"288个世界"之"宝宝回家"童话剧的排练，小然因为不能达到角色的要求而常常气馁，便想求老师给换个更容易的角色。"园长平时对我那么好，让她和老师说说，应该能满足我的要求吧！"可当小然兴冲冲地去找刘凌时，刘凌却没再开绿灯。"男子汉不能当逃兵！"在刘凌一再的坚持下，小然一次又一次地投入排练，终于进入角色，表演自如。

"大王，大王，稀奇事，兔子发来E-mail！"随着清脆的童音，一个虎头虎脑的"小老虎"高举着一封信，走上舞台中央，摇头晃脑地向虎大王汇报邮件，说兔子要和虎大王做朋友，联合起来消灭狼。《虎朋兔友》

中的这一幕，读邮件的小朋友就是小然。说起小然的变化，小然妈妈几度哽咽：“我从没敢奢望自己胆小的儿子能像今天这样自信、快乐，刘园长为他付出太多。”

刘凌说，演出不为名不为利，为的是让每个孩子都参与，让每个孩子都享受成功的快乐。“合作、坚持、突破、自信，这些感受都可以在舞台上得到最真切的体验。”

让288个孩子登上深圳大剧院的专业舞台并不那么容易，这其中有多少坎坷，没有人知道。儿童剧中，一次临出场时，一个小朋友突然摔伤了腿，一瘸一拐，无法进行原来的兔子爬行表演。这可怎么上场，小朋友急得快哭了，刘凌立刻找到导演，从不下命令的她，严肃地对导演说，现场给孩子加环节，不惜一切代价，哪怕牺牲一些舞台效果，也一定要让孩子上场。急中生智，就安排小朋友在餐厅点菜吧，这样，终于实现了孩子的心愿。孩子笑了，特别开心……

实验幼儿园的活动每次都是叫响又叫座。在关山月美术馆，288个孩子的500多幅作品被展出，从未受过专业训练的孩子，用自己的笔画出了幼儿园里快乐的生活。后来，儿童的作品被抢购一空，所得的收入捐给了联合国儿童基金会。爱与被爱的大道理就这样被孩子们理解了。“实验幼儿园的活动一定是全员参与，绝不丢下一个孩子。给每个宝贝提供公平合适的机会是园长的责任。”刘凌说。这些活动给孩子们留下了值得回顾一生的记忆。288个普通的孩子变样了，快乐了，成长了，288个家庭欢声笑语不断。童年就是可以如此精彩。

教师可以拓展舞台

工作30年，从贵阳到深圳，刘凌一路上遇到过不少真心爱她的师傅，长辈为她指点迷津，让她体悟育人之道。

初当老师时，面对性格迥异的孩子，她也曾不知所措。1982年，刘凌刚毕业，还不满20岁的她成了中班孩子的班主任。课上，孩子们状况百出，常常让她喘不过气来。放学了，小朋友到处乱跑，毫无秩序，不知是谁把扫帚放在了路中，忙着追孩子的刘凌想都没想，就跨了过去，这一幕正好被园长看见。“眼里要有活儿！”园长的这个忠告，刘凌一直记着。

如今，她当了园长，也总是手把手地为新教师解决难题。郑春娟大学毕业后就成了实验幼儿园的教师，然而从学生到教师的转变并非那么简单。一上班，她发现自己竟不知道怎么带班，怎么哄小孩。“如果能进班体验，跟着老教师学习就好了。”郑春娟心里这么想。很快，她的想法就得到了园长的支持。“我会帮你安排好进班的事，你的观察计划可以先拿给我看看。”刘凌叮嘱。

因为身兼数职，刘凌一直都很忙碌，每天的工作被安排得满满当当。交了计划表的郑老师并没有期望园长能真的看上一眼，只以为是一个程序。而且，那两天园里来了重要的客人，刘凌根本没时间。但下午两点钟，郑春娟被请到了园长办公室。原来趁中午休息时间，刘凌认真地看了郑老师的计划表，还提出了许多建议。这之后，她每天都会上交观察日志，也都得到了细心的刘凌的指导。

幼儿园的工作细碎繁杂，每天和不谙世事的小孩子打交道，时间久了，再有耐心的人也有心烦的时候。再说，同行们是如何教孩子的，这个只有去看了才知道。刘凌利用一切机会把老师们送出去进修，甚至屡屡送到国外培训，她要让老师们有国际的视野和更宽广的胸襟，要让她的老师超越自己，因为刘凌相信，这样的老师才会善待288个孩子。

刘彦是实验幼儿园的一名青年骨干教师。去年，她还被送到了美国交流学习。当她发现，同行的十四五位都是园长时，心里别提有多感动了。今年，刘彦偷偷地给园长发了条短信：“园长，好多教师都出去了，今年再有出国的机会您别忘了自己。”“精神导师”、“永远的伯乐”，老师们总喜欢这么称呼这个他们爱戴的园长。

刘凌有很多很多的爱好，不知不觉中，她的爱好也影响着老师们。

她爱书。“最近有什么书可以向我推荐？”这是她最爱和老师们交流的话题。

她擅画。多年的国画功底练就了她对美的独特见解，只要在园里走一圈，就一定能指出班级布置中的问题。

她好交友。她结交了不少各界的朋友，她还带着团队外出拜访，为老师们打开了另一扇窗。

她能言。她一眼就能看到身边每个人的优点，当然也会为他们提真诚的建议。

别看刘凌平日温柔可亲，也不发脾气，但她对工作的要求却从不降低。“工作中没有‘差不多’这个词，不能用应付的心态去对待我们的工作、对待我们的生活。而是要不断追求进步，把每一个工作细节做好，这才真正对得起我们肩上的使命。”刘凌说。

也许正因为此，这些年，实验幼儿园人才辈出，在各种教学大赛、公开评比中屡获大奖。从 2002 年起，这里就走出了 17 位园长。每个教师都在不断拓展自己的舞台。

事业可以充满大爱

这些年，幼儿教育领域的变化很大，新名词多、新实验多。面对这些，不少幼儿园只是简单地奉行“拿来主义”，甚至是常变常新。对此，刘凌一直保持着清醒的头脑。她认为，幼儿园的目标是培养人格健全的孩子，贵在激发孩子们的创新精神，培育孩子们热爱生活的激情和兴趣，而不是简单、机械地学习、上课。

十多年来，刘凌所在的实验幼儿园为孩子们精心打造了“完整课程”，这是一套注重幼儿参与和体验，将知识、规则、礼仪、常识等内容融入活动的特色课程，旨在培养幼儿的综合实践及创意思考的能力。

尽管有一份坚守，但她也经常面临挑战和选择。“高宽课程”注重计划，强调分享；“欧吉瑞”教会孩子主动探索，学会学习；“蒙氏课程”有规范的秩序意识……如何吸纳这些新课程的优势，同时保持自己的特色，这是刘凌团队必须突破的难题。

多少个日子，刘凌带着老师们不断打磨“活动课程”，在实施方式和课程内容上不断创新：在区角活动加入更多新的、丰富的材料，在活动中突出规则意识、秩序概念，在节日活动中加入探究的元素……

综合活动“眼镜公主”通过看似简单的绘本，让孩子们懂得了关注、思考身边的话题，使他们对“远离近视，保护眼睛”有了更深刻的认识；科学活动“会动的关节”让孩子们在反复体验和感受中，知道关节的重要性，并掌握了许多保护关节的好方法。深圳实验幼儿园的课程精彩纷呈，成了幼教课程中的“常青树”。

“每到周六周日，孩子都不开心，因为不能去幼儿园。其实这一点儿都不奇怪，实验幼儿园的老师们精心设计的许多与日常生活密切相关的游戏情境，将孩子带入一个宽松、愉快的生活学习氛围中，这样的幼儿园孩子怎么能不喜欢呢?”“幼儿园长期坚持的文学欣赏环节，让每个孩子都会受益无穷，书香园地，孩子到这里真是对了。”……孩子和家长们的认可带给刘凌和老师们信心。“如果孩子们不喜欢幼儿园的课程，那么，再先进的理念也是空的。”刘凌说。

深圳实验幼儿园的实践得到了社会各界的认可和赞誉。尽管如此，她还不满足。“我们应该把我们的每一个学习过程都展示给我们的同行，展示给所有人看，让社会知道我们都做了些什么。这不是让大家来学习，而是让大家来批评和反驳，这样大家才会有提高。让大家得到提高是我们的责任，看到大家有了提高则是我们的快乐。”在她的倡导下，老师把每一天都作为公开课，精心打磨，不断创新。因为开放，全国各地的观摩团络绎不绝。

今年，刘凌又提出了“打造学习共同体”的倡议活动，希望通过 288 个孩子的传递和带动，把实验幼儿园的学习读书氛围，带给 288 个家庭，传播向社会……

“所有这些，就是要给288个孩子播种幸福的种子。”刘凌说。这也正是刘凌不扩招的答案。

除园长之外，刘凌还身兼深圳市幼教督学、市幼儿园评审专家、市人大代表等职，经常考虑着幼教领域中的大问题。前些年，她一直在呼吁政府关注幼教教师的编制、待遇及公办园发展的难题。随着《教育规划纲要》的颁布及社会的重视，现在，她所关注的幼教发展中的难题正一一得以解决。刘凌说，自己很欣慰，也很幸运，因为她赶上了“幼教发展的春天”。

2010年，刘凌进入北京师范大学教育家书院，成了高校的兼职研究员，在这里，与众多优秀的教育人一起，研究、关注幼教发展中的每个问题。刘凌对事业浓浓的爱一直在继续……

（本文原载于《中国教育报》2011年3月25日第7版）

附录二

深圳实验幼儿园“三人行”课程研讨实录

时间：2012 年 12 月 20 日，上午 10：30—12：00

地点：深圳实验幼儿园会议室

【霍力岩】今天来到实验幼儿园，又实际看了各位老师组织教育实践的现场，给了我很多学习体会，也更加丰富了“三人行”这个词的内涵。现在我想对更细致的一些内容进行分享。

“三人行”既是中国的，又是能接轨世界的，它讲的不是教育目标的问题，也不是教育内容的问题，而是教育方法的问题，即教师教的方法和儿童学习的方法。“三人行”讲的是教师引导着幼儿，并和幼儿一起学习的问题，是你们的教育方法，是你们引导下儿童学习的方法，这是我在你们这里体会到的。通常我们分析课程，总是会从目标、内容、方法和评价四个方面来阐述。诚然，一个完整的课程框架确实包含了这样四个要素，然而我们在梳理自己园本课程的过程中，一定要有所侧重，抓住自己的核心定位，找到一个可以让大家快速认识“你”的特质，找到你和别人不一样的地方，找到“你”最能代表“你”的方面。虽然我们并不需要盲目地追求特色教育，但是每个人、每样事物的存在都有其特质，都有其个体差异，找到自己的优势和特长，才能让自己走得更加自信、更加精彩。正如“十八大”所说的“方向自信、道路自信”，你要清楚自己的道路和方向。

从这个意义上来说，我不希望你们从目标和内容的角度来定位课程：在课程目标上，很多表达大家基本都是一样的，你提到幸福、快乐，很多地方也在提。因为我们要让孩子全面发展，我们不可能只将某一方面作为孩子的培养目标，可以说独树一帜的目标是很难建立的，你只能在大家共同的愿景上，走得比别人扎实，比别人好，比别人卓越。有多地方提倡科学特色、语言特色、社会特色……在某些方面跟别人比特色，可以说很难成为你擅长的。也就是说，内容方面你也很难让别人说你们有什么特色。那么，实验幼儿园的课程到底有什么特色呢？你区别于别人的东西在哪儿，你到底哪里做得好呢？很多来你们这里看过的人都说："这里太完美了，不是一两处做得好，是几乎处处做得好。""完美"就是你们跟别人不一样的地方，却也是让别人很难了解和看清楚你们的原因。因此，你们要想让别人快速了解你们，要想将自己的优质经验和别人分享，要思考的不是如何呈现你们"完美"的地方，而是需要提炼你们实现"完美"的做法，就是方法的问题。其实这个方法不仅是你们过去做得好的原因，更是你们继续发展，将未来走好的关键。你们用的是什么方法？就是"三人行"的方法。"三人行"是我在你们这里得到的最大的体会。

【邓腊梅】非常感谢霍老师给我们带来了启迪，也就是给了我们一把钥匙。我们幼儿园的教研员对课程工作一直负有很重的责任，您今天真的是给了我们一把金钥匙，所以感激之情难以言表。我想谈一下自己一些粗浅的感受：原来我们的课程可以不从目标入手。在霍老师来之前，我们一直在想幼儿园的特色在哪里，孩子的特质在哪里，是不是一定要从目标中讲清楚。现在我们就明白了，原来课程不一定从目标着手，我们还可以从我们的方法、从我们实践的方式着手。这一点真的是给我们打开了一扇门。

【郑春娟】对于园本课程我们曾思考了很久，也纠结了很久。这次霍老师对我们课程的解读使我们有了一种脚踏实地的感觉。因为我们之前总是试图从课程目标与内容着手梳理我们的课程体系，不仅感受到了一系列的困惑，更是感觉自己的园本课程没有特色。当国家没有标准的时候我们希望有标准，于是我们制定了自己的"园标"；标准出来后我们又在思考我们幼儿园的标准是否要和国家教育标准不一样，如何将两套目标体系整合起来等一系列的问题。在内容上我们也同样纠结了很久。

【赖方方】是啊，我也感觉今天霍老师帮我们解决了一个大问题，就是我们的“园标”问题。在您来之前，我们还在思考：《3—6 岁儿童学习与发展指南》出台了，我们怎么结合这个指南制定自己的“园标”呢？

【郑春娟】今天霍老师的解读，使我感觉我们的课程有了方向。来实验幼儿园这两年，我发现我们的老师愿意与孩子一起成长，也愿意反思。很多老师在与孩子接触中总会产生创新的方法，因此“三人行”很符合我们幼儿园的教育特色。我们的老师乐于也善于在方法上创新，“三人行”让我们感觉我们是在已有经验基础上往前走的，让我们有了信心。如果我们把方向定位于“三人行”，我们以后的工作就可以围绕它进行了。

【霍力岩】正因为有了你们的实践尝试，才有了我今天的体会。希望你们在“三人行”的路上更进一步。“三人行”到底是什么，可能你们理解还不是很透彻，但是领悟也需要一个过程，这是很正常的。下面我想就“三人行”是什么，分享一下自己的观点。

“三人行”重在“行”。行是行动，是孩子在行动。《学前教育中的主动学习精要——认识高宽课程模式》这本书很好，它说的主动学习就是行动，从我在你们的教育实践中所看到的，发现你们所做的就是主动学习，而且我感觉你们引导孩子主动学习的方式比它好。我认为“行”就是主动学习在中国的表达方式，是接轨国际的话语。今天我看到你们做的和欧美教育实践方式没什么差异：原来是一个教室有 2—3 个活动区，现在一个教室一个活动区，欧洲的幼儿园也是这样做的。同时我还发现了你们在做而欧美国家幼儿园没有做的，我现在将它命名为“社会建构”。高宽课程讲的是自主建构，讲的是幼儿与材料的建构，而你们实验幼儿园除了引导孩子与环境材料互动，也就是进行自主建构外，还引导孩子进行了社会建构，让孩子们在交流中完成社会化。我们在中班这种打破班级界限的区域活动中看到了不同班级的孩子在完成社会化，同时不同班级的老师也在打破界限与孩子一起成长。所以我说你们做得比西方好，你们更有创新。这种创新不仅是与世界接轨的，更是立足中国文化的。这也就体现了一句话：只有中国的才是世界的。

既然我们已经在行动上有所创新了，我希望这种创新真正成为你们课程建设的一部分，成为你们的一笔财富。所以，我建议你们以“行”为基础、以“社会建构”为主题写一部著作。高宽课程可以出书，我们也可以。高宽课程可以将自己的课程模式推向世界，我们也可以。我们的模式不仅接轨世界，而且更带有中国范儿、深圳范儿、实验范儿。因为中国讲究人际关系，所以我们的课程可以在社会建构中下功夫。它不同于“幸福的种子”这类唯美的东西，它是实实在在、踏踏实实的东西，是一种方法的探索与提炼。因此，我们在“三人行”的“行”中提炼出接轨国际又立足中国的“社会建构”，这就是实验幼儿园区别于西方的一个特点。我用的是世界话语，与世界接轨的话语，同时是中国话派。实验幼儿园能否有自己的风格、有自己的风景，能否用中国话派对接世界语言，对接了世界语言之后能否用中国话派做阐释，这就是“行”，脚踏实地，代表一种在过程中、探索中、创新中的意思。这是我对“三人行”第一个关键词的解读。

【邓腊梅】总是感觉我们幼儿老师做得多说得少，我们总是在行动上去尝试，却不懂得为自己的行为做出提炼。这次霍老师为我们提出“社会建构”一词，一下子让我们明白了自己真正做的是什么。我们当时就是想着老园的社会交往活动做得很好，搬到新园就希望因地制宜还实施类似的活动。因为我们不想放弃一个很好的组织形式，就一直思索如何开展。由于与原来的场地不一样了，我们就想到在班级里实现那种形式。在中班就是整合四个班的力量“走班”开展，在大班就只是开放角色区。不管怎样，我们都想因地制宜给孩子自主选择的机会。所以说，我们一线老师还是需要像霍老师这样的专家团队来帮助我们提炼、提升我们的实践经验。接下来我们教研室将更加努力将我们的园本课程做好。

【赖方方】我想霍老师为我们提出的“社会建构”会为我们的教育实践提供很大的帮助。我觉得这种“社会建构”不仅是孩子们之间交往的一种建构，还包括孩子与我们成人交往中的一种建构。我一直觉得孩子们很智慧，有些时候都令我们成人感到惊讶。我想和大家分享一个小片段。在我们分区活动中，有个孩子在“医院”当“医生”。外来参观的老师想和他互动一下，就说：“我生病了，想在你们这儿看病。”因为这个孩子平时是比较内向的，同时小班的孩子也不太愿意和陌生人交流，我就想这个孩子会不会不回答。然而这个孩子的回答使我感到很惊喜，他说：“我们这里是儿童医院，不接收大人。”所以我想，我们真的不能低估孩子的能力，他们很多时候比成人都智慧。

【董玉玲】霍老师这种“社会建构”的说法，我感觉是对我们一线教师工作的一种最好的肯定，让我们有了一种被重视的感觉。我们中班团队之所以进行这样的“走班分区活动”，初衷是因为一个班级的空间与材料有限，很难给孩子创设五大领域的活动环境与材料。我们进行了这样的活动，却不知道我们已经走在了国际的前沿，我感觉太惊喜了。我回去一定要跟自己的团队汇报霍老师对我们的评价。

【赵嘉茹】通过霍老师的解读，我对“三人行”有了跨越性的认识。首先，我非常认同霍老师的一个观念“中国的才是世界的”。可能以前我们实验人在总结自己的特色时有一些迷惑。现在听霍老师的解读，我理解“三人行”可能是：让孩子可以主动地行动，并与主动学习结合起来；另外让孩子可以进行社会建构，让教师、家长、孩子以及所有的人一起去行动。只有我们大家一同走在路上时才是真的“行”。另外，通过霍老师对“三人行”的解读我想到一个哲学的思辨：第一，我们要思考我们是谁，比如我们要思考我们实验幼儿园到底是怎样一个团队，具有怎样的特色；第二，我们要到哪里去，就是思考我们幼儿园的发展方向；第三，我们怎么去，正如霍老师讲的，我们的课程目标如何达成。去哪里虽然很重要，但是怎么去可能更是我们需要探讨的。我希望我们实验人可以不负众望，也不辜负霍老师对我们这种较高的期许。我希望我们可以创立深圳实验幼儿园的“派”，坚持走自己的道路。

【霍力岩】实验幼儿园的老师就是优秀，我刚解读了“行”，你们就有这么深的领悟。接下来我想跟大家分享的是“三人行”里面第二个解读，也就是对于“三人”的解读。“三人”是什么意思？对“三人”的理解是我上次跟大家交流之后受你们启发得出的。你们的 logo 里有两个小孩，而咱中国人讲究尊师重教，况且我们园的老师都这么优秀，所以也要体现一下我们老师的作用。我上次就提出来可不可以在那两个手拉手的孩子后再加上一个老师，或者说是成人。两个小孩就代表所有的孩子，后边的成人就可以代表所有的老师。西方人讲儿童中心、儿童为本，不讲老师，只有我们中国人才讲老师，而且我们有这么多优秀的老师。我们的课程就是要通过这么多位老师的专业化发展去引导、促进孩子的发展。这个体现的既是中国的，又是跟世界接轨的。改革开放的深圳教育就是孩子在前面，活动的、行动的、拉着手走的，后边还有一个可能是引导者，可能是支持者，也可能是喝彩者，是一个这样的老师。课程发展和老师发展是一体化的，或者说有了老师的发展才有课程的发展。我们实验幼儿园的课程走的就是一条课程与教师专业发展一体化的道路，也就是要凸显教师的作用。这是关于“三人行”里面的“三人”。

【赖方方】霍老师说教师是主持者、引导者、喝彩者，让我更加清晰了自己的角色。

【董玉玲】霍老师这种说法给了我们很大的激励。每一个老师都希望自己成为专业的老师，成为有教育理想和追求的老师。

【霍力岩】对，“三人行”中老师很重要，这种重要体现在“三人”的关系，所有儿童与所有老师的关系。它说的是所有儿童之间的关系，说的是所有儿童和老师之间的关系，说的是所有老师之间的关系。此外，它还包括了所有的成人，比如说家长，也属于教师的一部分。

“三人行”其实还有另外一层含义。我们不是常说“儿童有 100 种语言，刘凌有288个世界”吗？一样的道理，“三人行”中的“三”既是个实数，也是个虚数，它意思是多、全。它不仅代表儿童组成的群体，还代表每一个儿童的所有表征方式，不同个性特征的每一个儿童。这就是关于“三人行”中的“三人”：每个人都在行动——孩子们相互合作在行动，老师和孩子们一起行动，家长同行，社会同行——这都是“三人行”的意蕴。

【邓腊梅】我们一直说家园共育是我们课程的重要组成部分，是我们课程的亮点，然而我们一直很困惑的是：家园共育是每个幼儿园都在做的，是幼儿园教育的一个大原则，那我们的家园共育工作要做到哪一步呢？用什么词来描绘它呢？我们一直没找到一个合适的词，因为“家园共育”这个词太模糊了。而今天霍老师对“三人行”的诠释让我们明白了原来我们一直在做的家园共育是在建构“三人行”这样一种关系。比如说家长助教，我们幼儿园家长助教都是家长自愿报名的。报名后，哪一个家长哪一天参加课程活动，在月初就已经定好了。每个月家长都需要协调好来担当家长助教的时间。每个家长的背景不同，擅长的事情也是不同的，比如有一个以色列的家长，他就可以用英语组织孩子玩游戏。有些家长可能只是作为孩子游戏的旁观者，而这种旁观对于孩子来说也是有意义的。

【霍力岩】现在我要说一下关于“三人行”的第三个意思。刚才我说“三人行”的“行”字是行动，是跟西方对接，现在我要说的“三人行”是“只有三人才行，一个人不可以”，这是我们实验幼儿园对“三人行”的解读，特别强调的是儿童之间的合作、师生之间的合作、家园之间的合作，离了“三个人”是不行的。

对“三人行”的第四个解读就是“三个人拉着手共同行动才行”。“行”的意思就是在路上，所以我们的孩子是可持续发展的。现在不是要走出小学化教育吗？不是要反对掠夺式教育吗？我们提供了这么好的环境，就是让孩子到小学以后不厌学、喜欢学。有些教育让孩子一上小学就害怕，因为他们还没等孩子上小学就让孩子背东西、记东西，所以孩子一上了小学就开始厌烦学习了。我们用“三人行”行动的方式、快乐的方式，让孩子永远在路上，因此，孩子是可持续发展、科学发展、全面发展的。今年党的十八大一直在提倡全面、协调、可持续的发展，就是要让孩子到了小学也爱学习，上了中学也爱学习，上了大学还爱学习，还愿意继续学习、不断学习，还可能获个诺贝尔奖什么的。我们“三人行”的教育解决的是幼儿园怎么为培养一代人指路的问题，而不是一个虚无缥缈的口号。

刚才讲的是让孩子一直在路上，获得可持续发展，而我们的老师呢？在“三人行”里，老师是不是也在路上？课程是不是也在路上？我们的研究是不是永远在路上？我希望幼儿园做的是这样的课程。

最后我想说：我们要坚定地做好一件事，清楚自己的道路。“万变不离其宗”，我们要找到自己的“宗”，找到自己课程发展的“灵魂”。我们的课程也可以不用“三人行”这个词，但是我希望你们做的是让孩子主动学习，让孩子进行社会建构，教师引领孩子，跟孩子合作，并且为孩子成功喝彩的这样的一个课程。希望在锻造这样的课程时，你们能和每一个孩子一起完成自己的专业化发展，希望我们的课程和教师的发展走向一体化。

【邓腊梅】非常感谢霍老师给了我们一种方法，就是教会我们去思考问题。就像霍老师讲的，我们要思考给孩子种下一颗什么样的种子，这颗种子将来会长成参天的大树。今天霍老师也给了我们一颗种子，这颗种子也会长大，帮助我们在将来的课程中走得更远。霍老师启发我们去挖掘“万变不离其宗”的“宗”到底是什么，这是特别宝贵的，我们教研室一定要好好研究一下。

【沈雪娟】在听霍老师解读时我就在想，其实今天我们的这个活动就是“三人行”的一种体现，我们在行动，我们借助团队的力量来促进教学的提升。霍老师所说的“用中国话派对接世界语言”、“万变不离其宗”这几句话我很有感触。我们在整理课程时借鉴了很多国际的理念，但是做的事情其实是我们自己的东西。

【欧阳玲】霍老师和她的团队再一次给我们诠释了“三人行”，给我印象最深的就是“主动学习”，因为最近也一直在学习这方面的内容，感觉“三人行”理念下，无论是教师、孩子还是家长，都是在一种主动学习的状态下。然后，霍老师又提到幼幼同行、师幼同行、家长同行、社会同行。既然提了“三人行”，我们就要思考：用什么方式方法与幼儿更好地同行，让家长和社会更好地参与到我们的教育里来？这就是我们班级老师需要继续思考并且创新的方面。刚刚在听霍老师解读时，我也在反思我们实验幼儿园的课程。其实我们实验幼儿园有自己的文化，我们的文化应该融入“三人行”的课程中去。我们要反思自己是怎样的文化状态，为什么可以达到今天的状态，在这个基础上再怎样去创新，让幼儿园永远在路上。

后 记

回望"三人行"

刘 凌

深圳实验幼儿园自 1988 年建园以来，一直致力于理论与实践结合的园本课程建设。早在 2000 年，伴随着中国的改革开放而发展并出版的《幼儿园完整课程的实践与研究》系列图书，正是实验幼儿园创业者们潜心钻研的辉煌成果。这是一套注重幼儿参与和体验，将能力、规则、礼仪、常识等内容融入活动的特色课程，旨在培养全面发展的"完整"儿童，为"完整"人格的养成奠定基础。

2010 年 3 月，国家颁布了《国家中长期教育改革和发展规划纲要（2010—2020 年）》，首次将学前教育纳入国家教育改革与发展规划，并明确提出"学前教育对幼儿习惯养成、智力开发和身心健康具有重要意义。遵循幼儿身心发展规律，坚持科学的保教方法，保障幼儿快乐健康成长"。在学习这个纲要的过程中，我领悟到一段时间以来一直困扰我的一个问题的答案：虽然"完整课程"很好地吻合了全面发展的理念，但是却没有突出对儿童个体差异的关注。根据素质教育以及国家倡导的终身教育精神，"全面发展"是幼儿期所有孩子都应该具备的，是国家对每一个该年龄儿童的基本要求。然而，现实中每个孩子都是不同的，他们有着自己特有的个性以及文化背景，仅仅用普遍性的要求教育孩子，对个体成长是远远不够的。在这个追求创新、百花齐放的社会，幼儿园的课程不仅要指向基础发展，也要指向特色发展。综观社会大局，改革开放已经走入了新的 30 年，深圳城市建设有了新的规划，深圳的教育在办学上也有了新思路，我们在课程建设上也应该要有新的视角和定位，需要在"完整课程"的基础上，根据国内外先进的教育理论与中国的实际状况，建立更适应时代发展的新课程体系，从而从借鉴走向自主创造，从“来料加工”走向创立自主品牌，超越“完整”，走向“卓越”。

2010 年 10 月，我有幸成为北京师范大学教育家书院的兼职研究员，这既是我本人学习与提升的一次机会，更是提升我园教育质量的好时机。尤其令我惊喜的是，在教育家书院能够有机会与一直仰慕的霍力岩教授合作。霍力岩教授是学前教育领域的资深专家，她坚持“建设中国特色学前教育课程模式”的教育理想，胸怀一腔“让中国学前教育走向世界”的热血，使我在园本课程发展的迷惘阶段受到了极大的鼓舞，也将我园的课程建设带入一个新的阶段。

2011 年 10 月，我专程请霍力岩教授来园进行课程诊断。在对我园课程进行了全面细致的了解后，霍教授用她非凡的智慧和精辟独到的见解，初步提出“三人行”课程理念。随即，霍教授留下了她的学生，在我园进行了半个月的现场观摩、访谈与调查，对课程现状进行了多方面的梳理，对“三人行”理念有了更深的体悟，从而确定了《凌距离　三人行》的初步写作体例和内容脉络。2012 年 12 月，我们的上级单位深圳市投资控股有限公司幼教管理中心组织了一次极富意义的“幼儿园课程诊断”活动，我们抓住这个契机，邀请霍力岩教授及其团队与我园一线教师展开了深入的对话与交流（详见附录二）。此次活动中，霍教授从课程实施方法的角度再一次确认了我园课程的特色与精髓——“三人行”，并为我园的课程研发团队指明了前进的方向。紧接着，在为期两周的《凌距离　三人行》书稿的讨论和修改工作中，完善了全书的框架逻辑和内容要素。之后，我们和霍教授一直保持着紧密的互动，2013 年 12 月和 2014 年 5 月，霍教授两度来访，关注着课程的进展，也关注着本书的写作进展。可以说，本书是与我园的课程同步成长和完善起来的，几经修改，是我们的教育理想、智慧与汗水的结晶。

“三人行”是霍力岩教授认真调查与研究了我园课程与教育实践之后提炼出来的一个词，它既符合我园课程特质，又带有中国文化内涵。当我们第一眼看到“三人行”这个词时，最先想到的就是孔子的“三人行，必有我师”这个耳熟能详的句子，它隐含的是一种“以他人为师”的谦逊思想和愿意与他人合作共处的平和心境，还有一种好学上进的品质。“三人行”是一个富有中国文化韵味的词，也是一个育人和自育的词，霍教授以这个词为基点，将其含义进行了引申和拓展，使之成为一个能概括我园园本课程的思想和行动精髓的词，成为一种符合我园办园思路和课程发展方向的教育思想。

“三人行”代表一种合作的精神，包括孩子、教师、家长三者之间时时交织存在的合作；“三人行”代表一种尊重与平等的关系，是每个孩子之间的尊重与平等，也是教师与孩子、教师与家长、家长与家长之间的尊重与平等。“三人行”的重点在于“行”，是实践和行动之意，它不仅是孩子的行动，也是教师的行动；它不仅是主动学习式的自主建构，也是合作学习式的社会建构。“行”还意味着“在过程中”，我们的课程、我们的教育、我们的研究都在过程中，对应的是可持续发展与科学发展的观念；这种“行”的思想还对立于当前“快餐文化”所带来的重结果轻过程的思想，它就像我们的座右铭，时刻提醒着我们要不断反思自己的教育行为，以研究的态度适时调整自己的教育实践。

《凌距离　三人行》一书就是在这些思想逐渐清晰和完善的过程中写成的。可以说，这本书的写作过程既是在理论指导下的实践探索与研究过程，也是在实践体验基础上的理论提炼与反思过程。它不仅是我园办园思想、课程理念、园所文化的深度阐释，还是霍教授将自己的教育理想付诸实践的心血结晶。

这本书的写作过程，同时也是我园教研团队深入思考和研究的过程，是我园教师与家长不断学习和实践的过程。在这个过程中，我园教师、孩子和家长三者在教育教学中也充分实现了“三人行”。这本书能顺利面世，还得益于深圳实验幼儿园的上级单位深投幼教的大力支持，体现了大学、社会、幼儿园三方的“三人行”。可以说，《凌距离　三人行》一书本身就是“三人行”理念的物化成果和思想结晶。

正如我园的办园理念“为孩子种下一生幸福的种子”，“三人行”也是霍力岩教授为中国学前教育改革与发展埋下的一粒种子，能够被霍教授首选成为培育“三人行”种子的园所，是一件多么荣幸的事情！我想主要原因是：我们有一支爱岗敬业、愿意为幼教事业献身的高素质教师队伍，有一群愿意陪伴孩子一同成长、富有大爱精神的家长团队，更有一种追寻梦想、开拓创新的深圳精神……这些都是“三人行”这粒种子萌芽和成长的优质条件。我们期待在不远的将来，“三人行”能成为众多幼儿园的共同思想，“三人行”课程能为更多的孩子种下幸福的种子！

感谢为本书提供素材的杨梅、董玉玲、孙维求、赖方方、陈兰芳、尹捍红、陈君、段帆及实验幼儿园全体老师们；感谢为本书进行深入调研的郑春娟、邓腊梅、沈雪娟三位老师；感谢为本书提供创作土壤的深圳市投资控股有限公司幼教管理中心的领导们；感谢教育科学出版社教师教育编辑部刘灿主任和何薇编辑；尤其感谢在我园课程发展遇到困惑时，为我们拨云见日、指引方向的霍力岩教授及她的团队！

出 版 人　所广一
策划编辑　刘　灿
责任编辑　何　薇　刘　灿
版式设计　宗沅书装　刘　莹
责任校对　贾静芳
责任印制　曲凤玲

图书在版编目（CIP）数据

凌距离　三人行：追循儿童的幸福成长 / 刘凌，霍力岩，孙蔷蔷著．-- 北京：教育科学出版社，2014.11
（教育家书院丛书．研究系列）
ISBN 978-7-5041-9143-4

Ⅰ．①凌… Ⅱ．①刘…　②霍…　③孙… Ⅲ．①儿童教育 - 文集 Ⅳ．①G61-53

中国版本图书馆CIP数据核字（2014）第253730号

凌距离　三人行——追循儿童的幸福成长
LINGJULI　SANRENXING——ZHUIXUN ERTONG DE XINGFU CHENGZHANG

出版发行	教育科学出版社		
社　　址	北京·朝阳区安慧北里安园甲 9 号	市场部电话	010-64989009
邮　　编	100101	编辑部电话	010-64989179
传　　真	010-64891796	网　　址	http://www.esph.com.cn
经　　销	各地新华书店		
制　　作	宗沅书装		
印　　刷	北京中科印刷有限公司		
开　　本	169毫米×239毫米　16开	版　　次	2014年11月第1版
印　　张	21.25	印　　次	2014年11月第1次印刷
字　　数	281千	定　　价	49.80元

如有印装质量问题，请到所购图书销售部门联系调换。

教育家書院 学术委员会

主　任：顾明远

秘书长：郭　华

委　员（按姓氏拼音排序）：

陈向明　褚宏启　何克抗　黄荣怀　黄　珊

李金初　李　烈　李希贵　刘彭芝　卢乃桂

裴娣娜　申继亮　石中英　史静寰　王本中

文　喆　曾满超　郑国民　周洪宇　周作宇